Node.js를 활용한
마이크로서비스 개발

Node.js를 활용한 마이크로서비스 개발

마이크로서비스 지향 소프트웨어 구축하기

데이비드 곤잘레스 지음
김영기 옮김

지은이 소개

데이비드 곤잘레스 David Gonzalez

수 년 동안 재무 서비스 분야에 종사하고 있는 언어 중립적인 소프트웨어 엔지니어다. 추상화의 올바른 수준에 대한 해답과, 너무 구체적인 것과 너무 추상적인 것 사이의 적절한 균형을 찾는 방법을 배우기 위해 노력하고 있다.

스페인에서 공부했지만, 2011년부터 더 넓고 흥미로운 더블린 시장으로 이주해 살고 있다. 현재는 핀테크 분야의 독립 컨설턴트로 일하고 있다. 그의 링크드인Linkedin 계정의 URL은 https://ie.linkedin.com/in/david-gonzalez-737b7383이다.

그는 소프트웨어 개발이라는 복잡한 세계에 대한 더 넓은 그림을 얻기 위해, 새로운 기술과 패러다임을 통한 실험을 좋아한다.

나의 사랑하는 아내 에스터Ester에게, 내 인생 모든 것에 대한 당신의 무조건적인 지원에 감사의 마음을 전합니다.

아직 태어나지 않은 딸에게, 엘레나Ester, 인생에서 부모에게 가져다 줄 수 모든 행복을 알게 해주었다.

| 기술 감수자 소개 |

키쇼어 쿠마 예칸티 Kishore Kumar Yekkanti

지난 10년 동안 다양한 도메인과 기술 분야에서 풍부한 경험을 쌓은 전문가다. 그는 소프트웨어 개발 과정에서 발생하는 낭비를 제거하는 데 열정을 갖고 있다. 애자일 원칙에 크게 기여하고 있으며, 애자일 원칙의 추종자이기도 하다. 또한 전체end-to-end시스템을 구축하기 원하는 풀-스택full-stack 개발자다. 현재 클라우드에서 컨테이너 기반 시스템(도커 Docker)을 이용해 배포되는 고도로 분산된 애플리케이션에서의 마이크로서비스 확장에 관심을 갖고 있다.

소트워크Thoughtworks, 커런시페어CurrencyFair 등 잘 알려진 많은 기업에서 리더/수석 엔지니어로 일했으며, 마이크로서비스를 통해 팀을 새로운 단계로 이끌었다.

> 나의 파트너이자 가장 친한 친구 제요스나Jyothsna와 나의 딸 도루티Dhruti에게 감사의 마음을 전합니다.
>
> 이들은 미친듯한 일정에도 불구하고, 계속해서 내게 활력이 되어 주었습니다.

| 옮긴이 소개 |

김영기(resious@gmail.com)

지능망HN을 시작으로 SW 개발을 시작했으며, 정적 분석과 SW 구조분석 등의 업무를 담당했다. 현재 삼성전자 네트워크 사업부에서 SCM을 포함한 개발 인프라를 담당하고 있다. 개발자 역량 강화, 개발 조직 구성과 시스템 관리, 데이터베이스, 테스트와 애자일 등 SW 개발 관련 분야에 대한 관심을 잃지 않으려 노력하고 있다.

옮긴이의 말

소프트웨어 관련 모든 분야가 빠르게 변하고 있습니다. 개발 언어부터 프로세스, 개발 조직과 문화 모두가 변하고 있습니다. 마이크로서비스는 이러한 변화 중 하나로 기존의 모놀리식 아키텍처보다 더 효율적이고 빠르게 소프트웨어를 개발할 수 있는 방법 중 하나입니다. 이 책은 마이크로서비스의 기본 개념부터 모니터링까지 광범위한 내용을 다루고 있으며, 마이크로서비스의 개발, 배포, 모니터링에 필요한 다양한 도구들을 함께 소개하고 있습니다. 이 책을 통해 마이크로서비스에 대한 개념과 더불어, 실제 개발에서 활용 가능한 다양한 도구들에 익숙해 지기를 바라며, 마이크로서비스라는 새로운 기술을 파악하기 위한 독자들의 노력에 조금이나마 도움이 되기를 바랍니다.

| 차례 |

| 들어가며 |

이 책은 Node.js와 세네카^{Seneca}나 PM2 같은 가장 현대적인 프레임워크를 이용해, 마이크로서비스의 개발을 시작하기 위한 실무 지침서다. 각 장에서 마이크로서비스의 설계^{design}, 구현^{build}, 테스트^{test}, 배포^{deploy} 방법을 모범 사례와 함께 살펴볼 것이다. 또한 귀중한 교훈인, 과도한 설계를 방지하기 위해 적절한 수준에서 타협하는 방법과 기술 솔루션과 일치하는 비즈니스 요구사항을 얻는 방법에 대해서도 논의한다.

▌ 이 책의 구성

1장, 마이크로서비스 아키텍처 마이크로서비스 지향 아키텍처의 장점과 단점을 살펴본다. 1장은 이 책의 나머지 부분에 대한 기초가 된다.

2장, 마이크로서비스, 그리고 세네카와 PM2 마이크로서비스의 구축 방법으로 Node.js, 세네카, PM2를 소개한다. 2장에서는 Node.js 애플리케이션의 구조를 살펴보고, PM2를 이용해 애플리케이션을 실행하는 방법에 대해 설명한다. 그리고 세네카와 PM2에 대한 몇 가지 대안에 대해 자세하게 살펴본다.

3장, 모놀리스에서 마이크로서비스로 마이크로서비스를 이용해 유기적인 성장(계획되지 않은 소프트웨어 변경)을 처리하는 방법에 대해 설명한다. 그리고 모놀리식^{monolithic} 애플리케이션을 마이크로서비스로 분할하는 방법에 대해서도 이야기한다.

4장, 첫 번째 마이크로서비스 작성 첫 번째 마이크로서비스의 작성 방법에 대해 설명한다.

5장, 보안과 추적성　현대적인 시스템의 두 가지 중요한 측면인 보안과 추적성을 다루는 방법에 대해 설명한다. 우리는 정보를 안전하고 유지하고, 행동을 추적이 가능하도록 만들어야 한다. 이 장에서는 세네카를 이용해 작업하는 방법을 살펴본다.

6장, Node.js 마이크로서비스 테스트와 문서화　주요 프레임워크(모카Mocha와 차이Chai)를 이용한 Node.js의 테스팅을 소개한다. 또한 가상 객체 서비스를 위해 시논Sinon(또 다른 프레임워크)도 이용할 것이다. 이 책에서는 마이크로서비스의 문서화를 위해서 스웨거Swagger를 선택했다.

7장, 마이크로서비스 모니터링　PM2를 이용해 마이크로서비스를 모니터링 하는 방법을 설명한다. 이 같은 고급 도구를 최대한 활용하기 위해 PM2와 주요 메트릭을 함께 이용한다.

8장, 마이크로서비스 배포　PM2를 이용해 다양한 환경에 마이크로서비스를 배포하는 방법을 설명한다. 단일 명령어로 애플리케이션 생태계를 관리하고 마이크로서비스 아키텍처를 통해 도입되는 오버헤드를 감소시키는 방법을 설명한다. Node.js에서 애플리케이션의 배포뿐 아니라 일반 애플리케이션에서의 배포에 대한 가장 진보된 시스템 중 하나인 도커Docker에 대해서도 살펴본다.

▮ 준비 사항

이 책의 내용을 수행하기 위해서는 Node.js와 PM2(npm을 통해 설치되는 패키지), MongoDB의 설치가 필요하다.

편집기도 필요하다. 저자의 경우, Atom을 사용하지만 다른 어떤 범용 에디터로도 충분하다.

이 책의 대상 독자

이 책은 Node.js에 어느 정도 경험이 있으며, 세네카와 마이크로서비스를 배우기 원하는 개발자를 위한 책이다. 이 책의 70%는 실무적인 내용이고 (따라서 많은 코드를 작성하게 된 다), 30%는 이론이다. 이론을 기반으로 생성된 코드는 독자가 노출된 새로운 소프트웨어 의 패턴을 적용하는 데 있어 도움이 될 것이다.

편집 규약

이 책에는 정보의 종류를 구분하기 위한 다양한 스타일의 구문들이 있다. 다음은 몇 가지 스타일과 그 의미를 설명한다.

본문의 코드, 데이터베이스 테이블 이름, 폴더 이름, 파일 이름, 파일 확장자, 경로명, 더 미 URL, 사용자 입력, 트위터 핸들러는 다음과 같이 표현한다.

"우리는 입력 파라미터가 PaymentRequest 인스턴스임을 알고 있다."

코드 블록은 다음과 같이 표현한다.

```
public interface PaymentService {
  PaymentResponse processPayment(PaymentRequest request) throws
    MyBusinessException;
}
```

코드 블록의 특정 부분에 주목하기를 원하는 경우, 관련된 라인이나 항목은 볼드체로 표 현된다.

```
function() {
  sinon.stub(Math, "random");
  rollDice();
```

```
    console.log(Math.random.calledWith());
});
after(function(){
  Math.random.restore();
});
```

모든 명령행command-line 입력이나 출력은 다음과 같이 표시된다.

```
node index.js
```

```
npm start
```

새로운 용어나 중요한 단어는 볼드체로 표시된다. 예를 들어, 화면에서 보는 단어, 메뉴나 대화상자, 문장에서 다음과 같이 표시된다. "이 경우, 나는 **크롬**Chrome을 사용하고, 콘솔의 7번째 라인에 Uncaught TypeError: Cannot set property 'innerText' of null이 표시된다."

 경고 또는 중요한 사항은 상자 안에 이와 같이 표기한다.

 유용한 팁과 요령은 상자 안에 이와 같이 표기한다.

▌ 독자 의견

독자로부터의 피드백은 항상 환영한다. 이 책에 대해 무엇이 좋았는지, 또는 좋지 않았는지에 대한 소감을 알려주기 바란다. 독자 피드백은 독자에게 필요한 주제를 개발하는 데 있어 매우 중요하다.

우리에게 일반적인 피드백을 보낼 때는 간단히 feedback@packtpub.com으로 이메일을
보내면 되고, 제목에 책의 이름을 적으면 된다.

독자가 전문 지식을 갖고 있는 주제가 있고 책을 내거나 만드는 데 기여하고 싶으면,
www.packtpub.com/authors에서 저자 가이드를 참조하기 바란다.

▎고객 지원

팩트 출판사의 구매자가 된 독자에게 도움이 되는 몇 가지 사항을 제공하고자 한다.

예제 코드 다운로드

이 책에 사용된 예제 코드는 http://www.packtpub.com의 계정을 통해 다운로드할 수
있다. 다른 곳에서 구매한 경우에는 ttp://www.packtpub.com/support를 방문해 등록
하면 파일을 이메일로 직접 받을 수 있다. 또한 에이콘출판사 도서정보 페이지인 http://
www.acornpub.co.kr/book/microservices-with-nodejs에서도 예제 코드를 다운로
드할 수 있다.

다음 단계를 따라 코드 파일을 다운로드할 수 있다.

1. 팩트^{Packt} 출판사 웹사이트에 이메일 주소와 패스워드를 이용하여 로그인하거나
   등록한다.
2. 마우스 포인터를 SUPPORT 탭 위로 이동시킨다.
3. Code Downloads & Errata를 클릭한다.
4. 검색^{Search} 상자에 도서명을 입력한다.
5. 코드 파일을 다운로드 받기 원하는 책을 선택한다.
6. 드롭다운 메뉴에서 책을 구매한 곳을 선택한다.
7. Code Download를 클릭한다.

팩트 출판사 웹사이트에서 해당 도서의 웹 페이지에 있는 **Code Files** 버튼을 클릭하면 코드 파일을 다운로드 받을 수 있다. 이 페이지는 검색 상자에서 책의 이름을 입력해 접근할 수 있다. 독자의 팩트 출판사 계정으로 로그인할 필요가 있음을 기억하라.

파일이 다운로드되면, 다음 애플리케이션의 최신 버전을 이용하여 압축을 해제하거나 폴더를 추출하라.

- 윈도우용 WinRAR / 7-Zip
- 맥용 Zipeg / iZip / UnRarX
- 리눅스용 7-Zip / PeaZip

오탈자

내용을 정확하게 전달하려고 최선을 다했지만 실수가 있을 수 있다. 팩트 출판사에서 출판된 도서에서 코드나 텍스트상의 문제를 발견해서 알려준다면 매우 감사하게 생각할 것이다. 이런 참여를 통해 다른 독자에게 도움을 주고, 다음 버전 도서의 완성도를 더 높게 만들 수 있다. 오자를 발견한다면, http://www.packtpub.com/submit-errata를 방문해 책을 선택하고 Errata Submission Form link를 클릭해서 구체적인 내용을 입력해 주기 바란다. 보내준 오류 내용이 확인되면 웹사이트에 그 내용이 올라가거나 해당 도서의 정오표 부분에 해당 내용이 추가될 것이다.

이전에 제출된 정오표를 보려면, https://www.packtpub.com/books/content/support 가서 검색 필드에 도서명을 입력하라. 요청된 정보가 정오표 섹션 아래 표시될 것이다. 한국어판은 에이콘출판사 도서정보 페이지 http://www.acornpub.co.kr/book/microservices-with-nodejs에서 찾아볼 수 있다.

저작권 침해

인터넷에서 저작권이 있는 자료의 불법 복제는 모든 미디어가 겪는 지속적인 문제다. 팩트 출판사에서는 저작권과 사용권 문제를 아주 심각하게 생각한다. 어떤 형태로든 팩트 출판사 서적의 불법 복제물을 인터넷에서 발견한다면 적절한 조치를 취할 수 있도록 해당 주소나 사이트 이름을 알려주길 부탁한다.

의심되는 불법 복제물의 링크는 copyright@packtpub.com으로 보내주기 바란다.

우리는 저자와 더불어 책을 위한 팩트 출판사의 노력을 배려하는 마음에 깊은 감사의 마음을 전한다.

질문 사항

이 책과 관련된 질문이 있다면, questions@packtpub.com으로 문의하기 바란다. 최선을 다해 질문에 대한 답을 하도록 하겠다. 한국어판에 관한 질문은 이 책의 옮긴이나 에이콘출판사 편집 팀(editor@acornpub.co.kr)으로 문의해주길 바란다.

01

마이크로서비스 아키텍처

마이크로서비스Microservices는 점점 더 인기를 얻어가고 있다. 요즘 그린필드 프로젝트[1] 에서 대다수 엔지니어들은 구축하는 시스템 품질을 향상시키기 위해 마이크로서비스의 사용을 고려해야 한다. 개발자는 자신이 만드는 시스템과 관련된 아키텍처 원칙을 알고 있어야 한다. 이 책에서는 마이크로서비스microservices와 서비스 지향 아키텍처SOA: Service-Oriented Architecture의 차이를 살펴보고, 마이크로서비스를 작성하는 훌륭한 플랫폼인 Node.js도 살펴볼 것이다. Node.js를 이용하면 적은 노력으로 높은 성능high-performing의 마이크로서비스를 만들 수 있다.

이번 장에서는 아키텍처 관점에서 마이크로서비스에 대한 다음 사항들을 학습한다.

---

1 일반적으로 그린 필드(Green field)란 산업이 발달하지 못한 산업 불모지를 의미한다. 그린필드 프로젝트란 열악한 환경을 갖는 특정 분야에 새롭게 시작하는 프로젝트를 의미한다. – 옮긴이

- 마이크로서비스란 무엇인가?
- 마이크로서비스 지향 아키텍처
- 마이크로서비스의 주요 장점
- SOA와 마이크로서비스의 비교
- Node.js를 사용하는 이유

▌ 마이크로서비스의 필요성

소프트웨어 개발 분야는 지난 40년 동안 빠르게 발전해 오고 있다. 이러한 발전의 핵심 사항 중 하나는 시스템의 크기였다. 현대의 시스템은 MS-DOS를 사용하는 시대보다 백 배 이상의 규모를 가지게 되었다. 이런 규모의 성장으로 인해 코드와 소프트웨어 컴포넌트를 구성하기 위한 더 나은 방법이 필요하게 됐다. 일반적으로 유기적인 성장organic growth 으로 알려져 있는 비즈니스 요구에 의한 회사의 성장에서는 소프트웨어를 모놀리식 아키텍처 monolithic architecture로 구성하는데, 이 방법이 시스템을 쉽고 빠르게 구축하는 방법이기 때문이다. 몇 년(심지어 몇 개월)이 지나면 기존에 만들어진 소프트웨어가 갖는 결합 특성 때문에 새로운 기능을 추가하기가 더 어려워진다.

모놀리식 소프트웨어

일반적으로 아마존Amazon이나 넷플릭스Netflix 같은 첨단 기술 기업들은 마이크로서비스를 이용해 새로운 소프트웨어를 개발한다. 이것이 이상적인 시나리오다. 이들은 엄청난 노력 없이도 새로운 제품을 확장하기 위해, (이 책을 통해 배우게 되는) 마이크로서비스 지향 소프트웨어microservices-oriented software를 많이 활용한다. 문제는 모든 기업이 그들의 소프트웨어를 미리 계획할 수 없다는 점이다. 이런 회사들은 소프트웨어에 대한 계획 대신 예상되는 유기적인 성장을 기반으로 소프트웨어를 개발한다. 다시 말해, 일부 소프트웨어 컴포넌트 그룹의 비즈니스는 그들이 선호하는 방법을 통해 진행된다. 두 개의 커다란 소프트웨어 컴포넌트(사용자가 마주하는 웹사이트와 내부 관리 도구)를 보유한 회사를 보는 것도 드문 일이 아니다. 일반적으로 이러한 형태는 모놀리식 소프트웨어 아키텍처^{monolithic software architecture}로 알려져 있다.

이런 일부 회사는 엔지니어링 팀을 확장하려는 경우 커다란 문제에 직면한다. 문제는 단일 소프트웨어 컴포넌트에 대한 구현 팀, 배포 팀, 유지보수 팀 사이의 조정이 어렵다는 점이다. 출시에 대한 충돌과 버그 재도입은 팀들로부터 엄청난 에너지를 빼앗는 것으로, 흔하게 발생하는 문제다. 이런 문제에 대해 이점을 얻을 수 있는 해결책 중 하나는 모놀리식 소프트웨어를 마이크로서비스로 나누는 것이다. 이렇게 하면 각 팀마다 회사의 나머지 시스템에 방해 받지 않고 버전을 관리하고, 업데이트하고, 배포하는 작은 모듈과 일부 자율적이고 격리된 소프트웨어 컴포넌트로 특화될 수 있다.

모놀리스^{monolith}를 마이크로서비스로 분할하면 엔지니어링 팀은 이메일 전송, 카드 결제 처리 같이 주어진 작업을 위해 고도로 전문화 되고, 격리된, 그러면서도 자율적인 작업 단위를 생성할 수 있다.

현실에서의 마이크로서비스

마이크로서비스는 한 가지 작업에 특화된 작은 소프트웨어 컴포넌트로, 상위 수준의 작업을 수행하기 위해 함께 동작한다. 잠시 소프트웨어는 잊고, 회사가 어떻게 돌아가는지 생각해 보자. 누군가 회사에 지원하는 하는 경우, 그는 주어진 직책(소프트웨어 엔지니어, 시스템 관리자, 사무실 관리자)에 지원한다. 그 이유는 전문화^{specialization}라는 한 단어로 요약될 수 있다. 여러분이 소프트웨어 엔지니어 업무에 익숙하다면 해당 업무에 더 많은 경험을 갖고 있고 회사에 더 많은 가치를 더할 수 있을 것이다. 고객을 응대하는 방법을 모른다는 사실은 해당 분야가 여러분의 전문 분야가 아니며, 일상 업무에 어떠한 가치도 부여하지 않기 때문에 여러분의 성과에는 영향을 미치지 않는다.

전문화(Specialization)는 효율성(Efficiency)을 향상시키는 열쇠다. 한 가지 일을 제대로 하자는 것[2]이 소프트웨어 개발에서 추구하는 모토 중 하나다.

마이크로서비스는 시스템의 다른 부분을 방해하지 않고 한 가지 작업을 실행할 수 있는 자율적인 작업 단위이며, 회사의 직책과 유사하다. 마이크로서비스는 엔지니어링 팀이 회사 시스템을 확장하는 경우 활용할 수 있는 많은 장점들이 있다.

요즘에는 다음과 같은 수백 개의 시스템이 마이크로서비스 지향 아키텍처를 이용해 구축된다.

- **넷플릭스**[Netflix]: 전세계적으로 신뢰성 있고 확장 가능한 스트리밍 시스템을 제공하기 위해 애플리케이션의 전체 생태계를 구축한 가장 인기 있는 스트리밍 서비스 중 하나다.
- **스포티파이**[Spotify]: 세계 최고의 선도적인 음악 스트리밍 서비스 중 하나로, 마이크로서비스를 이용해 애플리케이션을 작성했다. 애플리케이션의 모든 단일 위젯(크롬 임베디드 프레임워크를 이용하는 데스크톱 앱으로 웹사이트에 표시된다)은 개별 업데이트가 가능하다.

마이크로서비스 지향 아키텍처

마이크로서비스 지향 아키텍처[Microservices-oriented architectures]는 IT 시스템을 탄력적이고, 확장과 축소에 대한 준비 상태를 유지하기 원하는 중견 및 대기업에 적합한 몇 가지 독특한 요소들을 갖고 있다.

---

2 Doing one thing and doing it right

장점

마이크로서비스는 소프트웨어 공학의 성배는 아니다. 그러나 주의 깊게 다룬다면 주로 기술에 의존적인 회사들이 직면하는 커다란 문제를 해결할 수 있는 매우 효과적인 방법이 된다.

탄력성^{resilience}, 조합성^{composability}, 신축성^{elasticity} 같은 마이크로서비스 지향 아키텍처의 핵심 설계 원칙 등을 고려하는 것이 중요하다. 그렇지 않으면, 우아한 솔루션이라기보단 문제의 소지가 다분한 모놀리식 애플리케이션을 여러 머신으로 분할하는 것으로 끝나게 된다.

단점

마이크로서비스 지향 아키텍처는 모놀리식 기반 소프트웨어에는 존재하지 않는 시간 지연^{latency}, 추적성^{traceability}, 형상 관리$^{configuration\ management}$ 같은 일부 문제를 도입하기 때문에 이와 관련된 몇 가지 문제점도 있다. 이런 문제들은 다음과 같다.

- **네트워크 시간 지연**$^{Network\ latency}$: 마이크로서비스는 분산 특성을 갖고 있기 때문에, 네트워크 상의 시간 지연을 고려해야 한다.
- **운영 오버헤드**$^{Operations\ overhead}$: 서버가 더 많을수록 유지보수에 더 많은 노력이 필요하다.
- **궁극적 일관성**$^{Eventual\ consistency}$: 고도의 트랜잭션 시스템에서는 데이터가 일정 기간 동안 일치하지 않을 수 있다는 사실을 구현에 고려해야 한다(이 내용은 이 장의 뒷부분에서 살펴볼 것이다).

일반적으로 엔지니어는 마이크로서비스 지향 아키텍처 방식의 장점과 단점을 평가하고, 비즈니스 요구를 만족시키기 위해 마이크로서비스를 사용할지 여부를 결정해야 한다.

마이크로서비스 지향 아키텍처에는 고려해야 하는 일부 특성이 있다. 소프트웨어 엔지니어가 모놀리식 소프트웨어를 작성하는 경우, 소프트웨어에 내재된 본질적인 특성 때문에 완전히 간과되는 몇 가지 문제가 있다.

일례로, 우리의 소프트웨어가 이메일을 보내야 한다고 생각해 보자. 모놀리식 소프트웨어에 애플리케이션의 주요 기능을 추가한다. 이메일을 처리하는 전용 모듈을 만드는 방법을 선택할 수 있다(이것은 좋은 아이디어처럼 여겨진다). 이제 커다란 소프트웨어 산출물에 기능을 추가하는 대신 마이크로서비스를 생성한다고 상상해 보자. 독립적으로 배포되고 버전을 관리할 수 있는 전용 서비스를 만든다. 이 경우, 고려하지 않았던 추가적인 단계(새로운 마이크로서비스에 도달하기 위한 네트워크 시간 지연)를 갖게 된다.

앞의 예에서 (모놀리식이나 마이크로서비스나) 어떤 방법이든 소프트웨어를 만드는 데는 큰 문제가 되지 않는다. 예를 들어 이메일을 분실하더라도 세상은 끝나지 않는다. 각 방법이 정의한 것처럼, 이메일의 전송이 보장되지 않으면 고객에게서 몇 가지 불만사항을 받을 수 있지만, 애플리케이션은 여전히 작동할 것이다.

▌ 주요 설계 원칙

마이크로서비스를 개발할 때 고려해야 하는 몇 가지 주된 설계 원칙들이 있다. 마이크로서비스는 최근의 개념이기 때문에 이러한 원칙들은 황금률이 아니다. 때로는 따라야 하는 사례가 무엇인지에 대한 공감대가 부족한 경우도 있다. 일반적으로 다음과 같은 설계 원칙을 가정할 수 있다.

- 마이크로서비스는 회사 프로세스 모델에 대한 비즈니스 단위다.
- 마이크로서비스는 비즈니스 로직을 포함하며, 간단한 채널과 프로토콜을 이용하여 통신하는 스마트한 엔드포인트smart endpoints이다.

- 마이크로서비스 지향 아키텍처는 정의에 따라 분산된다. 이것은 견고하고 탄력적인 소프트웨어를 만드는 데 도움이 된다.

비즈니스 단위가 컴포넌트는 아니다

소프트웨어 엔지니어링의 가장 즐거운 측면 중 하나는 새로운 프로젝트를 생성하는 것이다. 프로젝트에 여러분의 창의력이나 새로운 아키텍처 개념, 프레임워크, 방법론 등을 적용 할 수 있다. 안타깝게도 이것은 성숙한 회사에서는 일반적인 상황이 아니다. 일반적으로 우리가 하는 일은 기존 소프트웨어 내에서 새로운 컴포넌트를 생성하는 일이다. 새로운 컴포넌트를 생성하는 경우에 따를 수 있는 최상의 설계 원칙 중 하나는 컴포넌트가 독립적인 단위로 동작할 수 있도록 소프트웨어의 나머지 부분과의 결합도^{coupling}를 가능한 낮게 유지하는 것이다.

 결합도를 낮은 수준으로 유지하면 적은 노력으로 소프트웨어 컴포넌트를 마이크로서비스로 전환할 수 있다.

실제 예를 살펴보도록 하자. 이제 당신 회사의 애플리케이션은 결제 처리를 할 수 있는 기능이 필요하다.

여기서의 논리적인 결정은 선택된 결제 업체(신용카드나 페이팔^{PayPal} 등)에 대한 처리 방법을 알고 있는 새로운 모듈을 생성하고, 모든 결제 관련 비즈니스 로직을 새로운 해당 모듈에서 유지할 수 있도록 하는 것이다. 다음과 같은 코드로 인터페이스를 정의해 보자.

```
public interface PaymentService {
  PaymentResponse processPayment(PaymentRequest request) throws
    MyBusinessException;
}
```

이 간단한 인터페이스는 누구나 이해할 수 있다. 이것이 마이크로서비스로 이동하는 경우에 있어 핵심사항이다. 우리는 비즈니스 지식을 인터페이스의 이면으로 캡슐화했다. 따라서 이론적으로는 애플리케이션의 나머지 부분에 영향을 주지 않고 결제 업체를 변경할 수 있다. 즉 상세 구현 내용은 외부로부터 숨겨져 있다.

다음은 지금까지 우리가 알고 있는 사항들이다.

- 메소드 이름을 알고 있다. 따라서 서비스를 호출하는 방법을 알고 있다.
- 메소드는 호출 코드의 처리를 강제하기 위해 MyBusinessException 타입의 예외를 처리할 수 있다.
- PaymentRequest가 입력 파라미터인 것을 알고 있다.
- 응답response은 알고 있는 객체다.

우리는 높은 응집도와 느슨한 결합으로 이루어진 비즈니스 단위를 만들었다. 이 상황을 다음과 같이 살펴보자.

- **높은 응집도**Highly cohesive: 결제 모듈 내의 모든 코드는 모두 한 가지 기능을 수행한다. 즉 결제와 직불 카드 프로세서 같은 서드파티 서비스의 호출에 대한 모든 사항(연결 처리, 코드 응답 등)을 처리한다.
- **느슨한 결합**Loosely coupled: 어떤 이유로 인해 새로운 결제 프로세서로 전환해야 한다면 어떤 일이 발생하는가? 인터페이스 외부로 흘러나가는 정보가 있는가? 계약 변경으로 인해 호출 코드를 변경해야 하는가? 대답은 '아니오'다. 결제 서비스 인터페이스의 구현은 모듈 단위의 작업이어야 한다.

다음 다이어그램은 여러 컴포넌트로 구성된 시스템이 컴포넌트 중 하나(결제 서비스)를 제거하고 마이크로서비스로 변경하는 방법을 보여준다.

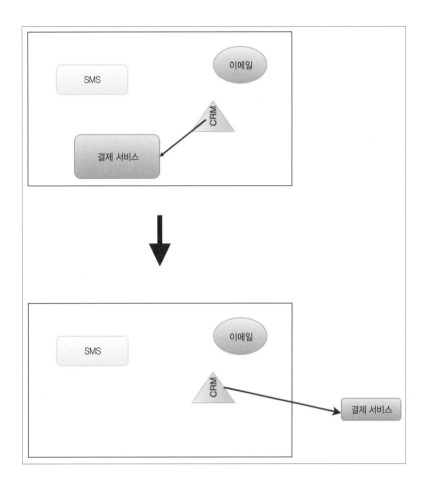

이 모듈이 구현되면 모놀리식 애플리케이션은 결제 처리가 가능하고 마이크로서비스로 추출할 수 있는 훌륭한 후보가 되는 또 다른 기능을 갖게 될 것이다.

이제 인터페이스가 변경되지 않는 한 결제 서비스의 새로운 버전을 롤아웃rollout할 수 있다. 뿐만 아니라 세상의 나머지 부분(우리 시스템이나)에 대한 계약사항도 변경되지 않는다. 이것이 바로 해당 언어가 인터페이스에 대한 지원을 제공하지 않아도 인터페이스를 구현에 독립적으로 유지해야 하는 중요한 이유다.

그리고 나머지 애플리케이션에 대한 불필요한 확장 압박 없이도 비즈니스 요구를 충족시킬 수 있다. 따라서 필요한 만큼 결제 서비스를 다양하게 확장하고 배포할 수도 있다.

 예제 코드 다운로드

http://www.packtpub.com의 계정 페이지에서 이 책의 예제 코드 파일을 다운로드 받을 수 있다. 이 책을 다른 곳에서 구매했다면 http://www.packtpub.com/support를 방문하면 해당 파일을 직접 이메일로 전송 받을 수도 있다. 다음과 같은 방법으로 코드 파일을 다운로드 받을 수 있다. 또한 에이콘출판사 도서정보 페이지인 http://www.acornpub.co.kr/book/microservices-with-nodejs에서도 예제 코드를 다운로드할 수 있다.

- 팩트(Packt) 출판사 웹사이트에 이메일 주소와 패스워드를 이용하여 로그인하거나 가입한다.
- 마우스 포인터를 SUPPORT 탭 위로 이동시킨다.
- Code Downloads & Errata를 클릭한다.
- 검색 상자(Search)에 도서명을 입력한다.
- 코드 파일을 다운로드 받기 원하는 책을 선택한다.
- 드롭다운 메뉴에서 책을 구매한 곳을 선택한다.
- Code Download를 클릭한다.

팩트 출판사 웹사이트에서 해당 도서의 웹 페이지에 있는 Code Files 버튼을 클릭하면 코드 파일을 다운로드 받을 수 있다. 이 페이지는 검색 상자에서 책의 이름을 입력하면 접근할 수 있다. 개인 팩트 출판사 계정으로 로그인 해야 함을 기억하라.

파일이 다운로드 되면 다음 애플리케이션의 최신 버전을 이용해 압축을 해제하거나 폴더를 추출하라.

- 윈도우 용 WinRAR / 7-Zip
- 맥 용 Zipeg / iZip / UnRarX
- 리눅스 용 7-Zip / PeaZip

스마트한 서비스와 독립적인 처리 능력이 없는 통신 파이프

하이퍼텍스트 전송 프로토콜HTTP은 인터넷에서 나온 최고의 결과물 중 하나다. 상태를 저장하지 않도록 설계된 프로토콜과 클라이언트의 상태를 유지하기 위한 쿠키의 사용으로 인해 상황이 나빠지는 것을 상상해 보라. 웹 1.0 시대에서는 아무도 REST API나 모바일 웹에 대해 이야기하지 않았다. HTTP 요청의 예를 살펴보도록 하자.

```
HTTP/1.1 200 OK
Date: Mon, 23 May 2005 22:38:34 GMT
Server: Apache/1.3.3.7 (Unix) (Red-Hat/Linux)
Last-Modified: Wed, 08 Jan 2003 23:11:55 GMT
ETag: "3f80f-1b6-3e1cb03b"
Content-Type: text/html; charset=UTF-8
Content-Length: 138
Accept-Ranges: bytes
Connection: close
```

위에서 알 수 있듯이 HTTP는 굳이 설명해 이해시킬 필요가 없는, 사람이 읽을 수 있는 human readable 프로토콜이다.

요즘 HTTP는 초기에 고안된 것처럼 웹에서만의 사용에 국한되지 않고 한 엔드포인트에서 다른 엔드포인트로 데이터를 전송하기 위한 일반적인 용도의 프로토콜로 광범위하게 사용된다. 마이크로서비스 사이의 통신에는 HTTP만 있으면 된다. 다시 말해 HTTP는 데이터를 전송하고 (가능한 경우) 전송 오류를 복구하는 프로토콜이다.

지난 몇 년 동안, 특히 BPEL[3] 같은 업계에서는 스마트한 통신 메커니즘을 만들기 위한 노력을 해왔다. BPEL는 **비즈니스 프로세스 실행 언어**Business Process Execution Language를 의미하며 통신 행위에 집중하기 보단 비즈니스 단계와 관련된 행위에 초점을 맞추고 있다.

통신 메커니즘은 통신 프로토콜에 일정 수준의 복잡성을 가져오며, 애플리케이션의 비즈니스 로직을 엔드포인트에서 유출시키는데 이는 엔드포인트 사이에서 일정 수준 이상의 결합에 대한 원인이 된다.

---

2 BPEL은 웹 서비스 환경에서 비즈니스 프로세스를 정의하고 실행하기 위한 표준 언어다. – 옮긴이

비즈니스 로직은 시스템이 쉽게 테스트되고 확장될 수 있도록 엔드포인트에 머물러야 하며 통신 채널로 확장되면 안 된다. 수 년에 걸쳐 얻은 교훈은 통신 계층은 데이터의 전송과 엔드포인트를 보장하는 평범하고 간단한 프로토콜이어야 한다는 점이다. 이런 엔드포인트는 구현 시 서비스가 일정 기간 동안 중단되거나 네트워크가 통신 문제의 원인이 될수 있는 경우를 포함해야 한다(이는 탄력성resilience이라 불리며, 이번 장의 후반부에서 배운다).

일반적으로 HTTP는 마이크로서비스 지향 소프트웨어를 만들 때 가장 많이 사용되는 프로토콜이다. 이외에도 또 다른 흥미 있는 선택사항은 엔드포인트 사이의 통신을 용이하게 만드는 Rabbit MQ와 카프카Kafka 같은 큐의 사용이다.

큐잉 기법queueing technology은 버퍼링 방식으로 통신을 관리하고, 높은 트랜잭션 시스템에서 인식되는 메시지 복잡성을 캡슐화하는 명확한 방법을 제공한다.

분산화

모놀리식 애플리케이션의 주된 단점 중 하나는 모든 사항이 하나(또는 몇 개)의 소프트웨어 컴포넌트와 데이터베이스에 집중된다는 점이다. 흔한 경우는 아니지만, 이는 중앙 집중식 관리 흐름과 회사의 필요에 따라 복제 및 확장돼야 하는 엄청난 크기의 데이터 저장소를 만드는 원인이 된다.

마이크로서비스는 분산화decentralization를 목적으로 한다. 거대한 데이터베이스를 갖는 대신, 앞에서 설명한 비즈니스 단위에 따라 데이터를 분할하지 못할 이유가 있는가?

일부 독자들은 분산화가 불가능한 이유 중 하나로 트랜잭션 특성transactionality을 이야기할 수 있다. 다음 시나리오를 살펴보자.

1. 고객은 마이크로서비스 지향 온라인 상점에서 물품을 구매한다.
2. 물품에 대한 비용을 지불하는 경우, 시스템은 다음과 같은 호출을 발생시킨다.
    1. 결제에 트랜잭션을 생성하기 위한 회사 금융 시스템에 대한 호출

2. 장부 처리를 위한 웨어하우스 시스템의 호출

3. 고객이 뉴스레터의 구독하기 위한 메일링 시스템에 대한 호출

모놀리식 소프트웨어에서는 모든 호출이 트랜잭션으로 감싸진다. 따라서 특정 이유로 호출 중 일부가 실패하면 데이터베이스에서 다른 호출에 대한 데이터들은 유지되지 않는다.

데이터베이스 설계를 배우고 있다면 첫 번째이자 가장 중요한 원칙인 ACID 약어를 기억하자.

- **원자성**Atomicity: 각 트랜잭션은 전부이거나 전무All or Nothing이다. 한 부분이 실패하는 경우 변경은 데이터베이스에 저장되지 않는다.
- **일관성**Consistency: 데이터에 대한 변경사항은 트랜잭션 동안 일관성이 보장돼야 한다.
- **고립성**Isolation: 트랜잭션의 동시 실행의 결과는 트랜잭션이 순차적으로 실행되는 경우 얻을 수 있는 시스템 상태에 대한 결과다.
- **내구성**Durability: 트랜잭션이 커밋되면 데이터는 영구적이 된다.

마이크로서비스 지향 소프트웨어에서 ACID 원칙은 전역적으로 보장되지는 않는다. 마이크로서비스는 로컬로 트랜잭션을 커밋한다. 그러나 전역적인 트랜잭션에 대해 100%의 무결성을 보장할 수 있는 메커니즘은 존재하지 않는다. 우리가 결제 처리 없이는 배송이 되지 못하게 막는 특정 규칙을 정하지 않는다면, 결제를 처리하지 않고 책을 배송하는 것이 가능하다.

마이크로서비스 지향 아키텍처에서는 데이터의 트랜잭션 특성은 보장되지 않는다. 따라서 구현의 실패에 대비해야 한다. 이런 문제를 해결하는 방법(회피방법workaround이 더 적절한 단어지만)은 거버넌스와 데이터의 저장을 분산화decentralizing하는 것이다.

마이크로서비스를 개발하는 경우, 하나 이상의 컴포넌트가 실패할 수 있으며 소프트웨어 가용성을 저하시킬 수 있다는 사실을 설계 시에 고려해야 한다.

다음 다이어그램을 살펴보자.

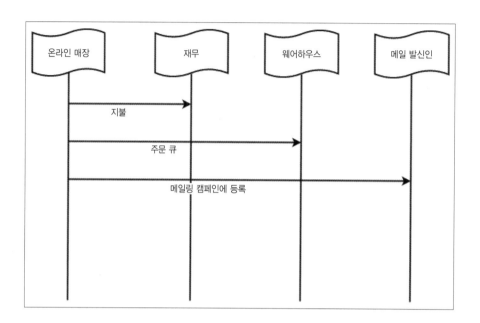

이 다이어그램은 모놀리식 소프트웨어의 실행 순서를 나타낸다. 어쨌든 호출의 순차적인 목록은 ACID 원칙을 따라 실행돼야 한다. 다시 말해 모든 호출(트랜잭션)은 성공하거나 모두 성공하지 못한다.

이는 데이터의 트랜잭션 특성을 보장하기 위해 프레임워크 및 데이터베이스 엔진 설계자가 트랜잭션에 대한 개념을 숙지하고 개발한 경우에만 가능하다.

마이크로서비스로 작업한다면, 엔지니어들에게 왜 궁극적인 일관성을 요청하는지 설명할 필요가 있다. 트랜잭션의 일부가 실패했다면 정보가 최종적으로 일관성을 갖도록 각 마이크로서비스 인스턴스는 트랜잭션을 복구하는 데 필요한 정보를 저장해야 한다. 이전 예제에 따르면 결제를 처리하지 않고 책을 배송하는 경우, 결제 게이트웨이는 나중에 누군가 데이터를 다시 일관성 있게 만들고 처리할 수 있도록 트랜잭션을 실패시켜야 한다.

이 문제를 해결하는 가장 좋은 방법은 거버넌스를 분산화하는 것이다. 모든 엔드포인트는 트랜잭션의 전체 범위에 영향을 미치는 지역적인 결정을 할 수 있어야 한다. 이 주제에 대해서는 '3장. 모놀리스에서 마이크로서비스로'에서 더 살펴볼 것이다.

기술적 정렬

새로운 소프트웨어를 개발하는 개발자라면 항상 염두하는 개념이 있다. 바로 표준standards이다.

표준은 여러분의 서비스가 기술적으로 독립적이어서 다양한 프로그래밍 언어나 기술을 이용해 쉽게 통합할 수 있다는 점을 보장한다.

마이크로서비스를 갖는 시스템을 모델링하는 장점 중 하나는 문제 해결 시 작업에 적합한 기술을 선택할 수 있기 때문에 매우 효율적으로 작업할 수 있다는 점이다. 모놀리식 소프트웨어를 개발하는 경우, 마이크로서비스에서처럼 기술을 결합하는 것이 매우 어렵다. 일반적으로 모놀리식 소프트웨어에는 시작 시 선택한 기술에 묶여 있게 된다.

자바 원격 메소드 호출RMI는 시스템이 새로운 기술에 개방적으로 되길 원한다면 피해야 하는 비 표준 프로토콜 중 하나다. 자바 원격 메소드 호출은 자바로 작성된 소프트웨어 컴포넌트를 연결하는 훌륭한 방법이다. 하지만 (실패하지 않는다면) 개발자는 Node.js로 RMI 메소드를 호출하기 위해 힘겨운 작업을 해야 한다. 마이크로서비스 관점에서 아키텍처가 주어진 언어에 종속된다면 가장 흥미로운 장점 중 하나인 **기술적 이질성**technology heterogeneity이 사라지게 된다.

마이크로서비스 크기

시스템을 마이크로서비스의 집합으로 모델링 하기로 결정했다면 항상 답해야 하는 한 가지 질문이 있다. 마이크로서비스의 크기가 얼마나 작아야 너무 작은 것인가?

이에 대한 대답은 항상 까다로우며 실망스러울 수도 있다. 다시 말해, 상황에 따라 다르다.

주어진 시스템에서 마이크로서비스의 적절한 크기는 작은 규모의 개발자 팀에 의해 쉽게 관리 가능한 소프트웨어 컴포넌트를 생성하기 위한 능력과 회사의 구조에 달렸다. 또한 마이크로서비스의 크기는 기술적인 요구사항에 의해서도 달라진다.

뱅킹 파일을 수신하고 처리하는 시스템을 상상해 보자. 이미 알고 있을 수도 있겠지만 은행 간 모든 결제는 (유료화 지불을 위한 단일 유로화 지불 영역SEPA: Single Euro Payments Area와 같은) 특정 형태로 알려진 파일로 전송된다. 이런 유형의 시스템이 갖는 특이성 중 하나는 시스템이 각 파일 형태를 처리하는 방법을 알아야 하고, 이와 같은 파일 형태가 무수히 많다는 점이다.

마이크로서비스 관점에서 이 문제를 해결하기 위한 첫 번째 방법은 작업의 단위를 만드는 모든 서비스를 서로 분리하고 각 파일 타입마다 하나의 마이크로서비스를 만드는 것이다. 이렇게 하면 기존 파일 프로세서에 대한 변경을 롤아웃할 때 시스템의 나머지 부분을 방해하지 않아도 된다. 또한 서비스 중 하나에 문제가 발생해도 파일의 처리를 계속할 수 있다.

마이크로서비스는 필요한 만큼 작아야 한다. 그러나 모든 마이크로서비스는 운영 팀이 새로운 서비스를 관리하는 데 필요한 오버헤드를 추가한다는 점을 알아두자. 관리성 manageability, 확장성scalability, 전문성specialization 측면에서 마이크로서비스의 크기에 대한 질문에 답하려 노력해야 한다. 마이크로서비스는 한 사람이 시스템의 나머지 부분에 영향을 미치지 않으면서도 관리가 가능하고 스케일 업(또는 스케일 다운)을 빠르게 할 수 있을 정도로 작아야 한다. 그리고, 오직 한 가지 작업만 해야 한다.

 일반적으로 마이크로서비스는 한 스프린트(Sprint)[4]에서 완전히 재작성이 가능할 정도로 작아야 한다.

---

4 스프린트(Sprint)는 애자일 방법론에서의 개발 주기를 의미하며 1~4주 정도의 길이를 갖는다. 이터레이션(Iteration)으로도 불린다. – 옮긴이

▌마이크로서비스의 주요 장점

이전 절에서 마이크로서비스 지향 아키텍처가 무엇인지 논의했다. 또한 이런 아키텍처 유형의 몇 가지 장점을 보여주고 경험을 통해 배운 설계 원칙들에 대해 이야기했다.

이제 이들 장점에 대해 간단히 설명하고, 이 장점이 새로운 비즈니스 요구사항을 빠르게 수용하는 것은 물론 소프트웨어 품질을 향상시키는데 얼마나 도움이 되는지를 살펴보자.

탄력성

탄력성Resilience은 위키피디아Wikipedia에 따르면, "변화에 대처할 수 있는 시스템의 능력"으로 정의돼 있다. 개인적으로는 탄력성을 '상황이 처리되면 시스템의 성능에 영향을 주지 않고 예외나 스트레스 주기stress period를 우아하게 복구할 수 있는 시스템 능력(일시적인 하드웨어 고장, 예상치 못하게 높은 네트워크 지연 등)'으로 정의하고 싶다.

단순하게 들리겠지만 마이크로서비스 지향 소프트웨어를 개발하는 경우 문제의 원인은 시스템의 분산 특성으로 인해 넓어지며, 모든 비정상적인 상황을 방지하는 것이 어려울 때도 있다.

탄력성은 오류를 우아하게 복구할 수 있는 능력이다. 탄력성은 복잡성을 높게 만든다. 한 마이크로서비스에 문제가 있다면 일반적인 실패를 방지할 수 있는가? 항상 쉽지는 않겠지만 이상적으로는 일반적인 실패 결과 대신 서비스 응답을 저하시키는 방법으로 시스템을 구축해야 한다.

확장성

요즘 여러 기업에서 발생하는 일반적인 문제 중 하나는 시스템의 확장성scalability이다. 이전에 모놀리식 소프트웨어에서 작업했다면 회사가 성장함에 따라 성능 문제를 특정 시점에서 경험했을 것으로 확신한다.

일반적으로 성능 문제는 모든 계층에 관련되거나 애플리케이션의 모든 서브시스템에서 발생하는 것은 아니다. 언제나 성능 문제는 요청에 대응할 수 없는 경우, 나머지 부분보다 눈에 띄게 느리게 수행되는 전체 애플리케이션의 실패 원인이 되는 하나의 서브시스템이나 서비스가 있다.

다음 다이어그램은 마이크로서비스가 시스템의 나머지 부분을 방해하지 않고 (두 개의 메일링 서비스로) 확장scaled up되는 방법을 보여준다.

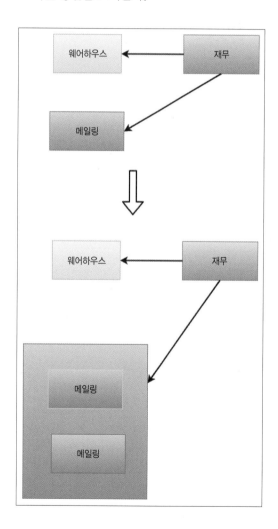

자동차 보험 분야에서 이런 약점 사례로 주어진 위험 요소 목록 대한 견적을 계산하는 서비스를 들 수 있다. 특정 부분에 대한 요구를 충족하기 위해 전체 애플리케이션을 확장하는 것이 타당한가? 마음속으로 '아니오'라고 답했다면 여러분은 마이크로서비스를 수용하는 데 한 걸음 더 가까워진 것이다. 마이크로서비스는 특정 영역에 대한 수요가 증가하면 시스템의 일부를 확장할 수 있도록 한다.

보험 시스템이 마이크로서비스 지향 소프트웨어라면, 견적 계산이라는 까다로운 요구를 해결하기 위해 필요한 유일한 방법은 이런 계산을 담당하는 마이크로서비스(또는 마이크로 서비스들)의 인스턴스를 더 늘리는 것이다. 서비스 확장은 이를 운영하기 위한 오버헤드를 늘린다는 점을 명심하라.

기술적 이질성

소프트웨어의 세계는 몇 개월마다 바뀐다. 업계에서는 특정 시스템에 대한 사실 상의 표준 언어도 바뀐다. 몇 년 전 루비 온 레일즈^{Ruby on Rails}가 소프트웨어 업계에 소개됐고 2013년에는 새로운 프로젝트에서 가장 많이 사용되는 웹 프레임워크 중 하나로 성장했다. Golang(구글이 만든 언어)는 프로그래밍 언어에 익숙한 사람이라면 누구나 몇 일 내에 배울 수 있는 우아하면서도 간단한 구문에 엄청난 성능을 결합했기 때문에 요즘 트랜드가 되고 있다.

과거에 나는 마이크로서비스를 작성하는 방식으로 파이썬^{Python}과 자바를 사용했고 그 당시에는 그 방식이 최선이었다.

특히, 자바는 스프링 부트^{Spring Boot}가 출시된 이후 민첩하게 (작성하고 운영하기 위한) 마이크로서비스를 작성하기 위한 매력적인 기술 스택이다.

장고^{Django} 또한 마이크로서비스를 작성하는데 있어 강력한 프레임워크다. 루비 온 레일즈^{Ruby on Rails}와 매우 유사하기 때문에 데이터베이스 마이그레이션을 자동화하고 CRUD^{Create Read Update Delete} 서비스의 생성을 믿을 수 없을 만큼 쉬운 작업으로 만든다.

Node.js는 잘 알려진 언어인 자바 스크립트의 장점을 이용해 서버 측면의 새로운 스택을 생성함으로써, 엔지니어가 다른 방법으로 새로운 소프트웨어를 생성하도록 한다.

그렇다면 이런 기술 모두를 조합하면 어떨까? 엄밀히 말하자면, 이는 장점으로 작용한다. 다시 말해, 적절한 작업에 적합한 도구를 선택할 수 있다.

통합 기술이 표준이라는 전제 하에 마이크로서비스 지향 아키텍처는 여러 기술을 조합해 사용하는 것을 가능하게 한다. 이전에 학습한 바와 같이 마이크로서비스는 자체적으로 동작할 수 있는 작고 독립적인 하나의 소프트웨어기 때문이다.

다음 다이어그램은 마이크로서비스가 공통의 통신 포인트만 가지면서 데이터 저장 및 수집을 숨기는 방법을 보여준다. 이들은 낮은 결합도^{low coupling}의 좋은 예다. 즉 한 서비스 구현의 변화는 다른 서비스에 영향을 주지 않는다.

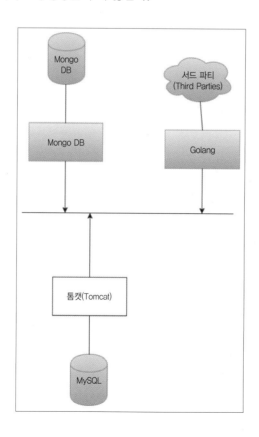

앞에서 성능에 대해 설명했다. 시스템에는 항상 다른 부분보다 더 많은 압력을 받고 있는 부분이 있다. 현대적인 멀티코어 CPU와 병렬(동시성) 프로그래밍은 일부 성능 문제를 해결할 수 있다. 그러나 Node.js는 작업의 병렬화에 있어 좋은 언어는 아니다. 얼랭Erlang 같이 더 적합한 언어를 사용해 성능적인 압박을 받는 마이크로서비스를 다시 작성하여 더 우아한 방법으로 동시성을 관리할 수도 있다. 이런 작업을 하는 데는 2주가 채 걸리지 않는다.

동일한 시스템에서 다양한 기술을 사용하는 데는 단점이 있다. 바로 개발자와 시스템 관리자는 다양한 기술 모두(또는 일부)를 알아야 한다는 점이다. 일반적으로 마이크로서비스를 받아들이는 기업은 한 가지 핵심 기술을 고수하면서(실제로 이 책에서 우리는 Node.js를 사용한다) 보조적으로 일부 기술을 사용한다.(이 책에서는 배포를 관리하기 위해 도커Docker를 사용하지만, 출시를 관리하기 위해 캐피스트라노Capistrano5나 패브리케이터Fabricator6를 사용할 수 있다).

교체 가능성

교체 가능성Replaceability은 다른 시스템 동작을 방해하지 않으면서 시스템의 한 컴포넌트를 변경하는 능력이다.

소프트웨어에 대해 이야기할 때, 교체 가능성은 낮은 결합도low coupling와 함께 언급된다. 마이크로서비스는 내부 로직이 호출하는 서비스에 노출되지 않는 방법으로 작성돼야 한다. 따라서 주어진 서비스의 클라이언트는 마이크로서비스가 어떻게 구현됐는지 알 필요가 없으며 인터페이스만 알면 된다. 다음 예제를 살펴보도록 하자. 예제는 위험을 식별할 목적으로 인터페이스만 보아야 하기 때문에 자바로 작성됐다.

---

5 Capistrano는 다중 서버에서 스크립터를 동작시키기 위한 open source 도구로 주로 웹 애플리케이션의 배포에 이용된다. – 옮긴이

6 https://www.phacility.com/를 참고하라. – 옮긴이

```
public interface GeoIpService {
  /**
   * Checks if an IP is in the country given by an ISO code.
   **/
  boolean isIn(String ip, String isoCode) throws
    SOAPFaultException;
}
```

첫눈에 봐도 이 인터페이스는 따로 설명할 필요가 없다. 이 인터페이스는 주어진 IP가 해당 국가에 있는지 여부를 확인하고 커다란 문제가 발생한 경우 SOAPFaultException을 발생시킨다.

이 서비스를 사용하는 클라이언트를 개발하는 경우, SOAPFaultException의 로직, 캡쳐, 처리를 포함시켜야 한다. 외부에 내부적인 구현 세부사항을 노출시킨다면 GeoIpService 인터페이스의 교체가 어려워진다. 또한 애플리케이션 로직 일부에 관련된 서비스의 생성은 **제한 맥락**^{bounded context} 생성에 대한 지시자다. 즉 한 가지 목적을 달성하기 위해 높은 응집도를 갖는 서비스나 서비스의 세트가 함께 동작한다.

독립성

아무리 열심히 노력해도 인간의 두뇌는 복잡한 문제를 해결하도록 설계되지 않았다. 인간의 두뇌가 한 시점에 하나를 처리할 때 가장 효율적인 모드로 동작한다. 따라서 복잡한 문제를 작은 문제들로 분할한다. 같은 맥락에서 마이크로서비스 지향 아키텍처는 다음과 같은 접근방법을 따른다. 모든 서비스는 어느 정도까지는 독립적이어야 하며, 인터페이스를 통해 상호작용을 해야 한다. 따라서 서비스는 인터페이스에 동의하는 것을 제외하고는 어떤 상호작용 없이도 다른 그룹의 엔지니어에 의해 개발될 수 있다. 이것은 기업이 스케일 업^{scale up}이나 스케일 다운^{scale down}, 엔지니어링 팀, 비즈니스 요구 등에 따라, 수요의 최대치나 수요가 없는 기간에 따라 비즈니스에 기민하게^{agile}하게 대응할 수 있도록 마이크로서비스를 적용할 수 있도록 한다.

교체 가능성이 중요한 이유

이전 절에서 마이크로서비스의 적절한 크기에 대해 언급했다. 일반적인 경험 법칙에 따르면 팀은 한 스프린트에서 마이크로서비스를 다시 작성하고 배포하는 것이 가능해야 한다. 이 근거의 배경에는 **기술 부채**^{technical debt}가 있다.

개인적으로는 기술부채란 '계획된 기한 내에 전달이 예상되는 기능 대비 원래의 기술적인 설계와의 편차'로 정의한다. 이러한 일부 기능의 희생이나 잘못된 가정(예측)들은 전체 리팩토링이나 재작성을 필요로 하는 조잡하게 작성된 소프트웨어를 만들 때도 있다.

이전 예제에서 인터페이스는 우리가 웹 서비스를 호출하기 위해 SOAP을 이용한다는 사실을 외부에 노출했다. 그러나 REST 클라이언트는 SOAP 예외와는 전혀 아무 관계가 없기 때문에 관련 클라이언트 코드를 변경해야 한다.

배포 용이성

마이크로서비스는 배포가 쉬워야 한다.

소프트웨어 개발자로서, 소프트웨어가 배포되지 못하도록 만드는 문제 요인에 대해 잘 알고 있을 것이다.

이전에 언급했듯이 마이크로서비스는 다음과 같은 여러 가지 이유로 배포가 쉬워야 한다.

- 비즈니스 로직이 작으면 배포도 간단해진다(경험에 따르면, 아무것도 없는 상태에서 다시 마이크로서비스를 작성해도 2주가 걸린다).
- 마이크로서비스는 자율적인 작업 단위다. 따라서 서비스 업그레이드는 복합적인 시스템에 속하는 문제다. 마이크로서비스를 사용한다면 전체 시스템을 다시 배포할 필요가 없다.
- 마이크로서비스 아키텍처에 대한 인프라스트럭처와 구성은 가능한 자동화돼야 한다. 이 책의 후반부에서 마이크로서비스의 배포를 위한 도커^{Docker}의 사용법을 배울 것이다. 그리고, 전통적인 배포 기법보다 더 나은 혜택이 무엇인지에 대해서도 배울 것이다.

▌ SOA vs 마이크로서비스

서비스 지향 아키텍처[SOA]는 수 년 동안 있어 왔다. SOA는 소프트웨어를 설계할 수 있는 훌륭한 원칙이다. 이들은 다양한 컴포넌트에 서비스를 제공하는 자립적인[self-contained] 컴포넌트다. 이전에 논의했듯이, SOA는 시스템의 다양한 모듈들이 낮은 결합도를 유지하는 것에 대한 것이다. 마치 퍼즐처럼, 전체 시스템에 커다란 영향을 주지 않으면서 일부를 교체할 수 있다.

원칙적으로 SOA는 마이크로서비스 아키텍처와 매우 유사하다. 그렇다면 차이점은 무엇인가?

마이크로서비스는 세분화 된 SOA 컴포넌트다. 다시 말해 단일 SOA 컴포넌트는 동일 수준의 기능을 제공하기 위해 함께 동작하는 많은 수의 마이크로서비스로 분해될 수 있다.

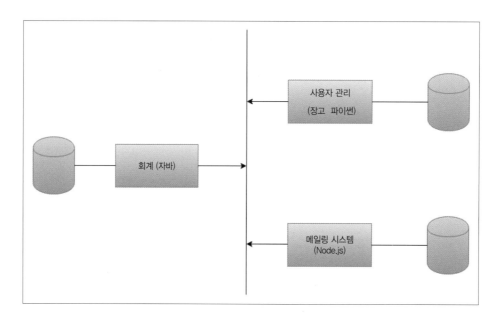

> 마이크로서비스는 세분화된 SOA 컴포넌트다.
>
> 마이크로서비스는 좁은 범위에 초점을 맞춘 경량 서비스다.

마이크로서비스와 SOA의 또 다른 차이점은 상호 접속 및 서비스의 작성에 사용되는 기술이다.

J2EE는 엔터프라이즈 표준들을 적용하게 하는 SOA 아키텍처를 작성하기 위해 고안된 기술 스택이다. 자바 네이밍 디렉터리 인터페이스^{JNDI}와 **엔터프라이즈 자바빈즈**^{EJB}, 엔터프라이즈 서비스 버스^{ESB}는 SOA 애플리케이션이 구축되고 유지되는 생태계다. 비록 ESB는 표준이지만 2005년 이후부터 실무에 뛰어든 엔지니어 중 아주 일부만 ESB에 대해서 알고 있고, 실제 사용자 수는 그보다 더 적다. 심지어 요즘 루비 온 레일스$^{Ruby\ on\ Rails}$ 같은 현대적인 프레임워크는 소프트웨어의 복잡한 조각을 고려조차 하지 않는다.

반면 마이크로서비스는 널리 알려져 있으며, 상호 운영할 수 있는 (HTTP 같은)표준의 사용을 강요한다. 이 때 컴포넌트(마이크로서비스)를 만드는 과정에서 적합한 언어나 도구를 선택할 수 있다. 이는 이번 장 앞 부분 '기술적 이질성'절에서 설명한 주된 장점 중 하나다.

기술 스택이나 서비스의 크기 외에도 SOA와 마이크로서비스 사이에는 더 큰 차이가 있다. 바로 도메인 모델이다. 이 장 초반부에서 분산화에 대해 배웠지만, 데이터의 분산화보다는 거버넌스의 분산화에 초점을 맞춘다. 마이크로서비스 기반 소프트웨어에서 모든 마이크로서비스는 자신의 데이터를 로컬에 저장해야 한다. 이것은 단일 서비스에 도메인 모델을 분리한다. 반면 SOA 지향 소프트웨어에서 일반적으로 데이터는 몇 개의 큰 데이터베이스에 저장되고 서비스들은 도메인 모델을 공유한다.

왜 Node.js인가?

몇 년 전만 해도 개인적으로 Node.js를 신뢰하지 않았다. Node.js는 문제를 해결하기 위한 실제 도구라기보다 하나의 트렌드라고 생각했기 때문이다. 서버 내의 자바스크립트는 적절해 보이지 않았다. 솔직히 말하자면, 자바스크립트를 좋아하지 않았다. 그런데 jQuery나 Angular.js 같은 현대적인 프레임워크가 나오면서 상황이 달라졌다. 이들은 브라우저간 호환성 문제를 해결했다. 이전에는 호환성으로 인해 최소한 세 가지 다른 브라우저에 별도로 적용해야 했던 반면, 이후 jQuery는 이런 모든 로직을 라이브러리로 멋지게 캡슐화했다. 따라서 jQuery 문서를 따른다면 더 이상 호환성을 걱정할 필요가 없었다.

이러면서 자바스크립트는 더 많은 인기를 얻게 됐다. 갑자기 내부 도구는 전부 자바스크립트를 많이 사용하는 **단일 페이지 애플리케이션**^{SPA:Single-Page Application} 프레임워크로 작성됐다. 그 결과 요즘 개발자들은 어떤 식으로든 자바스크립트를 능숙하게 다룰 수 있게 됐다.

이에 따라 일부 사람들은 브라우저 외부에서 자바스크립트를 사용하기로 결정했으며 이는 훌륭한 아이디어였다. 라이노^{Rhino}와, Node.js, Nashorn은 자바스크립트를 단독으로 실행할 수 있는 런타임의 예다. 이들 중 일부는 개발자가 자바 클래스들을 자바스크립트 프로그램으로 가져오는 것을 가능하게 해 자바 코드와도 상호작용 할 수 있다. 이를 통해 기존에 자바로 작성된 수 많은 프레임워크에 접근할 수 있다.

Node.js에 집중해 보자. 아래 목록에 언급된 것처럼 다양한 이유로 Node.js는 마이크로서비스 지향 아키텍처를 위한 완벽한 지원도구다.

- 배우기 쉽다 (마스터하기는 어렵더라도).
- 확장이 쉽다.
- 테스트하기 쉽다.
- 배포가 쉽다.
- npm을 통한 종속성 관리가 가능하다.
- 표준 프로토콜의 대부분과 통합할 수 있는 수 백 가지의 라이브러리가 있다.

이런 이유와 더불어 다음 장에서 살펴보는 다른 이유까지 더해 Node.js는 견고한 마이크로서비스를 만들기 위한 완벽한 지원도구다.

API 집합

세네카Seneca는 이후 장에서 개발을 위해 사용할 프레임워크다. 세네카의 가장 매력적인 특징 중 하나는 API 집합Aggregation이다.

API 집합은 다양한 기술(플러그인, 메소드, 기타 기술 등)을 통합해 인터페이스를 구성하는 진보된 기술이다.

다음 예제를 살펴보도록 하자.

```
var express = require('express');
var app = express();

app.get('/sayhello', function (req, res) {
  res.send('Hello World!');
});
app.get('/saygoodbye', function(req, res) {
  res.send('Bye bye!');
});

var server = app.listen(3000, function () {
  var host = server.address().address;
  var port = server.address().port;
  console.log('App listening at http://%s:%s', host, port);
});
```

앞의 예제는 Node.js용 매우 인기 있는 웹 프레임워크인 익스프레스Express를 사용한다. 이 프레임워크도 API 집합 기법으로 만들어졌다. 네 번째 줄과 일곱 번째 줄을 살펴보자. 이 줄에서 개발자는 누군가 URLS /sayhello와 /saygoodby를 GET 요청으로 접근하는 경우 실행돼야 하는 두 개의 메소드를 등록한다. 다시 말해 애플리케이션은 외부에는 하나의 인터페이스로 노출돼 있지만 사실 서로 다르고 더 작은 독립적인 구현물로 구성돼 있다. 이 경우 앱은 3000번 포트에서 요청을 수신한다.

이후 장에서 이 특성이 중요한 이유와 마이크로서비스를 구축(확장)하는 경우의 활용 방법에 대해 설명한다.

Node.js의 전망

자바스크립트는 처음에는 웹 브라우저에서 실행되기 위한 언어로 설계됐다. C/C++을 사용해 작업하거나 연구하는 사람들은 자바스크립트에 매우 익숙했으며, 이 점이 웹 2.0에서 문서의 동적인 조작을 위한 표준으로 자바스크립트를 채택하는 핵심이었다. AJAX^{Asynchronous JavaScript and XML}는 자바 스크립트의 성장을 위한 기폭장치였다. 브라우저마다 요청 객체에 대해 구현하는 방법이 달랐기 때문에 개발자들은 여러 브라우저에 호환되는 코드를 작성하기 위해 힘든 시간을 보내야 했다.

표준의 부족으로 인해 AJAX 뒤에 로직을 캡슐화하고 크로스 브라우저 스크립트를 쉽게 생성할 수 있도록 하는 다양한 프레임워크가 생겨났다.

자바스크립트는 스크립트 언어다. 자바스크립트는 객체지향으로 설계되지 않았으며, 코드가 혼란을 가져오는 경향이 있는 대규모 애플리케이션을 위한 언어로 설계되지도 않았다. 더군다나 코드를 구성하는 방법에 대해 다양한 기업들에게 표준을 강요하는 것도 어렵다. 내가 작업했던 모든 회사는 서로 다른 모범 사례를 가지고 있었는데 모범 사례 중 일부는 서로 모순되기도 했다.

ECMA^{European Computer Manufacturers Association}는 이를 해결하기 위해 나왔다. ECMA 언어(자바스크립트^{JavaScript}, 액션스크립트^{ActionScript}, 라이노^{Rhino} 등)에 대한 차세대 표준인 ECMAScript 6는 클래스, 상속, 컬렉션, 이밖에 많은 흥미로운 기능을 도입했다. 이는 자바스크립트 소프트웨어의 개발을 용이하게 하고 실질적인 V8 명세보다 표준적이다.

개인적으로 더욱 흥미로운 기능 중 하나는 자바스크립트 소프트웨어를 객체로 모델링 할 수 있도록 하는 클래스 키워드의 도입이다.

현재 대다수의 브라우저들이 이 기능 대부분을 제공하지만, Node.js의 경우에는 기본적으로 이 기능 중 일부만 구현되며 일부 기능은 인터프리터에 특별한 플래그(하모니 플래그)를 전달해야 구현된다.

이 책에서는 ECMAScript 6의 기능은 피하고 V8 명세를 고집할 것이다. V8은 개발자에게 널리 알려져 있고 자바스크립트 V8을 알고 있다면 사용하기가 상당히 쉽다.

▌ 요약

1장에서는 비즈니스 요구에 빠른 대응을 가능하게 해주는 견고하고 탄력성 있는 소프트웨어 아키텍처를 구축을 위한 고품질의 소프트웨어 컴포넌트를 설계 시 따라야 하는 모범 사례와 함께 마이크로서비스 관련 핵심 개념을 공부했다.

더불어, 마이크로서비스 지향 아키텍처의 분산 특성으로 인한 운영 오버헤드처럼 우리 인생을 더욱 어렵게 만들 수 있는 일부 함정과 적절한 서비스에 대한 올바른 언어의 사용 가능성(기술적 이질성)같은 마이크로서비스 지향 아키텍처의 주요 장점에 대해서도 알아봤다.

마지막으로, API 집합 같은 기술을 통해 고품질의 소프트웨어 컴포넌트를 자바스크립트로 만드는 경우, 자바스크립트의 장점을 활용하는 방법과 더불어 마이크로서비스 개발 시 Node.js가 왜 훌륭한 도구인지에 대해 논의했다.

다음 장에서는 필자가 수 년에 걸쳐 학습한 주제를 예제 코드를 통해 더 심도 있게 배움으로써 이번 장에서 논의한 개념들을 더욱 발전시킬 것이다.

이전에 설명했듯이 이 책에서는 자바스크립트의 V8 버전에 초점을 맞출 것이다. 하지만 ECMAScript 6을 포함하도록 업그레이드 가능한 컴포넌트를 쉽게 작성하는 방법에 대한 일부 힌트도 제공할 것이다.

02

마이크로서비스, 그리고 세네카와 PM2

이번 장에서는 **세네카**^{Seneca}와 **PM2**, 이 두 가지 프레임워크와 이러한 프레임워크가 마이크로서비스를 개발에 있어 중요한 이유에 대해 중점적으로 배운다. 또한 Node.js 생태계에서 일어나고 있는 현상을 이해하기 위해 이러한 프레임워크들의 대안에 대해서도 살펴볼 것이다. 이번 장에서는 다음과 같은 주제들에 중점을 맞춘다.

- **Node.js의 필요성**: 마이크로서비스 지향 소프트웨어를 개발하기 위한 프레임워크로, Node.js의 선택이 정당한지 확인한다. 이 멋진 기술을 이용하는 데 필요한 소프트웨어 스택에 대해 자세히 살펴볼 것이다.

- **세네카**^{Seneca} **– 마이크로서비스 프레임워크**: 세네카의 기본 사항과 더불어, 소프트웨어가 유지보수 가능한 상태로 유지되기 원하는 경우 세네카가 적합한 이유에 대

해 배운다. 산업 표준을 따르기 위해, 세네카와 익스프레스^{Express}(가장 인기 있는 Node.js 웹 서버)를 통합하는 방법에 대해서도 설명한다.

- PM2: PM2는 Node.js 애플리케이션을 실행하기 위한 최선의 선택이다. 독자의 애플리케이션을 Node.js 생태계에 배포할 때, 어떤 문제가 발생해도 PM2를 통해 언제나 문제를 해결하는 것이 가능하다.

▌ Node.js의 필요성

앞서 1장에서, 과거에 필자는 Node.js의 열렬한 팬이 아니었다고 이야기했다. 그 이유는 자바스크립트에서 진행되는 표준화 수준에 대해 대처할 준비가 되어 있지 않아서였다.

브라우저에서 자바스크립트는 고통이었다. 브라우저 사이의 호환성은 항상 문제였다. 자바스크립트는 표준화가 더뎠기 때문에 이런 고통이 완화되지 못했다.

그 이후 Node.js가 나타났고, Node.js의 비-블로킹^{non-blocking} 특성 덕분에 확장성 높은 애플리케이션을 쉽게 만들 수 있게 됐다(이번 장의 후반부에서 이에 대해 이야기한다). 게다가 Node.js는 잘 알려진 언어인 자바스크립트를 기반으로 했기 때문에 배우기가 매우 쉬웠다.

요즘 Node.js는 전 세계의 많은 회사들이 선호하고 있으며, 웹 소켓 같은 서버 내 비-블로킹 특성이 필요한 경우에 최선의 선택이다.

이 책에서는 마이크로서비스를 개발하고 실행하는 프레임워크로 주로 (그러나, 유일한 것이 아니다) 세네카와 PM2를 사용한다. 그렇다고 해서, 세네카와 PM2 이외의 다른 대안들이 나쁘다는 의미는 아니다.

시장에는 애플리케이션 개발을 위한 **restify**나 **익스프레스**^{Express}, 애플리케이션 실행을 위한 **forever**와 **nodemon** 같은 일부 대안들이 있다. 그러나, 필자는 다음과 같은 이유로 세네카와 PM2가 마이크로서비스 개발 시 가장 적절한 조합임을 깨달았다.

- PM2는 애플리케이션의 배포에 있어 매우 강력하다.
- 세네카는 마이크로서비스를 구축하기 위한 프레임워크일 뿐 아니라, 우리가 알고 있는 객체지향object-oriented 소프트웨어에 대한 내용을 개선하는 패러다임이다.

이 책 내의 여러 장에 있는 일부 예제들에서 익스프레스를 이용하며, 미들웨어로 익스프레스를 세네카에 통합하는 방법도 논의할 것이다.

그러나, 이에 앞서 이러한 프레임워크를 이해하는 데 도움이 되는 Node.js와 관련된 일부 개념에 대해 논의해 보자.

Node.js, npm, 세네카, PM2의 설치

Node.js의 설치는 매우 쉽다. 시스템에 따라, Node.js와 npm Node Package Manager의 설치를 상당히 쉽게 만드는 다양한 설치 프로그램이 있다. 지시에 따라 단순히 더블 클릭만 하면 된다. 이 책을 쓰는 시점에는 윈도우즈Windows와 OSX용 설치 프로그램이 있다.

그러나 고급 사용자, 특히 데브옵스 엔지니어들은 소스나 바이너리를 이용해 Node.js와 npm을 설치해야 한다.

 다양한 플랫폼을 지원하는 Node.js와 npm 프로그램은 Node.js 웹 사이트(https://nodejs.org/en/download/)에서 하나의 패키지(소스 또는, 바이너리)로 다운로드할 수 있다.

서버를 구축하는 인기 있는 구성 관리 소프트웨어인 셰프Chef의 사용자라면 이용할 수 있는 몇 가지 선택사항이 있다. 가장 있기 있는 선택사항은 레시피Recipe를 따르는 것이다(셰프에 익숙하지 않다면, 레시피가 셰프를 통해 서버에 소프트웨어를 설치하거나 구성하기 위한 기본적인 스크립트라고 이해하면 된다).

https://github.com/redguide/nodejs

이 책을 쓰는 시점에는 리눅스용 바이너리의 이용이 가능하다.

npm

npm은 Node.js와 함께 제공되는 소프트웨어로, 관리에 대한 걱정 없이 인터넷에서 의존성을 갖는 패키지를 가져올 수 있다. npm은 프로젝트를 처음부터 생성하는 것은 물론, 의존성을 유지하고 업데이트하는 데도 이용할 수 있다.

이미 알고 있을 수도 있지만, 모든 노드 애플리케이션node app은 pakcage.json 파일과 함께 제공된다. 이 파일은 프로젝트의 구성 내용(종속성, 버전, 일반 명령어 등)을 기술한다. 다음 예제를 살펴보도록 하자.

```
{
  "name": "test-project",
  "version": "1.0.0",
  "description": "test project",
  "main": "index.js",
  "scripts": {
  "test": "grunt validate --verbose"
  },
  "author": "David Gonzalez",
  "license": "ISC"
}
```

이 파일은 따로 설명할 필요가 없다. 이 파일의 흥미로운 섹션은 scripts 부분이다.

이 섹션에서는 다양한 액션action을 실행하는 데 사용되는 명령어를 지정할 수 있다. 이 경우, npm 테스트를 터미널에서 실행하고자 한다면 npm은 grant validate --verbose를 실행할 것이다.

일반적으로 노드 애플리케이션Node applications은 다음 명령처럼 쉽게 실행할 수 있다.

```
node index.js
```

프로젝트 루트에서 부트스트래핑 파일bootstrapping file은 index.js로 생각하라. 그렇지 않은 경우, 최선책으로 다음과 같이 package.json 파일의 scripts 섹션에 서브섹션을 추가한다.

```
"scripts": {
  "test": "grunt validate --verbose"
  "start": "node index.js"
},
```

확인 가능하듯, 이제 같은 프로그램을 실행하는 두 개의 명령어를 갖게 됐다.

```
node index.js
npm start
```

npm start를 사용하면 확실한 장점이 있다. 바로 균일성uniformity이다. 애플리케이션이 아무리 복잡해도 npm start는 항상 실행된다(scripts 섹션을 올바르게 설정했다면 말이다).

아무것도 없는 프로젝트clean project에 세네카와 PM2를 설치해 보자.

먼저 Node.js를 설치한 후 터미널의 새 폴더에서 npm init을 실행하면 아래 그림과 유사한 프롬프트를 볼 수 있다.

```
This utility will walk you through creating a package.json file.
It only covers the most common items, and tries to guess sane defaults.

See `npm help json` for definitive documentation on these fields
and exactly what they do.

Use `npm install <pkg> --save` afterwards to install a package and
save it as a dependency in the package.json file.

Press ^C at any time to quit.
name: (newfolder)
```

npm은 프로젝트를 구성하기 위해 몇 가지 파라미터를 요청할 것이다. 그리고, 파라미터 설정을 완료하면 이전 코드와 유사한 내용을 package.json 파일에 작성한다.

이제 종속성을 갖는 패키지들 설치해야 한다. Npm은 우리를 위해 이러한 패키지 설치 작업을 한다. 다음 명령어를 실행하기만 하면 된다.

```
npm install --save seneca
```

다시 package.json을 살펴보면, 세네카를 위한 항목을 포함하는 dependencies라는 신규 섹션을 확인할 수 있다.

```
"dependencies": {
  "seneca": "^0.7.1"
}
```

이는 우리의 앱ᵃᵖᵖ이 세네카 모듈을 필요로 할 수 있으며, 이제 require( ) 함수가 필요한 모듈을 찾을 수 있도록 설정됐다는 것을 의미한다. 다음과 같이 save 플래그의 몇 가지 변형 옵션이 있다.

- save: dependencies 섹션에 종속성을 저장한다. 모든 개발 수명주기 동안 사용이 가능하다.
- save-dev: devDependencies 섹션에 종속성을 저장한다. 개발 수행 중에서만 이용 가능하고 생산 환경으로 배포되지 않는다.
- save-optional: (save 처럼) 종속성을 추가한다. 그러나 의존성을 발견할 수 없는 경우에도 npm은 계속해서 수행된다. 이러한 의존성에 대한 부족한 부분을 처리하는 방법은 앱에 따라 다르다.

이제 PM2을 계속 진행해 보자. PM2는 라이브러리로 사용할 수도 있지만 유닉스 시스템의 ls나 grep처럼 명령행 도구로 주로 사용된다. npm은 명령행 도구를 설치하는 엄청난 작업을 한다.

```
npm install -g pm2
```

-g 플래그는 npm에게 PM2를 전역적으로 설치할 것을 지시한다. 따라서 앱 뿐 아니라 시스템에서 이용이 가능하다. 이는 위의 명령이 끝났을 때 pm2가 콘솔에서 명령어로 이용이 가능하다는 것을 의미한다. 터미널에서 pm2 help를 수행하는 경우라면 PM2에 대한 도움말을 볼 수 있다.

첫 번째 프로그램 – Hello World

Node.js와 관련된 가장 흥미로운 개념 중 하나는 단순함^{simplicity}이다. 자바스크립트에 익숙하다면 Node.js를 며칠 안에 배우고, 몇 주 후면 숙달할 수 있다. Node.js로 작성한 코드는 다른 언어로 작성된 것보다 짧고 명확한 경향이 있다.

```
var http = require('http');

var server = http.createServer(function (request, response) {
response.writeHead(200, {"Content-Type": "text/plain"});
response.end("Hello World\n");
});

server.listen(8000);
```

앞의 코드는 요청에 대해 8000번 포트에 수신 서버를 생성한다. 이를 확인하기 위해 브라우저를 실행하고 주소 창에 http://127.0.0.1:8000를 입력하면, 다음과 같은 화면을 볼 수 있다.

예제 코드를 설명해 보도록 하자.

- 첫 번째 라인은 http 모듈을 로드한다. require( ) 명령을 통해 node.js에 http 모듈을 로드하고, http 변수에 이 모듈의 할당을 요청한다. 언어 요소를 내보내는 방법export으로 Node.js는 모듈 내부에서 외부로 함수와 변수를 노출한다.

- 스크립트의 두 번째 설정은 HTTP 서버를 생성한다. http 모듈은 함수를 파라미터로 받는 createServer( ) 메소드를 생성하고 노출시킨다(자바 스크립트에서는 함수를 첫 단계의 객체로 처리함을 기억하라. 따라서, 이들은 다른 함수의 인자로 전달이 가능하다). 이러한 메소드는 Node.js에서 **콜백**callback으로 불린다. 콜백은 이벤트에 대한 응답으로 실행되는 동작이다. 이 경우 이벤트는 스크립트가 수신하는 HTTP 요청이다. Node.js는 쓰레드 모델로 인해 콜백을 많이 사용한다. 애플리케이션은 항상 단일 쓰레드로 실행될 것이다. 따라서 작업이 완료되기를 기다리는 동안 애플리케이션 쓰레드는 차단되지 않는다. 또한 애플리케이션이 정체되거나 처리가 느려지는 것이 방지된다. 그렇지 않으면, 프로그램이 응답할 수 없기 때문이다. '4장. 첫 번째 Node.js 마이크로서비스 작성'에서 이러한 사항을 다시 살펴본다.

- 다음 라인에서 `server.listen(8000)`는 서버를 실행한다. 이제부터는 서버가 요청을 수신할 때마다 http.createServer()에 대한 콜백이 실행된다.

단순함Simplicity은 Node.js 프로그램의 핵심이다. Node.js의 코드는 많은 클래스, 메소드, 복잡한 구성 객체를 작성하지 않고도 원하는 사항을 첫 번째 인스턴스에서, 훨씬 더 간단하게 수행할 수 있다. 요청에 응답하는 스크립트를 작성하기만 하면 된다.

Node.js의 쓰레드 모델

Node.js로 작성된 프로그램은 단일 쓰레드로 동작한다. 이러한 점은 상당히 중요한 영향을 미친다. 앞의 예에서 10000개의 요청을 동시에 받는다면, 이 요청들은 큐에 대기하다가 Node.js 이벤트 루프에 의해 하나씩 처리될 것이다(이런 처리 방법은 '4장. 첫 번째 Node.js 마이크로서비스 작성'과 '6장. Node.js 마이크로서비스 테스트와 문서화'에서 상세하게 설명한다).

언뜻 보면 위에서 이야기하는 것은 나쁘게 들린다. 정말 이야기하고자 하는 점은 현대의 CPU들은 멀티코어multicore 특성으로 인해 다중 병렬 요청multiple parallel requests을 처리할 수 있다는 점이다. 그렇다면 하나의 쓰레드에서 이들을 실행하면 무슨 이점이 있을까?

이 질문의 답은 바로 Node.js는 비동기 처리를 할 수 있도록 설계됐다는 것이다. 이를 통해 파일을 읽는 것처럼 느린 동작에 대한 이벤트 시 Node.js는 쓰레드를 차단하는 대신, 쓰레드가 다른 이벤트를 계속해서 처리할 수 있다. 그리고 Node.js의 제어 프로세스는 응답을 처리하는 이벤트에 관련된 메소드를 실행한다.

앞의 예제에서 살펴보면 `createServer()` 메소드는 HTTP 요청에 실행되는 콜백을 허용한다. 그러나 HTTP 요청이 처리되는 동안 이 쓰레드는 다른 동작을 실행해도 된다.

이 모델의 문제점은 Node.js 개발자가 너무 많은 콜백callback hell을 호출한다는 점이다. 앞의 예제와 같이, 코드는 차단 동작에 대한 응답인 모든 단일 동작을 콜백에서 처리해야 하기 때문에 복잡해진다. `createServer()` 메소드의 파라미터로 사용되는 함수가 좋은 예다.

모듈형 조직화의 모범 사례

대형 프로젝트에서 소스 코드의 조직화는 항상 논란의 여지가 있다. 개발자들마다 혼란을 피하기 위해 각각 다른 방법으로 소스 코드를 정리한다.

자바와 C# 같은 일부 언어들은 패키지^{package}를 통해 코드를 조직화한다. 따라서 관련 패키지에서 소스 코드 파일을 찾을 수 있다. 이에 대한 예로, 작업 관리자^{task manager} 소프트웨어를 작성하는 경우, com.taskmanager.dao 패키지 내부에서 데이터에 접근하기 위한 **데이터 액세스 개체**^{DAO: Data Access Object} 패턴을 구현한 클래스들을 찾을 수 있다. 동일한 방법으로, com.taskmanager.dao.domain.model에서는 애플리케이션 내의 모델 객체(일반적으로 테이블들)를 나타내는 모든 클래스들을 찾을 수 있다.

이것이 자바와 C#의 규칙이다. 독자가 C# 개발자이며 기존 프로젝트에 대해 작업을 시작하는 경우, 언어가 소스의 조직화를 강제화하기 때문에 코드의 구조화 방법에 익숙해지는 데 며칠 정도만 필요하다.

자바스크립트

처음에 자바스크립트^{JavaScript}는 브라우저 내에서 실행되도록 설계되었다. 자바스크립트 코드는 HTML 문서에 삽입된다고 가정됐기 때문에, 동적인 효과를 내기 위해 **문서 객체 모델**^{DOM: Document Object Model}에 대한 조작을 하는 것이 가능하다. 다음 예제를 살펴보도록 하자.

```
<!DOCTYPE html>
<html>
<head>
  <meta charset="UTF-8">
  <title>Title of the document</title>
</head>
<body>
  Hello <span id="world">Mundo</span>
  <script type="text/javascript">
```

```
    document.getElementById("world").innerText = 'World';
  </script>
</body>
</html>
```

확인 가능하듯, 브라우저에 이 HTML 코드를 로드시키면 id가 world인 span 태그 내의 문자열이 페이지가 로드될 때 교체된다.

자바스크립트에서는 의존성에 대한 관리 개념이 없다. 자바스크립트는 자체적인 파일로 HTML과 분리가 가능하다. 그러나 자바스크립트 파일을 다른 자바스크립트 파일에 포함시키는 방법은 (현재로서는) 없다.

이는 심각한 문제를 발생시킨다. 프로젝트가 수십 개의 자바스크립트 파일을 포함하는 경우, 자산 관리 업무는 엔지니어링 업무라기보다 예술에 더 가깝게 된다.

브라우저는 자바스크립트 파일을 발견하는 대로 실행하기 때문에 자바 스크립트 파일을 가져오는^{import} 순서가 더 중요하게 된다. 이를 확인하려면, 이전 예제 코드의 순서를 다음과 같이 바꾸어보자.

```
<!DOCTYPE html>
<html>
<head>
  <meta charset="UTF-8">
  <title>Title of the document</title>
  <script type="text/javascript">
    document.getElementById("world").innerText = 'World';
  </script>
  </head>
  <body>
    Hello <span id="world">Mundo</span>
</body>
</html>
```

이제 이 HTML 코드를 index.html 파일에 저장하고 임의의 브라우저에서 로드^{load}하면,
다음 그림과 같이 보여진다.

이 예제의 경우, Chrome 브라우저를 사용했고 콘솔 7번 줄에서 Uncaught Type Error:
Cannot set property 'innerText' of null이 보여진다.

왜 오류가 발생하는가?

앞에서 설명한 것처럼, 브라우저는 코드를 발견하면 실행한다. 그러나 브라우저가 자바스
크립트를 실행할 때 world 엘리먼트는 아직 존재하지 않는 것으로 판단된다.

다행스럽게도 Node.js는 의존성-로딩 문제를 매우 우아하고 표준적인 방법을 통해 해
결했다.

SOLID 설계 원칙

마이크로서비스를 이야기할 때는 모듈성^{modularity}을 빼놓을 수 없다. 모듈성은 항상 다음과
같은 (SOLID)설계 원칙으로 요약된다.

- 단일 책임 원칙^{Single responsibility principle}
- 확장에는 열려있고, 변경에는 닫혀있음^{Open for extension, closed for modification}
- 리스코프 치환[1] 원칙^{Liskov substitution}

---

1 치환성(substitutability)은 객체지향 프로그래밍 원칙이다. 컴퓨터 프로그램에서 자료형 S가 자료형 T의 하위형이라면 필요한 프
   로그램의 속성(정확성, 수행하는 업무 등)의 변경 없이 자료형 T의 객체를 자료형 S의 객체로 교체(치환)할 수 있어야 한다는 원
   칙이다. - 옮긴이

- 인터페이스 분리[Interface segregation]
- 의존성 역전제어의 역전[2]과 의존성 주입[3][Dependency inversion (inversion of control and dependency injection]

독자들은 코드가 모듈로 조직화 되기를 원한다. 모듈은 코드의 집합체로 문자열 조작 같은 간단한 작업을 하며, 해당 작업을 적절하게 잘 수행한다. 더 많은 함수(또는 클래스, 유틸리티 등)가 모듈에 포함될수록 응집력이 떨어진다. 이를 방지해야 한다.

Node.js에서 모든 자바스크립트 파일은 기본적으로 모듈이다. 폴더를 모듈로 사용할 수도 있지만 파일에 집중하도록 하자.

```
function contains(a, b) {
  return a.indexOf(b) > -1;
}

function stringToOrdinal(str) {
  var result = ""
  for (var i = 0, len = str.length; i < len; i++) {
    result += charToNumber(str[i]);
  }
  return result;
}
function charToNumber(char) {
  return char.charCodeAt(0) - 96;
}

module.exports = {
  contains: contains,
  stringToOrdinal: stringToOrdinal
}
```

---

2 객체지향 프로그래밍에서 의존 관계 역전 원칙은 소프트웨어 모듈들을 분리하는 특정 형식을 지칭한다. 이 원칙을 따르면, 상위 계층(정책 결정)이 하위 계층(세부 사항)에 의존하는 전통적인 의존 관계를 반전(역전)시킴으로써 상위 계층이 하위 계층의 구현으로부터 독립되게 할 수 있다. – 옮긴이

3 의존성 주입(Dependency Injection, DI)은 프로그래밍에서 구성요소간의 의존 관계가 소스코드 내부가 아닌 외부의 설정파일 등을 통해 정의되는 것을 의미한다. – 옮긴이

앞의 코드는 Node.js에서 유효한 모듈을 나타낸다. 이 경우 모듈은 3개의 함수를 포함하며, 그 중 2개 함수는 모듈의 외부에 노출된다.

Node.js에서 모듈화는 module.export 변수를 통해 수행된다. 이 변수에 어떤 값을 할당하든 호출되는 코드에 의해 표시된다. 따라서 charToNumber( ) 함수 같은 모듈의 전용 콘텐츠를 시뮬레이션할 수 있다.

이 모듈을 사용하려면 다음과 같이 require( )만 있으면 된다.

```
var stringManipulation = require("./string-manipulation");
console.log(stringManipulation.stringToOrdinal("aabb"));
```

이 경우 출력은 1122다.

다시 SOLID 원칙으로 돌아가, 모듈이 어떻게 보여지는지 확인해 보자.

- **단일 책임 원칙**: 모듈은 문자열만 다룬다.
- **확장에는 열려있고, 변경에는 닫혀있음**: 더 많은 함수를 추가할 수 있다. 그러나 기존 함수들이 정확하게 동작하며, 모듈 내에서 새로운 기능을 만들 수 있다.
- **리스코프 치환 원칙**: 모듈의 구조가 이 원칙을 충족하는 것과는 관련이 없기 때문에 이 원칙은 그냥 넘어갈 것이다.
- **인터페이스 분리**: 자바스크립트는 자바나 C#처럼 인터페이스 요소가 중요한 언어가 아니다. 그러나 이 모듈에서 인터페이스를 노출시켰다. 또한 module.export 변수는 호출하는 코드에 대한 계약 역할을 한다. 그리고 구현에서의 변경은 모듈의 호출 방법에 영향을 주지 않는다.
- **의존성 역전**: 이 원칙은 다소 실패한 부분이지만 접근 방법을 재고하기에 충분하다.

이 경우는 모듈이 필요하다. 그리고 모듈과 상호작용하는 유일한 방법은 전역적인 범위를 통해서만 가능하다. 모듈 내부에서, 외부 데이터와 상호작용하기 원한다면 유일하게 가능한 방법은 모듈 요청 전에 전역 변수(또는 함수)를 생성하고, 전역 변수가 항상 있다고 가정하는 것이다.

Node.js에서 전역 변수는 커다란 문제다. 알고 있겠지만 자바스크립트에서 변수를 선언할 때 var 키워드를 생략하면 변수는 자동으로 전역 변수가 된다.

의도적으로 전역 변수들을 사용하면 모듈 사이에 데이터 결합이 발생한다 (결합은 어떤 비용을 치르더라도 방지해야 한다). 이와 같은 사실은 마이크로서비스 (또는 일반적 경우) 모듈을 정의하는 더 좋은 방법을 찾아야 하는 원인이 된다.

코드를 다음과 같이 재구성해 보자.

```
function init(options) {

  function charToNumber(char) {
    return char.charCodeAt(0) - 96;
  }

  function StringManipulation() {
  }

  var stringManipulation = new StringManipulation();

  stringManipulation.contains = function(a, b) {
    return a.indexOf(b) > -1;
  };

  stringManipulation.stringToOrdinal = function(str) {
    var result = ""
    for (var i = 0, len = str.length; i < len; i++) {
      result += charToNumber(str[i]);
    }
```

```
    return result;
  }
  return stringManipulation;
}

module.exports = init;
```

이 코드는 조금 더 복잡해 보이지만, 한번 익숙해지면 장점은 엄청나다.

- 모듈에 (디버깅 정보와 같은) 구성 파라미터를 전달할 수 있다.
- 모든 것이 함수 내부에서 래핑되면 전역 범위에 대한 오염을 방지할 수 있으며, use strict를 강제화할 수 있다(이는 var 선언이 없는 컴파일 오류를 방지한다).
- 모듈을 파라미터화하면 테스팅을 위한 가상 객체^{mock}의 행동과 데이터를 쉽게 만들 수 있다.

이 책은 마이크로서비스 측면에서 시스템을 모델링 하기 위해 적당한 양의 코드를 작성한다. 가능한 많은 장점을 얻기 위해, 이러한 패턴을 유지할 것이다.

인터넷에서 발견할 수 있는 많은 수의 라이브러리는 물론, 마이크로서비스를 구축하는데 사용하는 라이브러리 중 하나인 세네카^{Seneca}도 이 패턴을 따른다.

▌ 세네카 – 마이크로서비스 프레임워크

세네카^{Seneca}는 리처드 로저$^{Richard\ Rodger}$가 마이크로서비스를 구축하기 위해 작성한 프레임워크다. 리처드 로저는 다른 회사들이 Node.js를 이용해 소프트웨어를 설계하고 구현하도록 지원하는 컨설팅 회사인 nearForm의 설립자이자 CTO다. 세네카는 단순함에 관한 것으로, 코드에서 전송을 추상화하는 정교한 패턴 매칭$^{pattern-matching}$ 인터페이스를 통해 마이크로서비스에 연결된다. 따라서 세네카를 이용하면 확장성이 높은 소프트웨어를 상당히 쉽게 작성할 수 있다.

이야기를 멈추고 일부 예제를 살펴보도록 하자.

```
var seneca = require( 'seneca' )()

seneca.add({role: 'math', cmd: 'sum'}, function (msg, respond) {
  var sum = msg.left + msg.right
  respond(null, {answer: sum})
})

seneca.add({role: 'math', cmd: 'product'}, function (msg, respond) {
  var product = msg.left * msg.right
  respond( null, { answer: product } )
})

seneca.act({role: 'math', cmd: 'sum', left: 1, right: 2},
  console.log)
    seneca.act({role: 'math', cmd: 'product', left: 3, right: 4},
  console.log)
```

보면 알겠지만, 코드는 자체적으로 설명이 가능하다.

- 세네카는 모듈이다. 첫 번째로 해야 하는 일은 require( )의 사용이다. 세네카 패키지는 함수로 래핑되어 있다. 따라서 함수의 호출은 라이브러리로 초기화된다.

- 다음 두 개의 지시사항은 '1장. 마이크로서비스 아키텍처'에서 설명한 개념인 API 구성API composition과 관련된다. seneca.add( ) 메소드는 세네카에 패턴의 집합으로 호출되어야 하는 새로운 함수를 추가하라고 지시한다. 첫 번째 사항은 세네카가 {role: math, cmd: sum} 명령어를 수신하는 경우 발생할 액션을 지정한다. 두 번째 사항의 경우 패턴은 {role: math, cmd: product}이다.

- 마지막 라인은 첫 번째 파라미터로 전송된 패턴과 일치하는 서비스에 의해 명령을 실행될 세네카로 전송한다. 이 경우, role과 cmd가 일치하기 때문에 첫 번째 서비스와 일치한다. act에 대한 두 번째 호출은 두 번째 서비스와 일치한다.

이번 장의 앞 부분에서 생성한, 프로젝트내의 `index.js`에 코드를 작성하라(세네카와 PM2를 설치한 것을 기억하라). 그리고 다음 명령어를 실행하라.

```
node index.js
```

출력은 다음 그림과 유사하게 나타날 것이다.

```
→ code  node index.js
2016-03-07T20:28:20.636Z 3xdlpxcs8rjk/1457382500629/2233/- INFO hello    Seneca/1.3.0/3xdlpxcs8rjk/1457382500629/2233/-
null { answer: 3 }
null { answer: 12 }
```

나중에 출력이 정확하게 무엇을 의미하는지 설명할 것이다. 그러나 엔터프라이즈 애플리케이션을 능숙하게 사용한다면 어떤 일이 진행되는지 대부분 추측이 가능하다.

마지막 두 라인은 두 개의 서비스로부터의 응답이다. 첫 번째 서비스는 1+2를 실행하고, 두 번째 서비스는 3*4를 실행한다.

마지막 두 라인의 첫 번째 단어로 null에 대한 출력은 자바스크립트에서 광범위하게 사용되는 패턴과 관련된다. 오류가 먼저 콜백 된다.

코드 예제를 설명해 보자.

```
var seneca = require( 'seneca' )()

seneca.add({role: 'math', cmd: 'sum'}, function (msg, respond) {
  var sum = msg.left + msg.right
  respond(null, {answer: sum})
})

seneca.add({role: 'math', cmd: 'product'}, function (msg, respond) {
  var product = msg.left * msg.right
  respond( null, { answer: product } )
})
```

```
seneca.act({role: 'math', cmd: 'sum', left: 1, right: 2},
  function(err, data) {
  if (err) {
    return console.error(err);
  }
 console.log(data);
});

seneca.act({role: 'math', cmd: 'product', left: 3, right: 4},
  console.log);
```

앞의 코드는 더 적절한 방법으로 세네카에 대한 호출을 다시 작성한다. 모든 사항을 콘솔로 덤프dumping하는 대신, 세네카로부터의 응답을 처리한다. 첫 번째 파라미터는 오류인 콜백이다. 만약 어떤 일이 발생하는 경우(null 아닌 경우), 두 번째 파라미터는 마이크로서비스로부터 되돌아오는 데이터다. 이것이 첫 번째 예제에서 콘솔의 처음 출력이 null인 이유다.

Node.js에서 콜백은 매우 흔하게 사용된다. 콜백은 어떤 일이 발생하는 경우, 결과를 처리할 준비가 될 때까지 차단하지 않으면서 프로그램에 지시하는 방법 중 하나다. 세네카도 예외는 아니다. 서비스 호출에 대한 응답 처리는 콜백에 크게 의존한다. 특히 네트워크 지연 시간은 소프트웨어의 설계에 반영될 수 있기 때문에 다양한 유형의 머신에 마이크로서비스를 배포할 경우, 콜백의 사용은 합리적이다(앞의 예제에서는 모든 사항이 동일 머신에서 수행된다).

제어의 역전 처리

제어의 역전Inversion of control은 현대적인 소프트웨어에 있어 필수적이다. 제어의 역전은 의존성 주입dependency injection과 함께 나타난다.

제어의 역전은 컴포넌트의 메소드의 생성이나 호출을 하기 위한 기법으로 정의할 수 있다.

따라서 모듈은 어떻게 의존성이 만들어지는지 알 필요가 없다. 일반적으로 의존성은 의존성 주입dependency injection을 통해 얻어진다.

세네카는 실제로 의존성 주입을 사용하지 않지만 제어의 역전에 대한 완벽한 예제다.

다음 코드를 살펴보도록 하자.

```
var seneca = require('seneca')();
seneca.add({component: 'greeter'}, function(msg, respond) {
  respond(null, {message: 'Hello ' + msg.name});
});
seneca.act({component: 'greeter', name: 'David'}, function(error,
  response) {
  if(error) return console.log(error);
  console.log(response.message);
});
```

이 코드는 가장 기본적인 세네카의 예제다. 엔터프라이즈 소프트웨어 관점에서, 여기에서는 두 가지 컴포넌트인 생산자(Seneca.add())와 소비자(Seneca.act())를 구별할 수 있다. 앞에서 언급한 것처럼, 세네카는 시스템에 의존성 주입을 갖지 않지만 제어의 역전 원칙과 관련해서는 매우 잘 작성됐다.

Seneca.act() 함수에서 명시적으로 비즈니스 로직을 갖고 있는 컴포넌트를 호출하지 않는다. 그 대신 인터페이스, 다시 말해 이 경우에는 JSON 메시지의 사용을 통해 세네카에 컴포넌트의 처리를 요청한다.

이것이 제어의 역전이다. 세네카는 제어의 역전과 관련하여 상당히 유연하다. 키워드도 없고(통합은 예외) 필수 필드도 없다. 단지 Patrun이라는 패턴 매칭 엔진에 의해 사용되는 키워드와 값의 조합만 갖는다.

세네카에서의 패턴 매칭

패턴 매칭Pattern matching은 마이크로서비스에서 사용할 수 있는 가장 유연한 소프트웨어 패턴 중 하나다.

네트워크 주소나 메시지와 반대로 패턴은 확장이 상당히 쉽다. 다음 예제를 통해 이런 사항을 살펴보도록 하자.

```
var seneca = require('seneca')();
seneca.add({cmd: 'wordcount'}, function(msg, respond) {
  var length = msg.phrase.split(' ').length;
  respond(null, {words: length});
});
seneca.act({cmd: 'wordcount', phrase: 'Hello world this is
  Seneca'}, function(err, response) {
  console.log(response);
});
```

이 코드는 문장에서 단어의 개수를 세는 서비스다. 앞서 살펴본 바와 같이, 첫 번째 라인에서 wordcount 명령어에 대한 핸들러를 추가한다. 그리고 두 번째 라인에서 구문의 단어 수를 세기 위한 요청을 세네카로 보낸다.

코드를 실행하면, 다음 그림과 비슷한 결과를 얻게 된다.

```
→ code  node string-require.js
1122
```

이제부터 코드가 동작하는 방법을 이해하고 일부 코드를 수정할 수 있어야 한다.

패턴을 확장시켜 보자. 이제 다음과 같이 짧은 단어는 건너 뛸 것이다.

```
var seneca = require('seneca')();

seneca.add({cmd: 'wordcount'}, function(msg, respond) {
  var length = msg.phrase.split(' ').length;
  respond(null, {words: length});
});

seneca.add({cmd: 'wordcount', skipShort: true}, function(msg,
  respond) {
  var words = msg.phrase.split(' ');
  var validWords = 0;
  for (var i = 0; i < words.length; i++) {
    if (words[i].length > 3) {
      validWords++;
    }
  }
  respond(null, {words: validWords});
});

seneca.act({cmd: 'wordcount', phrase: 'Hello world this is
  Seneca'}, function(err, response) {
  console.log(response);
});

seneca.act({cmd: 'wordcount', skipShort: true, phrase: 'Hello
  world this is Seneca'}, function(err, response) {
  console.log(response);
});
```

확인 가능하듯, wordcount 명령어에 부가적인 skipShort 파라미터와 함께 또 다른 핸들러를 추가했다.

이제 이 핸들러는 세 개 이하의 문자로 된 단어라면 모두 건너 뛴다. 앞의 코드를 실행하면 다음 그림과 유사한 출력이 표시된다.

```
→ code node wordcount.js
2015-11-01T13:50:05.889Z hrzpzs2mgt2n/1446385805876/3897/- INFO hello   Seneca/0.7.2/hrzpzs2mgt2n/1446385805876/3897/-
{ words: 5 }
{ words: 4 }
```

첫 번째 라인 {words: 5}는 첫 번째 호출 동작과 관련된다. 두 번째 라인 {words: 4}은 두 번째 호출과 관련이 있다.

Patrun - 패턴 매칭 라이브러리

Patrun은 리처드 로저에 의해 작성됐다. 세네카는 패턴 매칭을 실행하고, 어떤 서비스가 호출에 응답해야 하는지 결정하기 위해 Patrun을 사용한다.

Patrun은 호출을 처리하기 위해 가장 근접한 매칭 방법을 사용한다. 다음 예제를 살펴보자.

```
{ x:1,      } -> A
{ x:1, y:1 } -> B
{ x:1, y:2 } -> C
```

앞의 이미지에서 세 가지 패턴을 볼 수 있다. 이런 패턴은 이전 절의 예제에서는 seneca.add( )에 해당한다.

예제의 경우, x와 y변수의 세 가지 다른 조합을 등록한다. 이제 Patrun이 매칭하는 방법을 살펴보자.

- {x: 1} ->A: 이것은 A와 100% 일치한다.
- {x: 2} ->: 일치하지 않는다.
- {x:1, y:1} -> B: B와 100% 일치한다. 또한, A와도 일치한다. 그러나, B와 더 잘 매칭된다 - 2개 중 2 vs. 1개 중 1
- {x:1, y:2} -> C: C와 100% 일치한다. A와도 일치하지만 C가 더 구체적이다.
- {y: 1} ->: 일치하지 않는다.

확인 가능하듯, Patrun(과 세네카)는 항상 가장 긴 매칭 결과를 얻게 된다. 이 같은 방법으로, 매칭 방법에 집중함으로써 더 추상적인 패턴의 기능을 쉽게 확장할 수 있다.

패턴 재사용

앞의 예제에서, 3개 문자 이하의 단어를 건너뛰기 위해 wordcount 함수를 재사용하지 않았다.

이 경우에는 함수를 그대로 재사용하는 것은 상당히 어렵다. 문제는 매우 유사해 보이지만 해결책도 같은 경우는 거의 없다.

두 개의 번호를 추가한 예제로 돌아가 보자.

```
var seneca = require( 'seneca' )()

seneca.add({role: 'math', cmd: 'sum'}, function (msg, respond) {
  var sum = msg.left + msg.right
  respond(null, {answer: sum})
});

seneca.add({role: 'math', cmd: 'sum', integer: true}, function
  (msg, respond) {
  this.act({role: 'math', cmd: 'sum', left: Math.floor(msg.left),
    right: Math.floor(msg.right)},respond);
});

seneca.act({role: 'math', cmd: 'sum', left: 1.5, right: 2.5},
  console.log)

seneca.act({role: 'math', cmd: 'sum', left: 1.5, right: 2.5,
  integer: true}, console.log)
```

보면 알겠지만, 코드가 약간 변경됐다. 이제 정수를 받는 패턴은 수의 합을 계산하기 위해 기본 패턴에 의존한다.

Patrun은 항상 다음 두 가지 기준으로 발견할 수 있는 가장 근접한 구체적인 패턴을 매칭시키려고 시도한다.

- 매칭된 가장 긴 체인
- 패턴의 순서

Patrun은 항상 가장 잘 맞는 패턴을 찾으려고 하며, 모호한 경우 첫 번째 발견된 패턴과 매칭시킬 것이다.

이러한 방법으로 새로운 서비스를 구축할 때 기존에 존재하는 패턴에 의존할 수 있다.

플러그인 작성

플러그인은 세네카를 기반으로 하는 애플리케이션의 주요 부분이다. '1장. 마이크로서비스 아키텍처'에서 논의한 것처럼, API 집합aggregation은 애플리케이션을 구축하는 완벽한 방법이다.

Node.js의 가장 인기 있는 프레임워크들은 이 개념을 중심으로 만들어졌다. 다시 말해, 소프트웨어의 작은 조각들은 더 큰 시스템을 만들기 위해 결합된다.

세네카도 이 개념으로 구축됐다. Seneca.add( ) 원칙은 퍼즐에 새로운 조각을 추가하여, 마지막 API가 서로 다른 작은 소프트웨어의 조각들의 혼합체가 되도록 하는 것이다.

세네카는 한 단계 더 나아가 흥미 있는 플러그인 시스템을 구현한다. 따라서 공통적인 기능은 재사용이 가능한 컴포넌트로 모듈화되고 추상화된다.

다음 예제는 최소한의 세네카 플러그인이다.

```
function minimal_plugin( options ) {
  console.log(options)
}
```

```
require( 'seneca' )()
  .use( minimal_plugin, {foo:'bar'} )
```

코드를 minimal-plugin.js에 작성하고 실행하라.

```
node minimal-plugin.js
```

실행 결과는 다음 그림과 유사하게 보여져야 한다.

```
→ code node minimal-plugin.js
2016-04-10T22:22:14.849Z lojwswfluxej/1460326934841/6893/- INFO hello    Seneca/1
.3.0/lojwswfluxej/1460326934841/6893/-
{ foo: 'bar' }
```

세네카에서, 플러그인은 시작 시에 로드되지만 기본 로그 레벨이 INFO이기 때문에 확인할 수 없다. 이것은 세네카가 어떠한 DEBUG 수준의 정보도 표시하지 않는다는 것을 의미한다. 세네카가 무엇을 하는지 보기 위해서는, 다음과 같이 더 많은 정보를 얻어야 한다.

```
node minimal-plugin.js ?seneca.log.all
```

이 명령어는 엄청난 양의 출력을 생성한다. 이는 세네카 내부에서 일어나는 모든 사항에 대한 정보로, 상당히 많은 양이며 복잡한 상황을 디버깅하는 데 매우 유용할 수 있다. 그러나 우리는 플러그인의 리스트만 보기를 원한다.

```
node minimal-plugin.js --seneca.log.all | grep plugin | grep DEFINE
```

이 명령은 다음 그림과 유사한 결과를 생성한다.

```
2015-11-01T20:43:38.969Z 5kptab6ee6b4/1446410618929/4276/- DEBUG plugin basic       DEFINE {}
2015-11-01T20:43:39.230Z 5kptab6ee6b4/1446410618929/4276/- DEBUG plugin transport DEFINE {}
2015-11-01T20:43:39.388Z 5kptab6ee6b4/1446410618929/4276/- DEBUG plugin web         DEFINE {}
2015-11-01T20:43:39.420Z 5kptab6ee6b4/1446410618929/4276/- DEBUG plugin mem-store DEFINE {}
2015-11-01T20:43:39.425Z 5kptab6ee6b4/1446410618929/4276/- DEBUG plugin minimal_plugin DEFINE {foo:bar}
```

앞의 출력 내용을 분석해 보자.

- basic: 이 플러그인은 주된 세네카 모듈에 포함된다. 그리고 기본 유틸리티 행동 패턴의 작은 세트를 제공한다.

- transport: 전송 플러그인이다. 지금까지 (상당히 작고 간결한) 다양한 서비스를 같은 머신에서 실행했지만, 이들을 분산시키기를 원한다면 어떻게 할까? 이 경우, 이 플러그인이 도움이 되며, 다음 절에서 사용 방법을 살펴볼 것이다.

- web: '1장. 마이크로서비스 아키텍처'에서, 마이크로서비스는 널리 사용되는 표준 아래서 그들을 연결하는 파이프가 유지되도록 지지해야 한다고 이야기했다. 세네카는 기본으로 TCP를 이용하지만, RESTful API를 생성하는 것은 까다로운 일이 될 수 있다. 이 플러그인은 이런 점에 있어 도움이 되며, 다음 절에서 이 플러그인의 사용 방법을 살펴본다.

- mem-store: 세네카는 데이터 추상 계층과 함께 제공된다. 따라서 다양한 장소에서 데이터 저장소(Mongo, SQL 데이터베이스 등)를 다룰 수 있다. 이외에 세네카는 그냥 작동하는 인-메모리 저장소도 제공한다.

- minimal_plugin: 우리의 플러그인이다. 따라서 이제 세네카가 이 플러그인을 로드 할 수 있다는 사실을 알 수 있다.

우리가 작성한 플러그인은 아무것도 하지 않는다. 이제 유용한 플러그인을 작성해야 할 때다.

```
function math( options ) {

  this.add({role:'math', cmd: 'sum'}, function( msg, respond ) {
```

```
      respond( null, { answer: msg.left + msg.right } )
    })
  this.add({role:'math', cmd: 'product'}, function( msg, respond )
    {
    respond( null, { answer: msg.left * msg.right } )
  })

}

require( 'seneca' )()
  .use( math )
  .act( 'role:math,cmd:sum,left:1,right:2', console.log )
```

무엇보다도 마지막 지시문에서 act( )는 다른 형식을 따른다는 점을 유념해야 한다. dictionary 타입을 전달하는 대신, dictionary 타입처럼 첫 번째 인자로 동일한 키 값을 갖는 문자열을 전달한다. 아무것도 잘못된 점은 없다. 그러나 개인적으로 선호하는 방법은 구문에 관련된 문제 없이 데이터를 구조화하는 방법으로 JSON 객체dictionaries를 사용하는 것이다.

이전 예제에서 코드가 플러그인으로 구성되는 방법을 확인할 수 있었다. 플러그인을 실행하면 다음과 유사한 결과를 볼 수 있다.

```
➜ code node math.js
2016-03-07T20:39:33.145Z kw4uoq06n1xg/1457383173137/2623/- INFO hello   Seneca/1.3.0/kw4uoq06n1xg/1457383173137/2623/-
null { answer: 3 }
```

세네카에서 주의할 점 중 하나는 플러그인을 초기화하는 방법이다. 플러그인을 래핑하는 함수(앞의 예제에서 math( ) 함수)는 설계에 의해 동기적으로 실행되며, 정의 함수definition function라 불린다. 앞 장에서 배웠듯이 Node.js 앱들은 단일 쓰레드로 동작한다.

플러그인을 초기화하려면 특별한 init( ) 액션 패턴을 추가한다. 이런 액션 패턴은 각 플러그인에 순차적으로 호출된다. init( ) 함수는 오류 없이 대응하는 콜백을 호출해야 한다. 플러그인 초기화에 실패할 경우 세네카는 Node.js 프로세스를 종료시킨다. 마이크로서비스에 문제가 있는 경우, 빠르게 실패^{fail fast}(그리고 빠르게 알 수 있도록)하기를 원할 것이다. 모든 플러그인은 동작이 실행되기 전에 반드시 초기화를 완료해야 한다.

다음과 같은 방법으로 플러그인을 초기화하는 방법을 살펴보자.

```javascript
function init(msg, respond) {
  console.log("plugin initialized!");
  console.log("expensive operation taking place now... DONE!");
  respond();
}

function math( options ) {

  this.add({role:'math', cmd: 'sum'}, function( msg, respond ) {
    respond( null, { answer: msg.left + msg.right } )
  })

  this.add({role:'math', cmd: 'product'}, function( msg, respond )
    {
    respond( null, { answer: msg.left * msg.right } )
  })

  this.add({init: "math"}, init);
}

require( 'seneca' )()
  .use( math )
  .act( 'role:math,cmd:sum,left:1,right:2', console.log )
```

이 파일을 실행하고 난 이후 출력은 다음 그림과 매우 유사하게 보여야 한다.

```
→ code  node expensive.js
2016-03-07T20:40:25.351Z bv8phjhz4b92/1457383225343/2640/- INFO hello   Seneca/1.3.0/bv8phjhz4b92/1457383225343/2640/-
plugin initialized!
expensive operation taking place now... DONE!
null { answer: 3 }
```

출력에서 확인 가능하듯, 플러그인을 초기화하는 함수가 호출된다.

 Node.js 앱에서의 일반적인 규칙은 절대로 쓰레드를 차단하지 않는 것이다. 쓰레드를 차단한 다면 회피 방법에 대해 다시 생각해야 할 필요가 있다.

웹 서버 통합

'1장. 마이크로서비스 아키텍처'에서, 마이크로서비스와 통신하기 위해 표준 기술을 이용하는 것을 특히 강조했다.

세네카는 기본적으로 TCP 전송 계층을 이용한다. 그러나, TCP를 이용한다고 해도 세네카와의 상호작용은 쉽지 않다. 실행해야 하는 메소드를 결정하는 기준이 클라이언트에서 전송된 페이로드에 따라 달라지기 때문이다.

가장 기본적인 유즈케이스를 자세하게 살펴보자. 여러분의 서비스는 브라우저에서 자바스크립트에 의해 호출된다. 이것은 완료될 수 있지만 JSON 다이얼로그 대신 (지연 시간이 매우 짧아야 한다는 요구사항이 없는 경우) 마이크로서비스 사이의 통신에 최적인 세네카가 REST API를 노출한다면 처리가 훨씬 더 쉬울 것이다.

세네카는 웹 프레임워크가 아니다. 세네카는 일반 목적의 마이크로서비스 프레임워크로 정의될 수 있다. 따라서 앞서 보여준 것처럼 한 가지 특정 사례에 대해 세네카로 프레임워크를 구축하는 것은 큰 의미가 없다.

그 대신, 세네카는 다른 프레임워크와 상당히 쉽게 통합이 가능하도록 만들어졌다.

익스프레스Express는 Node.js에 대한 웹 애플리케이션을 구축하는 경우 가장 쉽게 이용할 수 있는 방법이다. 익스프레스는 인터넷 상의 예제나 문서가 많아서 쉽게 배울 수 있다.

익스프레스 미들웨어로서의 세네카

익스프레스 웹 또한 API 구성 원칙에 따라 만들어졌다. 익스프레스 내의 모든 소프트웨어 조각들은 미들웨어로 불린다. 그리고 이들은 모든 요청을 처리하기 위해 코드 내에서 연결된다.

이 경우 익스프레스를 위한 미들웨어로 **세네카-웹**seneca-web을 이용할 수 있다. 구성에 대한 설정을 하면 모든 URL들은 명명 규칙을 따르게 된다.

다음 예제를 살펴보자.

```
var seneca = require('seneca')()

seneca.add('role:api,cmd:bazinga',function(args,done){
  done(null,{bar:"Bazinga!"});
});
seneca.act('role:web',{use:{
  prefix: '/my-api',
  pin: {role:'api',cmd:'*'},

  map:{
    bazinga: {GET: true}
      }
    }})
    var express = require('express')
    var app = express()
    app.use( seneca.export('web') )
    app.listen(3000)
```

이 코드는 이전 예제처럼 이해하기가 쉽지 않다. 그러나 최선을 다해 설명해 보자.

- 두 번째 라인은 세네카에 패턴을 추가한다. 이 책의 모든 예제에서 이와 같은 방법으로 패턴을 추가하기 때문에 이런 코드는 상당히 익숙하다.

- 세 번째 명령인 `seneca.act()`는 마법같은 일이 발생하는 곳이다. /my-api 아래서 URL들에 반응하기 위해 role:api 패턴과 모든 명령 패턴(cmd:*)을 마운트 한다. 이 예제에서, 먼저 `seneca.add()`는 URL /my-api/bazingz에 응답할 것이다. `seneca.add()` 명령어의 `cmd` 부분을 통해 /my-api/가 접두사 변수와 bazinga에 의해 지정되기 때문이다.
- `app.use(seneca.export('web'))`는 구성 규칙에 기반한 액션을 실행하기 위해 익스프레스에게 미들웨어로 세네카 웹을 이용하도록 지시한다.
- `app.listen(3000)`는 3000번 포트를 익스프레스에 바인딩한다.

이 장의 앞 절에서 배웠듯이, `seneca.act()`는 두 번째 파라미터로 함수를 갖는다. 이 경우, 세네카 액션에 들어오는 요청을 매핑하는 방법을 익스프레스가 사용해야 하는 구성에 노출한다.

이제 테스트를 해 보자.

```
← → C  🗋 localhost:3000/my-api/bazinga

{
    bar: "Bazinga!"
}
```

앞의 코드는 상당히 난해하다. 따라서, 브라우저의 코드까지 설명해 보자.

- 익스프레스는 세네카 웹에 의해 처리되는 요청을 수신한다.
- 세네카 웹 플러그인은 접두어로 /my-api/를 사용하도록 구성돼 있다. 이것은 role:api 패턴과 모든 cmd 패턴(cmd:*)을 포함하는 세네카 액션(seneca.add())에 pin(seneca.act()를 참조) 키워드를 결합시킨다. 이 경우, /my-api/bazinga는 {role:'api', cmd: 'bazinga'} 패턴을 갖는 첫 번째(이자 유일한) seneca.add() 명령에 해당한다.

세네카와 익스프레스 사이의 통합을 이해하는 데는 시간이 걸린다. 그러나 한 번 이해하고 나면 API 결합성$^{API\ composability}$ 패턴을 유연하게 활용할 수 있다.

익스프레스는 그 자체로도 내용이 광범위해서 이 책의 범위를 벗어난다. 그러나, 익스프레스는 매우 인기 있는 프레임워크이므로 살펴볼 만한 가치가 있다.

데이터 저장

세네카는 일반적인 방법으로 애플리케이션의 데이터와 상호작용을 할 수 있는 데이터 추상 계층과 함께 제공된다.

기본적으로 세네카는 (이전 절에서 설명한 것처럼) 인-메모리 플러그인과 함께 제공된다. 따라서 별도로 동작한다.

다양한 저장 시스템들은 완전히 이 책의 범위 밖이고, 세네카는 다양한 저장 시스템들을 추상화하고 있기 때문에, 이 책의 대부분에서 세네카를 사용한다.

세네카는 다음 동작들을 기반으로 하는 간단한 데이터 추상 계층(객체 관계 매핑ORM: Object-relational mapping)을 제공한다.

- load: 식별자^{identifier}를 통해 엔티티를 로드한다.
- save: 엔티티를 생성하거나 (식별자를 제공하는 경우)업데이트한다.
- list: 간단한 쿼리와 일치하는 엔티티들을 나열한다.
- remove: 식별자를 통해 엔티티를 삭제한다.

데이터베이스에 직원들을 관리하는 플러그인을 만들어 보자.

```
module.exports = function(options) {
  this.add({role: 'employee', cmd: 'add'}, function(msg, respond){
    this.make('employee').data$(msg.data).save$(respond);
  });

  this.find({role: 'employee', cmd: 'get'}, function(msg, respond)
    {
    this.make('employee').load$(msg.id, respond);
  });
}
```

기본적으로 데이터베이스는 메모리에 있다는 점을 기억하라. 따라서, 이제부터 테이블 구조에 대한 걱정을 할 필요가 없다.

첫 번째 명령어는 데이터베이스에 직원을 추가한다. 두 번째 명령어는 id를 통해 데이터베이스에서 직원을 복구한다.

모든 세네카 내의 ORM 기본 요소들primitives은 달러 기호($)로 끝나는 것을 알고 있어야 한다.

이제 확인 가능하듯이 데이터 저장 세부사항을 추상화했다. 추후 애플리케이션이 변경되거나 인-메모리 저장소 대신 데이터 저장소로 MongoDB를 사용하기로 결정한다면 MongoDB를 다루는 플러그인만 처리하면 된다.

다음 코드처럼 직원 관리 플러그인을 사용해 보자.

```
var seneca = require('seneca')().use('employees-storage')
var employee = {
  name: "David",
  surname: "Gonzalez",
  position: "Software Developer"
```

```
    }

    function add_employee() {
      seneca.act({role: 'employee', cmd: 'add', data: employee},
        function (err, msg) {
        console.log(msg);
      });
    }
    add_employee();
```

앞의 예제에서 플러그인에 노출된 패턴을 호출해 인-메모리^{in-memory} 데이터베이스에 직원을 추가했다.

이 책에서는 데이터 추상 계층을 이용하는 방법에 대해 여러 예제를 다룬다. 그러나 이 책의 주된 초점은 마이크로서비스를 구축하는 방법에 있지, 다양한 데이터 저장소를 처리하는 방법에 있지 않다.

▌ PM2 – Node.js를 위한 태스크 러너

PM2는 생산 프로세스 관리자로 서버 인스턴스들에 대한 로드 밸런싱과 더불어 Node.js의 스케일 업이나 스케일 다운을 돕는다. 또한 프로세스들이 계속해서 실행되고, Node.js의 쓰레드 모델의 부작용 중 하나(처리하지 못한 예외가 쓰레드를 죽이고, 차례로 애플리케이션을 죽이는 현상)를 방지한다.

단일 쓰레드 애플리케이션과 예외

이전에 학습한 것처럼, Node.js 애플리케이션은 단일 쓰레드로 실행된다. 이것은 Node.js가 동시성을 지원하지 않는다는 의미는 아니다. 이것은 애플리케이션이 단일 쓰레드에서 실행되지만, 나머지 애플리케이션은 병렬로 실행된다는 것을 의미한다.

이것은 한 가지 사실을 암시한다. 바로, '예외가 처리되지 않고 넘쳐나면, 애플리케이션이 죽는다'는 사실이다.

이에 대한 솔루션은 bluebird 같은 프라미스 라이브러리promises libraries를 집중적으로 사용하는 것이다. 이러한 라이브러리의 사용은 성공과 실패에 대한 핸들러를 추가한다. 따라서 오류가 있는 경우, 예외를 계속해서 발생시키지 않으므로 애플리케이션을 죽이지 않는다.

그러나 처리할 수 없는 오류나 버그로 불리는 일부 통제할 수 없는 상황이 있다. 결국, 여러분의 애플리케이션은 잘못 처리된 오류 때문에 죽게 된다. 자바 같은 언어에서 예외처리exception는 큰 문제는 아니다. 쓰레드는 죽지만 애플리케이션은 계속해서 동작하기 때문이다.

하지만 Node.js에서는 예외 처리는 큰 문제다. 이 문제는 forever 같은 태스크 러너를 이용하여 첫 번째 인스턴스에서 해결한다.

위 두 도구 모두 애플리케이션이 어떤 이유로 종료되는 경우, 애플리케이션을 다시 실행시키고 가동 시간을 보장하는 태스크 러너다.

다음 예제를 살펴보자.

```
➜  ~  forever helloWorld.js
warn:    --minUptime not set. Defaulting to: 1000ms
warn:    --spinSleepTime not set. Your script will exit if it does not stay up for at least 1000ms
Server running at http://127.0.0.1:8000/
```

이제 helloWorld.js 애플리케이션은 forever에 의해 처리되며, 애플리케이션이 죽으면 다시 실행된다. 애플리케이션을 죽으면 다음 그림처럼 보여진다.

```
4902 ttys000    0:00.33 node /usr/local/bin/forever helloWorld.js
4903 ttys000    0:00.08 /usr/local/bin/node /Users/dgonzalez/helloWorld.js
```

확인 가능하듯이 forever는 PID 4903을 갖는 다른 프로세스를 만들었다. 이제 kill 명령어를 실행(kill -9 4093)한다. forever로부터의 출력은 다음과 같다.

```
➜  ~ forever helloWorld.js
warn:    --minUptime not set. Defaulting to: 1000ms
warn:    --spinSleepTime not set. Your script will exit if it does not stay up for at least 1000ms
Server running at http://127.0.0.1:8000/
error: Forever detected script was killed by signal: SIGKILL
error: Script restart attempt #1
Server running at http://127.0.0.1:8000/
```

프로세스를 죽였지만 애플리케이션은 forever에 의해 다운타임 없이 다시 실행된다(적어도 눈에 띄는 다운타임은 없다).

알겠지만 forever는 상당히 기본적인 도구다. forever는 애플리케이션이 죽을 때마다 여러 번 애플리케이션을 다시 실행한다.

Node.js 애플리케이션을 개발하는 데 가장 유용한 도구 중 하나로 **nodemon**이라 불리는 또 다른 패키지가 있다. nodemon은 모니터링 하는 파일(기본적으로 *.*)에 변경이 감지되면 애플리케이션을 다시 로드시킨다.

```
➜  ~ nodemon helloWorld.js
2 Nov 00:55:14 - [nodemon] v1.4.1
2 Nov 00:55:14 - [nodemon] to restart at any time, enter `rs`
2 Nov 00:55:14 - [nodemon] watching: *.*
2 Nov 00:55:14 - [nodemon] starting `node helloWorld.js`
Server running at http://127.0.0.1:8000/
```

helloWorld.js 파일을 수정하면 nodemon이 애플리케이션을 다시 로드한다. 이것은 편집/리로드edit/reload 주기를 방지하고 개발의 속도를 올리는 흥미로운 방식이다.

PM2 - 업계 표준 태스크 러너 사용

forever가 매우 흥미롭기는 하지만, PM2는 forever보다 더 진보된 태스크 러너다. PM2로 간단한 명령을 통해 애플리케이션의 스케일 업이나 스케일 다운뿐 아니라, 애플리케이션의 수명주기를 다운타임 없이 완전하게 관리할 수 있다.

또, PM2는 로드 밸런서^{load balancer} 역할도 한다.

또, PM2는 로드 밸런서load balancer 역할도 한다.

다음 예제를 살펴보자.

```
var http = require('http');

var server = http.createServer(function (request, response) {
  console.log('called!');
  response.writeHead(200, {"Content-Type": "text/plain"});
  response.end("Hello World\n");
});
server.listen(8000);
console.log("Server running at http://127.0.0.1:8000/");
```

예제는 매우 간단한 애플리케이션이다. PM2를 이용하여 예제를 실행해 보자.

pm2 start helloWorld.js

이 명령어는 다음 그림과 유사한 결과를 출력한다.

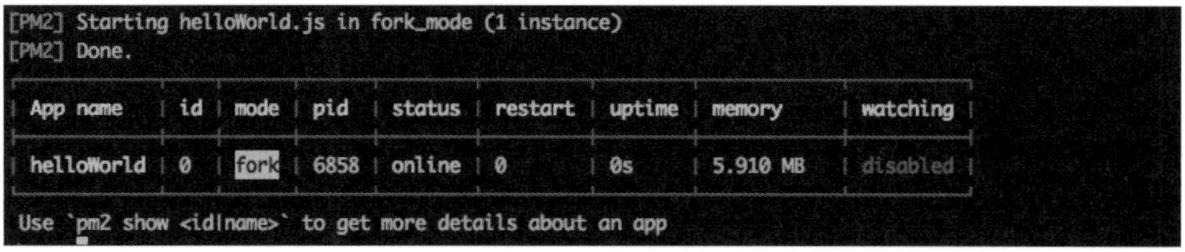

PM2는 helloWorld라는 이름의 앱을 등록했다. 이 앱은 포크[fork] 모드에서 실행된다(이는 PM2가 로드 밸런서로 동작하지 않고 앱을 포크만 했다는 것을 의미한다). 그리고 운영 시스템의 PID는 6858이다.

이제 다음 그림에서 알 수 있듯이 pm2 show 0을 실행하면 아래 그림처럼 id 0과 관련된 정보를 보여준다.

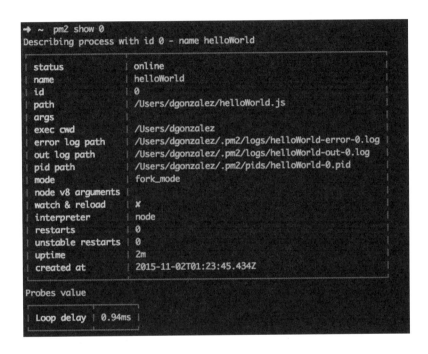

두 명령어를 통해 아주 정교한 방법으로 간단한 애플리케이션의 실행을 관리했다.

이제부터 애플리케이션이 죽는 경우 PM2가 애플리케이션을 다시 실행하기 때문에 애플리케이션이 항상 실행되는 것이 보장된다.

PM2가 실행하는 앱의 개수도 모니터링할 수 있다.

```
pm2 monit
```

이 명령은 다음과 같은 결과를 보여준다.

```
○ PM2 monitoring (To go further check out https://app.keymetrics.io)

 ● helloWorld                          [            ] 0 %
 [0] [fork_mode]                       [|||||       ] 27.340 MB

|
```

이것은 PM2 모니터다. 예제의 경우, 시스템이 하나의 애플리케이션으로 구성돼 있고 포크 모드에서 실행되기 때문에 완전하게 과잉 상태다.

pm2 logs를 실행해 다음 그림과 같이 로그를 확인할 수 있다.

```
PM2: 2015-11-02 01:14:38: App name:helloWorld id:3 disconnected
PM2: 2015-11-02 01:14:38: App name:helloWorld id:3 exited with code SIGTERM
PM2: 2015-11-02 01:14:38: Process with pid 5322 killed
PM2: 2015-11-02 01:14:44: Starting execution sequence in -cluster mode- for app name:helloWorld id:0
PM2: 2015-11-02 01:14:44: App name:helloWorld id:0 online
PM2: 2015-11-02 01:23:36: Stopping app:helloWorld id:0
PM2: 2015-11-02 01:23:36: App name:helloWorld id:0 disconnected
PM2: 2015-11-02 01:23:36: App name:helloWorld id:0 exited with code SIGTERM
PM2: 2015-11-02 01:23:37: Process with pid 6804 killed
PM2: 2015-11-02 01:23:45: Starting execution sequence in -fork mode- for app name:helloWorld id:0
PM2: 2015-11-02 01:23:45: App name:helloWorld id:0 online
PM2: 2015-11-02 01:31:33: Stopping app:helloWorld id:0
PM2: 2015-11-02 01:31:33: App name:helloWorld id:0 exited with code SIGINT
PM2: 2015-11-02 01:31:33: Process with pid 6858 killed
PM2: 2015-11-02 01:31:56: Starting execution sequence in -fork mode- for app name:helloWorld id:0
PM2: 2015-11-02 01:31:56: App name:helloWorld id:0 online

helloWorld-0 (out): Server running at http://127.0.0.1:8000/
helloWorld-0 (out): Server running at http://127.0.0.1:8000/
helloWorld-0 (out): Server running at http://127.0.0.1:8000/
helloWorld-0 (out): Server running at http://127.0.0.1:8000/
helloWorld-0 (out): Server running at http://127.0.0.1:8000/
helloWorld-0 (out): Server running at http://127.0.0.1:8000/
helloWorld-0 (out): Server running at http://127.0.0.1:8000/

[PM2] Streaming realtime logs for [all] processes


helloWorld-0 called!
helloWorld-0 called!
helloWorld-0 called!
helloWorld-0 called!
```

확인했듯이 PM2는 견고하다. 몇 가지 명령어를 통해 애플리케이션의 모니터링에 필요한 사항을 90% 처리한다. 그러나 이것이 전부는 아니다.

PM2는 다운타임 없이 애플리케이션을 다시 로드할 수 있는 쉬운 방법도 제공한다.

```
pm2 reload all
```

이 명령어는 다운타임을 갖지 않고 앱의 재시작을 보장한다. PM2는 들어오는 요청을 큐에 대기시키고, 앱이 다시 반응하게 되면 요청을 다시 처리한다. 그런데 앱의 이름을 지정해 특정 앱에 대한 로딩을 지정하는 더 세분화된 옵션이 있다.

```
pm2 reload helloWorld
```

아파치Apache, NGINX, PHP-FPM 등을 오랫동안 사용해 온 사람이라면, 이는 매우 익숙한 이야기일 것이다.

PM2의 또 다른 흥미로운 기능은 애플리케이션을 클러스터 모드로 수행하는 것이다. 이모드에서, PM2는 지정된 대로 컨트롤러 프로세스와 많은 작업 프로세스(workers - 당신의 앱이다)를 생성한다. 따라서 Node.js 같은 단일 쓰레드 기술로 멀티 코어 CPU의 혜택을 받을 수 있다.

이를 수행하기 위해서는 실행 중인 애플리케이션을 중지해야 한다.

```
pm2 stop all
```

이 명령어는 다음과 같은 결과를 보여준다.

App name	id	mode	pid	status	restart	uptime	memory	watching
helloWorld	0	fork	0	stopped	0	0	0 B	disabled

Use `pm2 show <id|name>` to get more details about an app

PM2는 어떤 앱들이 실행되고 있었는지 기억한다. 따라서 클러스터 모드로 앱을 실행하기 전에, 다음과 같이 앱에 대해 잊으라고 PM2에게 통보해야 한다.

```
pm2 delete all
```

```
[PM2] Deleting all process
[PM2] deleteProcessId process id 0
```

App name	id	mode	pid	status	restart	uptime	memory	watching

Use `pm2 show <id|name>` to get more details about an app

이제 클러스터 모드에서 앱을 실행시킬 준비가 됐다.

```
pm2 start helloWorld.js -i 3
```

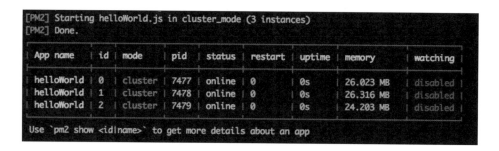

```
[PM2] Starting helloWorld.js in cluster_mode (3 instances)
[PM2] Done.
```

App name	id	mode	pid	status	restart	uptime	memory	watching
helloWorld	0	cluster	7477	online	0	0s	26.023 MB	disabled
helloWorld	1	cluster	7478	online	0	0s	26.316 MB	disabled
helloWorld	2	cluster	7479	online	0	0s	24.203 MB	disabled

Use `pm2 show <id|name>` to get more details about an app

PM2는 메인 프로세스와 세 개의 작업 프로세스 사이에서 라운드-로빈round-robin 방식으로 동작한다. 따라서 동시에 3개의 요청에 대응할 수 있다. 작업 프로세스의 수를 줄이거나 scale down 늘릴 수scale up 있다.

```
pm2 scale helloWorld 2
```

이 명령어는 동일한 앱에 대해 세 개의 프로세스 대신 두 개의 프로세스를 실행시킨다.

알 수 있듯이, 우리는 아주 적은 노력으로도 생산 준비를 위해 애플리케이션의 구성을 관리할 수 있다. 이제 pm2의 상태를 저장할 수 있다. 따라서, 서버를 재시작하고 PM2가 데몬deamon으로 실행되는 경우 앱들이 자동으로 시작된다. PM2는 API 코드를 갖는다. 따라서 수동으로 작업했던 모든 단계들을 관리하기 위한 Node.js 프로그램을 작성할 수 있다. 또한 PM2에는 JSON 파일로 서비스를 구성하는 방법도 있다. 이 사항은 Node.js 애플리케이션을 배포하기 위해 PM2와 도커의 사용 방법을 살펴보는 '6장. Node.js 마이크로서비스 테스트와 문서화'에서 더 상세하게 논의한다.

▌ 요약

이번 장에서는 세네카와 PM2의 기본 사항을 학습했다. 따라서, 이 책의 '4장. 첫 번째 Node.js 마이크로서비스 작성'에서 마이크로서비스 지향 시스템을 구축하고 실행할 수 있게 됐다.

또한, 이전 1장에서 우리의 삶에 매우 유용하면서 현실 문제를 해결하는데 실제로 도움이 되는 몇 가지 개념을 배웠다. 이번 장에서는 이러한 개념들을 구체적으로 살펴봤다.

다음 장에서는, 모놀리식 애플리케이션을 분할하는 방법에 대해 살펴본다. 이 작업을 위해서는 이번 장에서 배운 다양한 개념을 알고 있어야 한다.

03

모놀리스에서
마이크로서비스로

필자는 주로 금융 서비스 부분의 여러 회사에서 근무하며 경력을 쌓아 왔다. 근무했던 모든 회사들은 다음과 같은 패턴을 보였다.

1. 좋은 도메인 지식(보험, 결제, 신용 카드 등)을 갖춘 일부 사람들에 의해 회사가 세워진다.

2. 회사가 성장하면서 새로운 비즈니스 요구사항(법률적인 규제사항, 주요 고객의 터무니없는 요구사항 등)이 신속한 요구된다. 이런 요구사항들은 계획 없이 바로 적용된다.

3. 회사는 또 다른 성장 단계를 경험한다. 여기서는 비즈니스 트랜잭션이 명확하게 정의되지만, 유지보수가 어려운 모놀리스 소프트웨어로 빈약하게 모델링된다.

4. 회사는 초기에서 만들어진 소프트웨어 개발 방법에 부과된 제한사항들로 인해(개발) 인력을 증가시키고, 이것은 성장통과 효율의 손실을 유도한다.

이번 4장은 이전 방식(계획 없이 필요에 따라 기능을 추가해 소프트웨어가 단일 모듈로 성장하는 것)의 방지뿐 아니라 마이크로서비스를 이용해 새로운 시스템을 모델링하는 방법에 대한 내용이다. 이번 장은 이 책에서 가장 중요한 부분으로, 필자의 경험을 몇 페이지로 종합하려고 노력했다. 또한 '4장. 첫 번째 Node.js 마이크로서비스 작성'에서 따라야 하는 원칙들을 설정한다. 4장에서는 이전 장에서 학습한 내용을 이용해 마이크로서비스를 기반으로 하는 완전한 시스템을 구축할 것이다.

▎먼저, 모놀리스가 있었다

기존에 구축된 현대적인 엔터프라이즈 소프트웨어 중 상당 비율(예상컨대 90% 정도)은 모놀리식 접근방법^{monolithic approach}을 따르고 있다.

단일 컨테이너 내에서 실행되고, 잘 정의된 개발 수명 주기를 갖는 대규모 소프트웨어 컴포넌트는 초기에 전달하고, 또 자주 전달해야 하는 애자일 원칙(https://en.wikipedia.org/wiki/Release_early,_release_often)에 완전히 반대된다.

- **빨리 전달하라**^{Deliver early}: 빠르게 실패하면 복구가 더 쉽다. 소프트웨어 컴포넌트를 2년이라는 시간동안 작업하고 출시 한다면, 원래의 요구사항들과의 편차 때문에 더 큰 위험이 있다. 일반적으로, 초기의 요구사항은 잘못된 것이라 며칠마다 변경해야 한다.
- **자주 전달하라**^{Deliver often}: 자주 전달하면 이해당사자는 진행사항에 대해 알게 되고, 소프트웨어에 반영된 변경사항을 빠르게 볼 수 있다. 오류는 며칠 내에 고쳐지게 되고, 개선사항은 쉽게 식별할 수 있다.

자연스럽게, 회사들은 함께 동작하는 작은 컴포넌트 대신, 다음과 같이 커다란 소프트웨어 컴포넌트를 만든다.

1. 개발자가 새로운 요구사항을 갖는다.
2. 개발자는 서비스 계층에 있는 기존 클래스에 새로운 메소드를 만든다.
3. 메소드는 HTTP나 SOAP, 또는 다른 프로토콜을 통해 API에 노출된다.

이제 새로운 요구사항에 여러분의 회사 개발자 수를 곱하면 **유기적 성장**organic growth이라 불리는 무언가를 얻게 된다. 유기적 성장은 적절한 장기 계획 없이 비즈니스 압력으로부터 '통제되지 않고 계획되지 않은' 소프트웨어 시스템의 성장 유형으로, 나쁜 것이다.

유기적 성장에 대한 대처 방법

유기적인 성장을 방지하기 위해 필요한 첫 번째 사항은 회사 내의 비즈니스 부분과 IT 부분이 정렬align돼 있는지를 확인하는 것이다. 일반적으로, 큰 규모의 회사에서 IT 분야는 비즈니스의 핵심 부분으로 간주되지 않는다.

조직은 품질보다는 가격을 중요하게 생각해서 IT 시스템을 아웃소싱한다. 따라서 이런 소프트웨어 컴포넌트를 구축하는 파트너들은 한 가지 사항에만 초점을 둔다. 바로 잘못된 명세라고 해도 명세에 따라 제 때에 결과물을 전달deliver on time하는 것이다.

이 때문에 기존 문제를 해결하기 위한 솔루션에 적합한 환경이 형성되지 않는다. 일반적으로, 시스템이 만들어지는지 방법에 대한 이해가 없고, 소프트웨어 개발의 복잡성을 간과하는 사람들이 IT를 이끌게 된다.

다행스럽게도, 전세계에 걸쳐 99%에 달하는 비즈니스의 드라이버가 IT 시스템이 되어 감에 따라 이러한 경향이 변하고 있다. 그러나, 우리는 시스템을 더 영리하게 구축할 필요가 있다.

유기적 성장을 방지하기 위한 첫 번째 조치는 IT 담당자와 비즈니스 이해당사자가 함께 작업하기 위해 (일하는 목표와 방법을 일치시키는)정렬하는 것이다. 비기술적인 이해당사자 교육이 성공을 위한 핵심이다.

다시 큰 규모의 출시 스키마로 돌아간다면, 우리가 더 잘할 수 있을까?

물론, 더 잘하는 것이 가능하다. 작업을 관리할 수 있는 소프트웨어 산출물로 나누고, 이것은 잘 정의된 비즈니스 액티비티로 하나의 모델을 만들고 엔티티를 제공한다.

이 단계에서는 마이크로서비스가 돼야 할 필요가 없다. 그러나 분리돼 있고, 잘 정의된, 그리고 테스트가 용이하도록 내부 로직을 유지해야 한다. 이렇게 분리된 모듈은 추후 애플리케이션을 변경할 때 엄청난 혜택을 가져다 줄 것이다.

다음의 예제를 살펴보자.

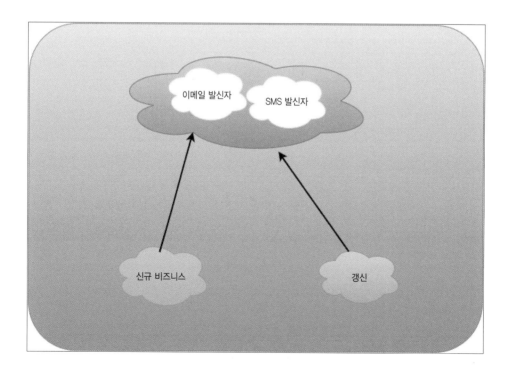

이 보험 시스템을 통해 누군가 급한 상태에 있다는 것을 알 수 있다. SMS와 이메일 발신자 모두 통신 채널이 있지만, 이들은 성격이 매우 달라 아마도 서로 다른 방법으로 행동하기를 원할 것이다.

호출 서비스는 두 개의 상위 레벨 엔티티로 분류된다.

- **신규 비즈니스**New Business : 가입할 경우 이메일을 받는 신규 고객들
- **갱신**Renewals : 보험 정책이 갱신돼야 하는 경우 SMS를 받는 기존 고객들

임의의 시점에 시스템은 SMS와 이메일을 보내야 한다. 그리고 누군가 모든 서드파티 통신을 처리하는 통신 서비스 엔티티를 생성한다.

이러한 방법은 처음에는 좋은 아이디어처럼 보인다. SMS나 이메일은 채널일 뿐이다. 결국, 핵심은 통신 메커니즘의 90%가 같으며, 기능의 상당 부분을 재사용하는 것이 가능하다는 점이다.

갑자기 모든 물리적인 게시물을 처리하는 서드파티 서비스를 통합하기 원한다면 어떻게 될까?

일주일에 한 번 고객이 관심을 갖는 정보를 보내는 뉴스레터를 추가하기 원한다면 어떻게 되는가?

이 서비스는 통제에서 벗어나 테스트와 출시가 더 어려워질 것이다. 그리고 SMS 코드가 어떤 형태로든 이메일을 보내는 데 영향을 주지 않는다는 점도 보장하기 어려워질 것이다.

이는 유기적 성장organic growth으로, 다음과 같이 서술되는 콘웨이의 법칙Conway's Law으로 불리는 법칙과 관련된다.

> 시스템(여기서는 정보 시스템보다 더 광범위하게 정의된다)을 설계하는 모든 조직은 필연적으로 조직의 통신 구조와 닮은 구조를 갖는 설계물을 만든다.

이 경우 우리는 함정에 빠진다. 바로 단일 소프트웨어 컴포넌트가 너무 크고 복잡해도, 새로운 비즈니스 요구에 빠르게 대응하기 위해 통신을 단일 소프트웨어 컴포넌트로 모델링하려 시도하는 것이다.

다음 다이어그램을 살펴보도록 하자.

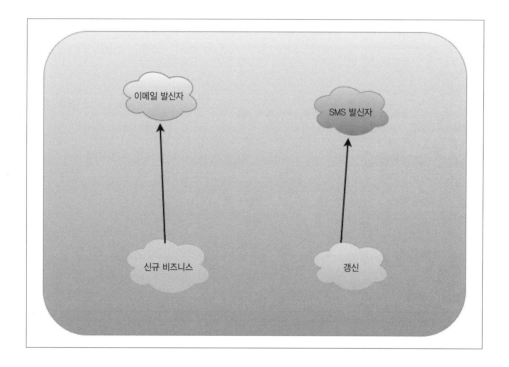

이제 서비스에 대한 모든 통신 채널을 캡슐화했다(이것은 나중에 마이크로서비스로 배포될 것이다). 그리고, 미래의 통신 채널에도 같은 작업을 한다.

이것이 유기적 성장을 극복하는 첫 번째 단계로, 작은 기능이지만 제대로 수행하고, 잘 정의된 경계와 단일 책임을 갖는, 잘 분류된 서비스의 생성하는 것이다.

적절한 추상화 수준

우리 두뇌는 복잡한 메커니즘을 처리하지 못한다. 추상화 용량^{abstraction capacity}은 인간 지능에 대해 가장 최근 밝혀진 내용 중 하나다.

이전 절의 예제에서, 이 세상 프로그래머들 절반을 화나게 할 좋은 방법을 배웠다. 바로 '우리 시스템에서의 추상화 근절'이다.

추상화 용량^{abstraction capacity}은 우리가 오랜 시간에 걸쳐 배우는 것으로 지능^{intelligence}과 달리 훈련이 가능하다. 모든 사람이 동일한 추상화의 수준에는 도달할 수는 없다. 그러나, 높은 수준의 추상화를 일부 산업 관련 전문 지식 및 도메인 지식과 결합시킨다면, 재난에 대한 대응책을 갖게 된다.

소프트웨어를 개발할 때마다 필자가 따르려고 시도한 (항상 엄청난 반대가 있었기 때문에 '시도한'이 적절한 단어다) 황금률 중 하나는 미숙한 추상화^{premature abstraction}를 방지하는 것이다.

여러분은 얼마나 자주 'X를 해결하기 위한 프로그램을 작성하라.' 같은 간단한 요구사항 세트를 가지고 고생하는가? 여러분 팀은 이에 관심도 없고 가능한 경우도 알지 못한 채 X에 대해 가능한 변화를 전부 예측한다. 그러나 소프트웨어가 생산 환경에 적용되고 나면, 이해당사자 중 하나가 생각조차 하지 못한 X의 변형된 요구사항을 가지고 온다(더군다나 이 요구사항은 올바르지도 않다). 이제 이 변형된 요구사항을 작업하려면 며칠이나 소요되며, 엄청난 리팩토링을 필요로 한다.

이러한 문제를 방지하는 방법을 간단하다. '최소한 세 가지 유즈케이스가 없는 경우에는 추상화를 피하라.'

각기 다른 종류의 채널을 통해 데이터 전송이 발생하지 않는 경우 리팩토링을 하지 마라. 그리고 현재 기능에 불필요한 추상화가 있는지 의심하라. 또 다른 통신 채널이 적어도 하나 이상 있다면, 어떻게 이 두 소프트웨어 컴포넌트를 더 잘 설계할 수 있는지, 언제 세 번째 유스케이스가 나타나는지, 또 리팩토링이 필요한지에 대해 생각해야 한다.

마이크로서비스를 개발할 때 마이크로서비스는 하나의 스프린트(대략 2주 정도)에서 재작성이 가능할 정도로 작아야 한다는 점을 기억하라. 이렇게 짧은 기간 내에 동작하는 프로토타입을 갖는 것에 대한 장점은, 요구사항이 구체화되면 소프트웨어를 다시 작성해야 하는 위험만큼이나 가치가 있다. 이해당사자에게 동작하는 프로토타입을 보여주는 것이 요구사항을 고정시키는 가장 빠른 방법이다.

세네카^Seneca는 이러한 점에서 훌륭하기 때문에, 패턴 매칭을 통해 기존 호출 코드에 영향을 주지 않고 주어진 마이크로서비스의 API를 확장할 수 있다. 기존 기능에 영향을 주지 않고 기능을 추가할 수 있기 때문에, 우리의 서비스는 확장에는 개방되어 있지만, 변경에는 닫혀있다(SOLID 원칙). 이러한 행동의 더 완전한 예제를 '4장. 첫 번째 Node.js 마이크로서비스 작성'에서 살펴볼 것이다.

▌ 그 후, 마이크로서비스가 등장했다

이제 마이크로서비스가 있다. 요즘 회사들은 소프트웨어의 품질을 더 중요하게 여긴다. 이전 절에서 언급한 바와 같이, 빠르게 전달하고 자주 전달하는 것은 소프트웨어 개발의 성공에 있어 핵심적인 사항이다.

마이크로서비스는 모듈화^modularity와 전문화^specialization를 통해 가능한 빠르게 비즈니스 요구를 만족시키는 데 도움을 준다. 소프트웨어의 작은 조각은 쉽게 버전을 관리하고 며칠 내에 업그레이드할 수 있다. 마이크로서비스는 명확하고 작은 범위의 목적을 갖고 있기 때문에 테스트도 쉽다. 또한 마이크로서비스는 시스템의 나머지 부분에 대해 독립된 방식(모듈화)으로 작성된다.

불행하게도 앞에서 설명한 상황은 일반적인 상황이 아니다. 일반적으로 대규모 소프트웨어 시스템은 쉽게 식별할 수 있는 모듈이나 전문화를 통한 방법으로 구축되지 않는다. 일반적으로, 대규모 소프트웨어 컴포넌트를 구축하는 규칙은 모든 요구사항을 다 수행하는 것이며, 이러한 규칙은 모듈화에 있어 취약하다. 따라서, 아주 기초부터 시작해야 한다.

다음과 같이 코드의 일부를 작성하는 것부터 시작해 보자.

```javascript
module.exports = function(options) {

  var init = {}

  /**
   * 하나의 SMS를 보낸다
   */
  init.sendSMS = function(destination, content) {
    // SMS 송신을 위한 코드
  }

  /**
   * Reads the pending list of SMS. 계류중인 SMS 리스트를 읽는다.
   */
  init.readPendingSMS = function() {
    // SMS 수신을 위한 코드
    return listOfSms;
  }

  /**
   * 이메일 송신
   */
  init.sendEmail = function(subject, content) {
    // 이메일 송신을 위한 코드
  }

  /**
   * Gets a list of pending emails. 보류중인 이메일 리스트를 얻는다.
   */
  init.readPendingEmails = function() {
    // code to read the pending emails 보류중인 이메일들을 읽는 코드
    return listOfEmails;
  }
```

```
    /**
     * 이 코드는 이메일을 읽은 것으로 표시한다. 따라서 readPendingEmails
     * 함수에 의해 다시 이메일을 가져오지 않는다.
     */
    init.markEmailAsRead = function(messageId) {
        // 메시지를 읽은 것으로 표시하기 위한 코드
    }

    /**
     * 이 함수는 프린트돼야 하는 문서와 우편으로 발송해야 하는 문서를
     * 큐에 넣는다.
     */
    init.queuePost = function(document) {
        // code to queue post
    }
    return init;
}
```

확인 가능하듯, 이 모듈은 쉽게 통신 서비스를 호출할 수 있으며, 무엇을 하는지도 추측하기 매우 쉽다. 이 모듈은 이메일, SMS, 그리고 게시물에 대한 통신을 관리한다.

이 모듈은 기능이 너무 많다. 이 서비스는 사람들이 통신에 관련된 메소드를 계속해서 추가할 것이기 때문에 통제 불능 상태로 커지게 된다. 이것이 모놀리식 소프트웨어의 핵심적인 문제다. 제한 맥락이 다양한 분야에 걸쳐 합쳐지고, 기능과 유지보수 관점 모두에서 소프트웨어의 품질에 영향을 미치는 것이다.

소프트웨어 개발자라면, 위험 신호red flag를 바로 알아볼 것이다. 이 모듈의 응집도cohesion는 매우 좋지 않다.

이 모듈은 잠시 동안 작동할 수는 있겠지만, 이제는 우리의 사고방식이 변하고 있다. 작고, 확장 가능한, 그리고 자율적이면서도 분리가 가능한 컴포넌트를 만들어야 한다. 예제의 경우, 모듈이 (이메일, SMS, 게시물에 관한) 너무 많은 작업을 다양하게 하고 있기 때문에 응집도가 나쁘다.

트위터Twitter와 페이스북Facebook의 알림 같은 또 다른 통신 채널을 추가한다면 어떻게 되 겠는가?

서비스는 통제할 수 없을 정도로 커진다. 결국에는 작고 기능적인 소프트웨어 컴포넌트 를 갖는 대신, 리팩토링, 테스트, 변경이 어려운 거대한 모듈을 갖게 된다. '2장. 마이크 로서비스 그리고 세네카와 PM2'에서 설명한 SOLID 설계 원칙에 따라 이 모듈을 살펴보 도록 하자.

- **단일 책임 원칙**: 이 모듈은 너무 많은 기능을 갖고 있다.
- **확장에는 열려있고, 변경에는 닫혀있음**: 이 모듈은 새로운 기능을 추가하기 위해 수 정이 필요하다. 아마도 공통 코드를 변경해야 한다.
- **리스코프 치환 원칙**: 이 항목은 또 넘어간다.
- **인터페이스 분리**: 모듈 내에 지정된 어떠한 인터페이스도 갖고 있지 않다. 단지, 기 능 세트에 대한 구현만 가지고 있다.
- **종속성 주입**: 여기에는 의존성 주입이 없다. 이 모듈은 호출하는 코드에 의해 만들 어져야 할 필요가 있다.

시험을 할 수 없으면, 모듈은 더 복잡해진다.

따라서 세네카를 이용해 작은 모듈로 다양하게 나눠 보자.

먼저, 이메일 모듈(email.js)은 다음과 같게 될 것이다.

```
module.exports = function (options) {

  /**
   * 이메일 송신
   */
  this.add({channel: 'email', action: 'send'}, function(msg,
    respond) {
    // 이메일 전송을 위한 코드
```

```
    respond(null, {...});
  });

  /**
   * 보류중인 이메일 리스트를 가져온다.
   */
  this.add({channel: 'email', action: 'pending'}, function(msg,
    respond) {
    // 보류중인 이메일을 읽기 위한 코드
    respond(null, {...});
  });

  /**
   * 메시지를 읽은 것으로 표시
   */
  this.add({channel: 'email', action: 'read'}, function(msg,
    respond) {
    // 메시지를 읽은 것으로 표시하기 위한 코드
    respond(null, {...});
  });
}
```

SMS 모듈(SMS.js)은 다음과 같게 될 것이다.

```
module.exports = function (options) {

  /**
   * SMS 전송
   */
  this.add({channel: 'sms', action: 'send'}, function(msg,
    respond) {
    // SMS 전송을 위한 코드
    respond(null, {...});
  });
}
```

```
/**
 * 보류중인 SMS를 수신
 */
this.add({channel: 'sms', action: 'pending'}, function(msg,
  respond) {
  // 보류중인 SMS를 읽기 위한 코드
  respond(null, {...});
});
}
```

마지막으로, 게시물 모듈(post.js)은 다음과 같게 될 것이다.

```
module.exports = function (options) {

  /**
   * 프린팅과 송신을 위한 게시물 메시지를 큐에 넣는다.
   */

  this.add({channel: 'post', action: 'queue'}, function(msg,
    respond) {
    // 게시물 메시지를 큐에 넣기 위한 코드
    respond(null, {...});
  });
}
```

다음 그림은 모듈에 대한 새로운 구조를 보여준다.

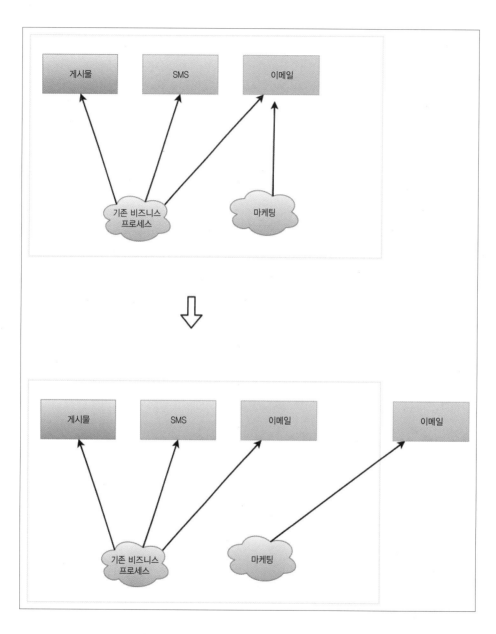

이제 우리는 세 개의 모듈을 갖고 있다. 각 모듈은 서로에 간섭하지 않고 한 가지 특화된 작업을 한다. 다시 말해, 높은 응집도를 갖는 모듈들을 만들었다.

앞의 코드를 다음과 같이 실행해 보자.

```
var seneca = require("seneca")()
    .use("email")
    .use("sms")
    .use("post");

seneca.listen({port: 1932, host: "10.0.0.7"});
```

간단히 말해, 우리는 IP 10.0.0.7를 갖고 1932 포트에 대해 들어오는 요청을 수신하는 서버를 만들었다. 확인 가능하듯, 어떤 파일도 참조하지 않았다. 단지 이름으로 모듈을 참조했을 분이다. 나머지 작업은 세네카가 할 것이다.

이 코드를 실행하고 세네카가 플러그인을 로드했는지 확인해 보자.

```
node index.js --seneca.log.all | grep DEFINE
```

이 명령어는 다음과 유사한 라인을 출력할 것이다.

'2장. 마이크로서비스, 그리고 세네카와 PM2'를 기억한다면, 세네카는 기본적으로 몇 가지 플러그인(basic, transport, web, mem-store)을 로드한다. 이 플러그인들은 세네카가 구성으로 인한 어려움을 겪지 않고 독립적으로 작업할 수 있도록 한다. '4장. 첫 번째 Node.js 마이크로서비스 작성'에서 우리는 명확한 구성이 필요하다는 점을 살펴볼 것이다. 예를 들어 mem-store는 실행 사이에 데이터를 지속시키지 않고 메모리에 데이터를 저장하기 때문에 설정이 필요하다.

표준 플러그인 이외에도, 세네카가 세 개의 플러그인을 추가적으로 로드한 것을 볼 수 있다. 플러그인은 email, sms, post로, 우리가 생성한 플러그인이다.

보다시피 세네카 내에 작성된 서비스들은 프레임워크가 동작하는 방법을 알면 이해가 매우 쉽다. 이 경우 플러그인의 형태로 코드를 작성했기 때문에, 여러 머신의 서로 다른 세네카 인스턴스에서 사용이 가능하다. 세네카는 투명한 전송 메커니즘을 가지고 있다. 이를 통해 모놀리식 애플리케이션의 일부를 다음과 같이 빠르게 다시 배포하고 마이크로서비스로 확장할 수 있다.

- 이메일 기능 변경은 이메일을 보내는 것에만 영향을 주기 때문에, 새로운 버전은 쉽게 테스트가 가능하다.
- 확장이 쉽다. 다음 장에서 확인하겠지만, 서비스의 복제는 새로운 서버의 구성하고 세네카 클라이언트가 서비스를 가리키도록 하는 정도로 쉽다.
- 소프트웨어의 이해와 수정이 쉽기 때문에 유지보수가 용이하다.

마이크로서비스의 단점

마이크로서비스로 현대 기업의 가장 큰 문제를 해결했다. 그러나 이것이 기업들이 문제에서 자유롭다는 것을 의미하는 것은 아니다. 때때로 마이크로서비스는 예상하기 쉽지 않은 다양한 유형의 문제를 야기한다.

첫 번째이자 가장 관심 있는 문제는 운영 오버헤드operational overhead로, 마이크로서비스를 이용하면 얻을 수 있는 이점을 감소시킬 수 있다. 시스템을 설계할 때는 항상 마음속에 한 가지 질문을 가지고 있어야 한다. 이것을 어떻게 자동화할 것인가? 자동화는 이런 문제를 막는 핵심이다.

마이크로서비스가 갖는 두 번째 단점은 애플리케이션에 대한 비균일성^{nonuniformity}이다. 개발팀은 팀 내 엔지니어 사이의 의사소통에 악영향을 미치고, 팀 사이의 추가적인 격리층 extra layer of isolation을 더하는, 다른 개발팀에서 금지하고 있는 (특히 예외 처리 관련해서) 훌륭한 사례도 고려해야 한다.

마지막으로, 덜 중요하긴 하지만 마이크로서비스는 보안 문제를 유발할 수 있는 통신의 복잡성을 도입한다. 단일 애플리케이션에 대한 통제와 외부에 대한 통신 대신, 내부적으로 서로 통신하는 많은 수의 서버가 있다.

모놀리스 분할

여러분 회사의 마케팅 부서가 이메일 캠페인을 적극적으로 실행하기로 결정했고, 이 캠페인은 이메일을 송신하는 일상적인 프로세스를 손상시킬 수 있는 최대치의 용량이 필요하다고 가정해 보자. 과부하 때문에 이메일이 지연되고, 이것이 문제의 원인이 될 수 있다.

다행히 이전 절에 설명한 것처럼 시스템을 구축했다. 높은 응집도^{high-cohesion}와 낮은 결합도^{low-couple}를 갖는 플러그인 형태의 작은 세네카 모듈로 시스템을 구축했다.

따라서, 해결책은 간단하다. 이메일 서비스^{email.js}를 하나 이상의 머신에 배포하는 것이다.

```
var seneca = require("seneca")().use("email");
seneca.listen({port: 1932, host: "new-email-service-ip"});
```

또한 다음과 같이 이메일 서비스를 가리키는 세네카 클라이언트를 생성한다.

```
var seneca = require("seneca")()
    .use("email")
    .use("sms")
    .use("post");
```

```
seneca.listen({port: 1932, host: "10.0.0.7"});

// interact with the existing email service using "seneca"

var senecaEmail = require("seneca").client({host: "new-emailservice-ip", port:
1932});

// interact with the new email service using "senecaEmail"
```

이제부터 senecaEmail 변수는 act를 호출하는 경우 원격 서비스에 접근할 수 있으며, 우리는 목표인 '첫 번째 마이크로서비스의 확장'을 달성했다.

따라서 해결책은 간단하다. 이메일 서비스(email.js)를 하나 이상의 머신에 배포하는 것이다.

```
var seneca = require("seneca")().use("email");
seneca.listen({port: 1932, host: "new-email-service-ip"});
```

또한 다음과 같이 이메일 서비스를 가리키는 세네카 클라이언트를 생성한다.

```
var seneca = require("seneca")()
    .use("email")
    .use("sms")
    .use("post");
seneca.listen({port: 1932, host: "10.0.0.7"});

// interact with the existing email service using "seneca"

var senecaEmail = require("seneca").client({host: "new-emailservice-ip",
  port: 1932});

  // interact with the new email service using "senecaEmail"
```

이제부터 senecaEmail 변수는 act를 호출하는 경우 원격 서비스에 접근할 수 있으며, 우리는 목표인 '첫 번째 마이크로서비스의 확장'을 달성했다.

모놀리스 분할 문제 – 데이터 관련 사항

데이터 저장Data storage은 문제가 될 수 있다. 애플리케이션이 오랫동안 통제할 수 없을 정도로 성장한 경우라면, 데이터베이스도 동일한 상태일 것이다. 그리고 지금까지의 유기적 성장은 데이터베이스에서 중요한 변화의 처리를 어렵게 만들었을 것이다.

마이크로서비스는 자신의 데이터를 관리할 수 있어야 한다. 서비스에 대한 데이터를 로컬로 유지하는 것은 시스템이 발전함에 따라 데이터가 유연하게 남아있는 것을 보장하기 위한 핵심사항 중 하나다. 그러나, 이것이 항상 가능한 것은 아니다. 예를 들어 금융 서비스는 마이크로서비스 지향 아키텍처의 주요 단점 중 하나(트랜잭션 속성의 부족)로 어려움을 겪고 있다. 소프트웨어 컴포넌트가 돈을 다루는 경우, 데이터의 일관성 유지를 보장할 필요가 있다. 그러나, 결과적으로 모든 단일 동작 이후에는 일관성이 보장되지 않는다. 고객이 금융 회사에 돈을 예탁한다면 소프트웨어는 계좌 잔액을 은행에 있는 금액과 일치시킬 필요가 있다. 그렇지 않다면, 계정에 대한 금액 조정은 실패할 것이다. 여러분 회사가 규제 대상인 경우가 아니더라도, 이는 비즈니스의 연속성에 있어 심각한 문제의 원인이 될 수 있다.

마이크로서비스로 작업하는 금융 시스템인 경우, 일반적으로 따라야 하는 규칙은 모든 금융 거래를 과도하게 마이크로서비스로만 처리하지 말고, 다음 그림처럼 이메일, SMS, 사용자 등록 같은 시스템에 대한 마이크로서비스의 보조 모듈을 생성하는 것이다.

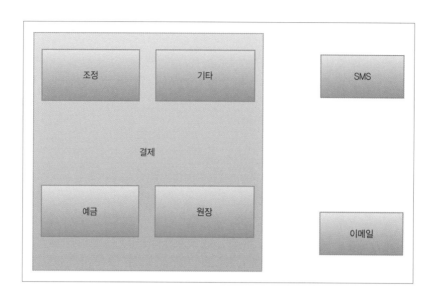

앞의 그림에서 볼 수 있듯이, 결제는 더 작은 서비스 대신 하나의 큰 마이크로서비스가 될 것이라는 사실은 운영 측면에서만 의미를 갖는다. 이전에 본 것처럼 애플리케이션을 모듈화하는 것을 막는 것은 아무것도 없다. ATM에서 돈을 인출하는 것은 원자성 동작atomic operation이어야 한다는 사실(중간 상태 없이 성공이나 실패, 이 둘 중 하나가 돼야 한다)은 애플리케이션 내의 코드를 구조화하는 방법을 지시하지 않는다. 이는 서비스 모듈화를 가능하게 하지만, 트랜잭션 범위를 모든 서비스에 걸치게 한다.

▌ 조직적 정렬

마이크로서비스 기반으로 소프트웨어를 개발하는 회사에서 모든 이해당사자는 각각의 의사 결정에 참여해야 한다.

마이크로서비스는 거대한 패러다임의 변화다. 일반적으로 대규모 조직들은 매우 구식방법으로 소프트웨어를 개발하는 경향이 있다. 몇 달마다 큰 규모로 출시하려면 **품질 보증**QA

단계를 완료하기 위해 항상 며칠이 소요돼야 하고 배포에는 몇 시간, 완료에는 몇 시간이 소요된다.

회사가 마이크로서비스 지향 아키텍트를 구현하기로 결정한 경우, 방법론은 완전히 바뀐다. 작은 기능을 작업하는 소규모 팀들은 자체적으로 개발, 테스트, 배포를 수행한다. 이 때 팀들은 한 가지 작업(하나의 마이크로서비스, 또는 좀 더 현실적으로 몇 개의 마이크로서비스)을 해야 하고, 또 잘 해야 한다(소프트웨어를 개발하는 데 필요한 도메인 및 기술에 대한 지식에 숙달해야 한다).

일반적으로 이런 팀들을 교차 기능팀cross-functional team이라 부른다. 한 작업을 이루는 몇 사람은 고품질의 소프트웨어 컴포넌트를 개발하기 위해 필요한 지식을 가지고 있어야 한다.

교차 기능팀은 팀이 비즈니스 요구사항을 이해하는 데 필요한 도메인 지식에 대한 숙달했는가에 대한 중요한 지표다.

이 점이 필자가 근무한 대부분의 회사에서 (개인적으로 생각하건대) 실패한 부분이다. 개발자들은 신기하게도 이전에 접하지 않은 비즈니스 플로우를 이해하는 벽돌공brick stackers[1]으로 간주된다. 한 명의 개발자가 일주일 동안 X 만큼의 작업을 한다면, 열 명의 개발자는 10X 만큼의 작업을 할 것이다. 그러나, 이것은 잘못된 생각이다.

마이크로서비스를 개발하는 교차 기능팀에 있는 사람들은 효율성을 갖추고 콘웨이의 법칙을 고려하기 위해 도메인 특화 지식을 (알기만 하는 것이 아니라) 숙달해야 한다. 그리고 이것은 시스템에서 비즈니스 프로세스가 동작하는 방법이 변경됨을 의미한다.

마이크로서비스에서 조직적인 정렬에 대해 이야기하자면, 자율성autonomy이 핵심이다.

마이크로서비스를 개발하는 동안 팀이 애자일agile 상태가 되기 위해서는 자율적이어야 한다. 이는 팀 내에서 다음과 같은 기술적 권한을 유지한다는 점을 암시한다.

---

1 단순한 반복작업을 하는 사람이라는 의미다. – 옮긴이

- 사용된 언어
- 코딩 표준
- 문제 해결에 사용되는 패턴
- 소프트웨어의 개발, 테스트, 디버그, 배포를 위해 선택된 도구

기술적 권한은 회사의 소프트웨어를 개발하는 방법에 대해 정의해야 하는 분야이고, 엔지니어링 문제들이 도입될 수 있는 분야이기 때문에 중요한 부분이다.

다음 리스트에서 보여지는 것처럼, 예제에서 코딩 표준을 살펴볼 수 있다.

- 팀에 걸쳐 동일한 코딩 표준을 유지해야 하는가?
- 각 팀은 자체적인 코딩 표준을 갖기 원하는가?

일반적으로, 필자는 항상 80% 규칙에 찬성한다. 즉, 유즈케이스들은 100%가 아닌 80%의 완벽함으로도 충분하다. 이는 코딩 표준을 느슨하게 하고(이러면 다른 분야에도 적용이 가능하다) 어느 정도의 불완전성이나 개인화를 허용하면, 팀들 사이의 마찰을 감소시키는 데 도움이 된다. 또한 엔지니어들이 로깅 전략이나 예외 처리같이 따라야 하는 몇 가지 매우 중요한 규칙을 빠르게 숙지할 수 있다.

코딩 표준이 너무 복잡하면, 팀이 코드를 일반적인 범위 밖의 마이크로서비스로 밀어 넣으려고 시도할 때 마찰이 생긴다(팀은 서비스를 소유하고 있지만, 모든 팀이 서비스에 기여할 수 있음을 기억하라).

▌요약

이번 장에서는 비즈니스 요구에 따라 마이크로서비스로 분할해야 하는 모놀리식 애플리케이션의 구축 원칙에 대해 논의했다. 학습한 바와 같이, **원자성**Atomicity, **일관성**Consistency, **고립성**Isolation, **내구성**Durability의 ACID 설계 원칙은 고품질 소프트웨어를 개발하기 위해 마음속에 염두하고 있어야 하는 개념이다.

또한, 처음부터 아무것도 없는 시스템을 설계하는 것을 가정하지 않는다는 사실도 배웠다. 따라서 비즈니스 요구를 만족시키고 필요한 유연성 수준을 달성하고 탄력적으로 되기 위해, 시스템의 새로운 부분을 개발하는 방법과 기존 시스템을 리팩토링하는 방법을 영리하게 처리해야 할 필요가 있다.

그리고 모놀리식으로 설계된 데이터베이스를 약간 소개했다. 모놀리식 소프트웨어를 마이크로서비스로 분할하는 경우, 일반적으로 데이터를 로컬 데이터베이스로 분할하기 위해서는 몇 시간 동안 시스템을 중지시켜야 하기 때문에, 얼마나 큰 고통을 주는지도 논의했다. 이것은 데이터 저장에 대한 처리 방법을 변경시키는 NoSQL 데이터베이스[2]와 더불어 새로운 트랜드만으로도 완전한 다른 책 한 권을 쓸 수 있는 주제가 된다.

마지막으로, 엔지니어 팀들이 애자일 상태가 되도록 콘웨이의 법칙이 모놀리식 시스템을 마이크로서비스 지향 아키텍처로 전환할 때 어떤 영향을 주는지를 배웠다. 더불어 유연성과 탄력성을 유지하는 반면 효율성을 갖추기 위해 회사에서 여러 팀들이 정렬하는 방법에 대해서도 논의했다.

다음 장에서는 마이크로서비스를 기반으로 완전하게 작동하는 시스템을 구축하기 위해 상당히 일반적인 상식과 더불어, 앞의 세 장에서 설명한 모든 원칙들을 적용해 볼 것이다.

---

2 NoSQL는 기존 관계형 데이터베이스 방식과는 다른 방법으로 데이터를 저장한다. 이를 원서에서는 changing the game of data storage라 표현했다. – 옮긴이

04

첫 번째 Node.js
마이크로서비스 작성

앞에서 견고한 마이크로서비스 지향 소프트웨어를 구축하는 방법을 학습했다. 이제 이러한 모든 개념을 실습하는 시간이다. 이번 장에서는 세네카와 다른 프레임워크를 사용해 마이크로서비스 지향 전자 상거래 애플리케이션을 작성한다. 이들 프레임워크를 통해 마이크로서비스가 지닌 특이성을 활용하는 소프트웨어를 작성할 수 있다.

▌ 마이크로머스 - 개요

이번 장에서는 다음 사항을 다룬다.

- 마이크로서비스 작성 방법
- 마이크로서비스의 크기
- API 생성
- 세네카Seneca와 익스프레스Express의 통합
- 세네카를 이용한 데이터의 저장

이번 장에서는 마이크로서비스에 기반한 (거의) 완전하고 단순한 전자 상거래 솔루션을 작성한다. 이 때 "완전한Full"은 개념적인 관점에서 완전하다는 의미다. 모든 흐름의 처리를 위해서는 책이 몇 권이나 더 필요할 수도 있다. 따라서 당연히 출시 준비 상태로는 완전할 수 없다.

UI는 이 책의 주제와 관련되지 않기 때문에 깊게 다루지 않는다. 그 대신, 다른 모든 마이크로서비스를 집계하고, **단일 페이지 애플리케이션**Single-Page Application, SPA에 소비되는 프런트엔드 API를 생성하는 마이크로서비스를 상세하게 다룰 것이다. 이 마이크로서비스는 현대적인 자바스크립트 프레임워크로 구축된다.

이번 장에서는 다음과 같은 4개의 마이크로서비스를 개발한다.

- **제품 관리자**Product Manager: 고객에게 제품을 제공할 뿐 아니라 데이터베이스에 제품을 추가, 편집, 제거를 담당한다. 이 마이크로서비스는 제품의 추가 및 제거를 위해 잠재적인 관리 사이트에서 부분적으로 공개된다.
- **주문 관리자**Order Manager: 주문과 결제를 담당한다.
- **이메일 전송기**Emailer: 고객에게 이메일의 전달을 담당한다.
- **사용자 인터페이스**UI: 잠재적인 SPA에 다른 마이크로서비스의 기능을 노출한다. 그러나 예제에서는 JSON 인터페이스만 개발할 것이다.

120

이전 장들에서 논의한 개념을 통해 앞의 네 가지 마이크로서비스를 개발할 것이다. 또한 이번 장 마지막 부분에서 가장 일반적으로 발생하는 함정들을 구별해 알아볼 것이다. 이 책의 목표는 독자를 마이크로서비스나 Node.js 전문가로 만드는 것이 아니라, 최고의 설계 원칙과 가장 일반적인 함정을 이해시키는 데 있다. 이와 더불어 스스로 학습하기 위해 필요한 도구를 제공하는 것도 목표로 두고 있다.

다음 배치 다이어그램^{deployment diagram}을 살펴보자.

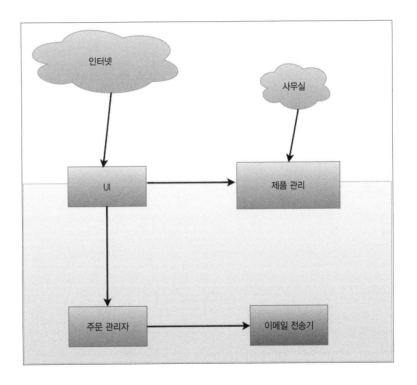

이 다이어그램은 현실 세계에서 예제로 세운 우리 회사(아래의 노란 사각형 부분)가 다음과 같이 마이크로서비스 중 일부를 숨기고, 일부는 다른 네트워크에 노출시키는 방법을 보여준다.

- **사용자 인터페이스**[UI]는 인터넷에 노출된다. 모두가 이 엔드포인트에 접근이 가능하다.
- **제품 관리자**[Product Manager]는 전자 상거래에서 제품을 관리한다. 이 때 다음과 같은 두 가지 인터페이스를 갖는다.
  - UI에서 세네카 엔드포인트는 데이터를 추출하는 곳이다.
  - 회사 사무실에서 JSON API는 제품의 생성과 업데이트, 삭제가 가능하다.
- **이메일 전송기**[Emailer]는 고객과의 통신 채널이 된다. 이 마이크로서비스는 세네카의 장점을 설명하는 데 사용하며, 궁극적인 일관성[eventual consistency]에 대한 예제로 사용한다. 또한 마이크로서비스가 실패하는 경우에는 시스템 저하에 대한 예제로도 사용한다.
- **주문 관리자**[Order Manager]는 고객을 위해 주문을 처리할 수 있도록 한다. 이 마이크로서비스를 통해, 데이터가 시스템에 전역적이 아닌 경우, 즉 각 마이크로서비스에 로컬 데이터인 경우의 처리 방법을 논의할 것이다. 제품 이름이나 가격을 복구하기 위해 데이터베이스에 갈 수는 없기 때문에, 이런 사항은 다른 마이크로서비스에서 복구돼야 한다.

 확인 가능하듯, 여기에는 사용자나 관리 직원이 없다. 그러나 이 네 개의 마이크로서비스를 통해 마이크로서비스 아키텍처의 핵심 개념을 이해할 수 있다. 세네카는 매우 강력한 데이터 및 전송 플러그인 시스템을 제공한다. 이에 따라 다양한 데이터 저장소와 전송 시스템에서 세네카를 쉽게 이용하는 것이 가능하다.

여기서는 모든 마이크로서비스에 대해 MongoDB를 저장소로 사용할 것이다. 세네카는 바로 코딩을 시작할 수 있도록 일시적이고 독립적인 인-메모리[in-memory] 데이터베이스 플러그인을 제공한다. 인-메모리 데이터베이스는 호출들 간에 데이터를 지속하지 않는다.

▌ 제품 관리자 – 두 가지 측면을 갖는 핵심 요소

제품 관리자Product Manager는 시스템의 핵심이다. 필자는 독자 여러분이 어떤 생각을 하는지 알고 있다. 마이크로서비스는 작고micro 분산돼야(중심 부분이 없다) 한다고 생각할 것이다. 그러나 어딘가 개념적인 중심부를 설정해야 한다. 그렇지 않으면 결국에는 파편화된 시스템과 추적성 문제가 발생할 것이다(이 부분에 대해 나중에 다시 논의한다).

세네카를 가지고 이중 APIdual API를 만드는 것은, 익스프레스와 상당히 간단하게 통합할 수 있기 때문에 상당히 쉽다. 익스프레스는 제품 편집, 제품 추가, 제품 삭제 등과 같은 일부 UI 기능을 노출시키는 데 사용된다. 익스프레스는 매우 편리한 프레임워크이며, 배우기 쉽고 세네카와도 잘 통합된다. 또한 익스프레스는 웹 애플리케이션을 위한 Node.js의 사실상의 표준이다. 따라서 가능한 문제들에 대한 정보도 쉽게 찾을 수 있다.

익스프레스는 세네카 TCP(세네카의 기본 플러그인)를 통해 은밀한 부분을 노출시킨다. 따라서 우리의 마이크로서비스(특히, UI) 내부 네트워크는 카탈로그에 있는 제품 리스트에 접근이 가능하다.

제품 관리자는 확장이 가능해야 하지만 작고 응집도도 높아야 한다(제품 관리자는 제품만 관리한다). 동시에 전자 상거래에서 제품을 다루는 데 필요한 관련된 사항도 모두 갖고 있어야 한다.

첫 번째 할 일은 제품 관리자Product Manager 마이크로서비스를 다음과 같이 정의하는 것이다.

- 제품 관리자는 데이터베이스 내의 모든 제품을 검색하는 기능을 가져야 한다. 이 기능은 (페이지네이션pagination[1]이 필요하기 때문에) 생산 시스템에서는 나쁜 아이디어지만, 예제에서는 동작에 지장이 없다.

---

1 페이지에 대해 일련 번호를 정하는 행동을 말하며, (순서를 할당하는) 데이터의 정리로 이해하면 된다. – 옮긴이

- 주어진 범주의 모든 제품을 가져오는 기능을 가져야 한다. 이전 기능과 유사하며, 생산 준비 시스템에서 페이지네이션이 필요하다.
- 식별자(id)를 통해 제품을 추출하는 기능을 가져야 한다.
- 데이터베이스(이 경우에는 MongoDB)에 제품을 추가하는 기능이 있어야 한다. 이 기능은 세네카 데이터 추상화를 이용해 저장소와 마이크로서비스를 분리한다. (이론적으로) 많은 번거로움 없이도 MongoDB에서 다른 데이터베이스로 (또 다시 이론적으로) 전환이 가능하다.
- 제품을 제거하기 위한 기능을 가져야 한다. 이 역시 세네카 데이터 추상화를 이용한다.
- 제품을 편집하기 위한 기능을 가져야 한다.

제품은 네 가지 필드 **name, category, description, price**를 갖는 데이터 구조를 갖는다. 확인할 수 있듯이 이는 다소 간단하지만 마이크로서비스의 복잡한 세계를 이해하는 데 도움이 된다.

제품 관리자 마이크로서비스는 MongoDB(https://www. mongodb.org/)를 이용한다. MongoDB는 문서화 지향의 스키마가 없는 데이터베이스로 제품products 같은 데이터를 저장하기 위해 엄청난 유연성을 허용한다(결국, 종착점은 문서다). 또한 MongoDB는 JSON 객체를 저장하기 때문에 Node.js를 위한 좋은 선택이다. JSON은 자바스크립트를 위해 만들어진 표준으로(JSON은 JavaScript Object Notation을 의미한다), 완벽한 페어링pairing을 이룬다.

MongoDB에 대해 더 배우기 원한다면, MongoDB 웹 사이트에 많은 유용한 정보가 있다.

기능에 대해 코딩을 시작해 보자.

제품 목록 가져오기

제품 목록을 가져오기 위해, 데이터베이스에서 제품의 전체 리스트를 바로 인터페이스로 보낸다. 이 경우 어떠한 페이지네이션 메커니즘도 만들지 않는다. 일반적으로 데이터의 페이지네이션은 데이터베이스(또는 애플리케이션, 주로 데이터베이스에서 사용한다) 성능 문제를 회피하는 좋은 방법이다.

다음 코드를 살펴보자.

```
/**
 * 모든 제품 목록을 가지고 온다.
 */
seneca.add({area: "product", action: "fetch"}, function(args,
  done) {
  var products = this.make("products");
  products.list$({}, done);
});
```

이미 세네카에 데이터베이스에서 모든 데이터를 반환하는 패턴을 알고 있다.

products.list$( ) 함수는 다음과 같은 두 가지 파라미터를 받게 된다.

- 쿼리 기준
- 오류 및 결과 객체를 수신하는 함수(오류 우선 콜백 방식error-first callback approach을 기억하라)

세네카는 list$, save$ 등과 같이 핵심 기능을 식별하기 위해 $ 기호를 사용한다. 객체의 속성 이름에 영숫자 식별자alphanumeric identifiers를 사용하는 한, 이름은 충돌에서 자유롭다.

seneca.add( ) 메소드에서 list$ 메소드로 done 함수를 전달한다. 이것은 오류 우선 방식의 콜백을 따르는 세네카처럼 동작한다. 즉 다음과 같은 코드를 위한 바로가기shortcut를 생성한다.

```
seneca.add({area: "product", action: "fetch"}, function(args,
  done) {
  var products = this.make("products");
```

```
  products.list$({}, function(err, result) {
    done(err, result);
  });
});
```

카테고리 별로 가져오기

카테고리 별로 가져오기는 제품의 전체 리스트를 가져오는 것과 유사하다. 한 가지 차이는 이제 세네카의 동작은 카테고리에 따라 제품의 필터링을 위한 파라미터를 갖게 된다는 점이다.

다음 코드를 살펴보자.

```
/**
 * 카테고리 별로 제품의 리스트를 가져온다.
 */
seneca.add({area: "product", action: "fetch", criteria:
  "byCategory"}, function(args, done) {
  var products = this.make("products");
  products.list$({category: args.category}, done);
});
```

이제 가장 뛰어난 개발자들이 마음속에 먼저 하는 질문 중 하나는 '이것은 주입 공격^{injection} ^{attack}의 완벽한 시나리오가 아닌가?' 이다. 그러나 세네카는 이를 방지할 정도로 충분히 똑똑하다. 따라서 주입 공격과 관련해서는 사용자 입력에 대해 문자열의 연결을 방지하는 것 이상으로 걱정할 필요가 없다.

알 수 있겠지만 (앞의 코드에서 이전 코드와) 한 가지 눈에 띄는 차이는 사용하는 저장소에 따라 생성하는 적절한 쿼리를 세네카 데이터 추상 계층으로 위임하는, category로 불리는 전달 파라미터이다. 마이크로서비스의 경우 이는 매우 강력하다. 이전 내용을 기억하고 있겠지만 결합도^{coupling}를 항상 악의 근원인 것처럼 이야기했다. 이제 결합도를 확실히 방

126

지할 수 있다. 세네카는 결합도를 매우 우아한 방법으로 처리한다. 이 경우 프레임워크는 다양한 저장소 플러그인이 작업에 대해 만족시켜야 하는 계약을 제공한다. 앞의 예제에서, list$는 이러한 계약의 일부이다. 세네카 저장소를 현명하게 사용한다면, 마이크로서비스를 새로운 데이터베이스 엔진으로 전환(일부 데이터를 MongoDB로 이동시키고자 하는 충동이 들지 않았는가?)하는 것은 설정 문제일 뿐이다.

ID 별로 가져오기

ID에 따라 제품을 가져오는 것은 가장 필요한 메소드 중 하나이며, 또한 까다로운 작업이다. 하지만 코딩 관점에서는 다음과 같이 까다롭지는 않다.

```
/**
 * ID에 따라 제품을 가져온다.
 */
seneca.add({area: "product", action: "fetch", criteria: "byId"},
  function(args, done) {
  var product = this.make("products");
  product.load$(args.id, done);
});
```

까다로운 부분은 id를 생성하는 부분이다. id의 생성은 데이터베이스와의 접점 중 하나다. MongoDB는 합성된 ID를 표현하기 위해 해시를 생성한다. 반면 MySQL은 일반적으로 각 레코드를 고유하게 식별하기 위해 자동으로 증가 auto-increment 하는 정수를 생성한다. 이를 고려하면 애플리케이션 중 하나를 MongoDB에서 MySQL로 전환하기를 원하는 경우, 풀어야 하는 첫 번째 문제가 있다. 바로, 무언가를 다음과 같은 서수에 유사하게 보이도록 해시를 어떻게 매핑할지의 문제다.

e777d434a849760a1303b7f9f989e33a

99%의 경우에는 무리가 없지만 주의해야 한다. 앞 장들의 내용을 기억한다면, 특히 ID를 저장하는 경우에 데이터는 각 마이크로서비스에 로컬로 저장해야 한다. 이것은 한 엔티티의 ID에 대해 데이터 타입을 변경하면, 다른 모든 데이터베이스에서 (이 ID를) 참조하는 ID도 변경해야 한다는 것을 의미한다.

제품 추가하기

제품을 추가하는 것은 간단하다. 데이터를 생성하고 데이터베이스에 저장하기만 하면 된다.

```
/**
 * 제품 추가하기
 */
seneca.add({area: "product", action: "add"}, function(args, done) {
  var products = this.make("products");
  products.category = args.category;
  products.name = args.name;
  products.description = args.description;
  products.category = args.category;
  products.price = args.price
  products.save$(function(err, product) {
    done(err, products.data$(false));
  });
});
```

이 메소드에서는 세네카가 제공하는 헬퍼helper인 products.data$(false)를 이용한다. 이 헬퍼는 호출하는 메소드에서 데이터가 반환되는 경우, 우리가 관심을 갖지 않는 네임 스페이스(구역), 엔티티 이름, 기본 이름에 대한 메타데이터 없이 엔티티의 데이터 추출을 가능하게 한다.

128

제품 제거하기

일반적으로 제품의 제거는 id에 의해 수행된다. 기본 키에 따라 제거되기 원하는 특정 데이터를 대상으로 다음과 같이 해당 데이터를 제거한다.

```
/**
 * Removes a product by id.    id에 의해 제품을 제거한다.
 */
seneca.add({area: "product", action: "remove"}, function(args,
  done) {
  var product = this.make("products");
  product.remove$(args.id, function(err) {
  done(err, null);
  });
});
```

이 경우, 무언가 잘못되는 경우의 에러를 제외하면 아무것도 반환하지 않는다. 따라서 마지막으로 이 동작을 호출할 때는, 에러가 없는 경우의 응답은 성공이라 가정한다.

제품 편집하기

제품을 편집하는 동작도 제공해야 한다. 이를 위한 코드는 다음과 같다.

```
/**
 * 먼저 id를 통해 제품을 가져오고 편집한다.
 */
seneca.edit({area: "product", action: "edit"}, function(args,
  done) {
  seneca.act({area: "product", action: "fetch", criteria: "byId",
  id: args.id}, function(err, result) {
  result.data$(
  {
    name: args.name,
```

```
      category: args.category,
      description: args.description,
      price: args.price
    }
  );
  result.save$(function(err, product){
    done(product.data$(false));
    });
  });
});
```

여기에는 흥미로운 시나리오가 있다. 제품을 편집하기 전에, ID를 통해 제품을 가져와야 한다. 이러한 동작을 하는 메소드를 이미 가지고 있다. 따라서 여기서는 ID를 통해 제품을 추출하고, 데이터를 복사하고, 저장하는 기존 동작을 따르면 된다.

이것은 세네카에 의해 도입된 코드 재사용을 위한 멋진 방법이다. 즉 한 액션에서 다른 액션으로 호출을 위임하고, 결과를 갖는 래퍼 액션을 수행할 수 있다.

모든 기능을 연결하기

이전에 배웠듯이 제품 관리자는 두 가지 측면을 갖는다. 첫 번째는 Seneca transport over TCP 이용해 다른 마이크로서비스에 노출되며, 두 번째는 REST 방식으로 익스프레스(웹 애플리케이션을 생성하기 위한 Node.js 라이브러리)를 통해 노출된다.

이제 모든 사항을 함께 연결해 보자.

```
var plugin = function(options) {
    var seneca = this;

    /**
     * 모든 제품의 리스트를 가져온다.
     */
```

```
seneca.add({area: "product", action: "fetch"}, function(args,
  done) {
  var products = this.make("products");
  products.list$({}, done);
});

/**
 * 카테고리에 의한 제품 리스트를 가져온다.
 */
seneca.add({area: "product", action: "fetch", criteria:
  "byCategory"}, function(args, done) {
  var products = this.make("products");
  products.list$({category: args.category}, done);
});

/**
 * id에 의해 제품을 가져온다.
 */
seneca.add({area: "product", action: "fetch", criteria: "byId"},
  function(args, done) {
  var product = this.make("products");
  product.load$(args.id, done);
});

/**
 * 제품을 추가한다.
 */
seneca.add({area: "product", action: "add"}, function(args,
  done) {
  var products = this.make("products");
  products.category = args.category;
  products.name = args.name;
  products.description = args.description;
  products.category = args.category;
  products.price = args.price
  products.save$(function(err, product) {
    done(err, products.data$(false));
  });
```

```
});

/**
 * id를 통해 제품을 제거한다.
 */
seneca.add({area: "product", action: "remove"}, function(args,
  done) {
  var product = this.make("products");
  product.remove$(args.id, function(err) {
    done(err, null);
  });
});

/**
 * 먼저 id를 통해 제품을 가져오고, 제품을 편집한다.
 */
seneca.add({area: "product", action: "edit"}, function(args,
  done) {
  seneca.act({area: "product", action: "fetch", criteria:
    "byId", id: args.id}, function(err, result) {
    result.data$(
      {
        name: args.name,
        category: args.category,
        description: args.description,
        price: args.price
      }
    );
      result.save$(function(err, product){
        done(err, product.data$(false));
      });
    });
  });
}
module.exports = plugin;

var seneca = require("seneca")();
seneca.use(plugin);
```

```
seneca.use("mongo-store", {
  name: "seneca",
  host: "127.0.0.1",
  port: "27017"
});

seneca.ready(function(err){

  seneca.act('role:web',{use:{
    prefix: '/products',
    pin: {area:'product',action:'*'},
    map:{
    fetch: {GET:true},
    edit: {GET:false,POST:true},
    delete: {GET: false, DELETE: true}
    }
  }});
  var express = require('express');
  var app = express();
  app.use(require("body-parser").json());

  // 이것이 세네카와 익스프레스를 통합하는 방법이다.
  app.use( seneca.export('web') );

  app.listen(3000);

});
```

이제 코드를 설명해 보자.

우리는 세네카 플러그인을 만들었다. 이 플러그인은 다양한 마이크로서비스에서 재사용이 가능하다. 이 플러그인은 이전에 설명한 마이크로서비스에 필요한 모든 메소드에 대한 정의를 포함하고 있다.

앞의 코드는 다음과 같은 두 부분으로 설명된다.

- 앞 부분의 몇 라인은 MongoDB를 연결한다. 예제의 경우, MongoDB를 로컬 데이터베이스로 지정한다. 예제는 세네카를 만든 리처드 로저가 작성한 mongo store(https://github.com/rjrodger/seneca-mongostore)로 불리는 플러그인을 사용해 데이터베이스를 연결한다.

- 두 번째 부분은 새로운 부분이다. 이 부분은 앞에서 JQuery를 사용했던 경우라면 익숙할 수 있다. 기본적으로 seneca.ready() 콜백은 해당 호출이 API로 가기 시작 전에 세네카가 MongoDB에 연결되지 않을 수 있다는 사실을 처리한다. seneca.ready() 콜백은 코드가 세네카와 익스프레스를 통합하는 코드가 있는 곳이다.

다음은 앱에 대한 package.json의 구성이다.

```
{
  "name": "Product Manager",
  "version": "1.0.0",
  "description": "Product Management sub-system",
  "main": "index.js",
  "keywords": [
    "microservices",
    "products"
  ],
  "author": "David Gonzalez",
  "license": "ISC",
  "dependencies": {
  "body-parser": "^1.14.1",
  "debug": "^2.2.0",
  "express": "^4.13.3",
  "seneca": "^0.8.0",
  "seneca-mongo-store": "^0.2.0",
  "type-is": "^1.6.10"
  }
}
```

여기서는 마이크로서비스를 실행하기 위해 모든 필요한 구성과 함께 라이브러리를 통제한다.

익스프레스와 통합하기 – REST API 생성 방법

익스프레스와의 통합은 상당히 간단하다. 다음 코드를 살펴보자.

```
seneca.act('role:web',{use:{
  prefix: '/products',
  pin: {area:'product',action:'*'},
  map:{
  fetch: {GET:true},
  edit: {PUT:true},
  delete: {GET: false, DELETE: true}
  }
}});
var express = require('express');
var app = express();
app.use(require("body-parser").json());

// 세네카와 익스프레스를 통합하는 방법을 보여준다.
app.use( seneca.export('web') );

app.listen(3000);
```

이 코드의 일부로, 앞 절에서 다음과 같은 세 개의 REST 엔드 포인트를 제공한다.

```
/products/fetch
/products/edit
/products/delete
```

먼저 해야 하는 일은 세네카에서 구성에서 의미하는 role:web 액션의 실행을 지시하는 것이다. 이 구성은 모든 URL에 /products 접두어를 사용하도록 지시한다. 그리고 {area: "product", action: "*"} 패턴과 일치하는 액션을 결정한다. 이는 새로운 방법이다. 이 방법을 이용하면 세네카가 URL에서 어떤 액션을 실행해도 내포된 area: "product"의 핸들러를 얻을 수 있다. 이는 /products/fetch 엔드포인트가 {area: 'products', action: 'fetch'} 패턴에 일치되는 것을 의미한다. 이 코드는 약간 어려울 수 있지만 익숙해지고 나면 실제로 매우 강력하다. 이 코드는 규칙에 따라 액션을 URL과 완전히 결합해 사용할 것을 강제하지 않는다.

구성에서 속성 맵은 엔드포인트를 통해 실행돼야 하는 HTTP 액션을 지정한다. 가져오기 fetch는 **GET**, 편집edit은 **PUT**, 삭제는 DELETE만 가능하다. 이 방법으로 애플리케이션의 의미를 통제할 수 있다.

그 외의 모든 사항은 익숙할 것이다. 익스프레스 앱을 생성하고 다음과 같은 두 개의 플러그인에 대한 사용을 지정해 보자.

- JSON 바디 파서body parser
- 세네카 웹 플러그인

이게 전부다. 이제 API로 새로운 액션을 노출시키기 위해 세네카의 액션 리스트에 새로운 액션을 추가하려면 해야 하는 유일한 작업이 있다. HTTP 메소드가 가능하도록 맵 속성map attribute을 수정하는 것이다.

아주 간단한 마이크로서비스를 만들었지만 이 마이크로서비스는 **CRUD**Create Read Update Delete 애플리케이션을 생성하는 경우, 상당 부분의 공통적인 패턴을 발견할 수 있다. 세네카 애플리케이션은 외부에 거의 영향을 주지 않는 REST API를 생성했다. 이제 해야 하는 일은 인프라구조(MongoDB)를 구성하고, 마이크로서비스의 배포를 준비하는 것이다.

▌이메일 전송기 – 일반적 문제

이메일은 모든 회사에서 필요로 하는 기능이다. 알림, 청구서, 또는 등록 이메일 전송을 위해 고객과 의사소통을 해야 한다.

필자가 전에 근무했던 회사에서는, 이메일이 전달되지 않거나, 중복해서 전달되거나, 다른 고객에게 잘못된 내용을 보내는 등 항상 문제가 발생했다. 이메일 송신처럼 간단한 사항의 관리가 이처럼 복잡할 수 있다는 사실은 매우 두려운 일처럼 느껴진다.

일반적으로 이메일 통신은 마이크로서비스를 작성하기 위한 첫 번째 적용대상이다. 이에 대해 생각해 보자.

- 이메일은 한 가지 일을 한다.
- 이메일은 (한 가지 일을) 잘한다.
- 이메일은 데이터를 자체적으로 유지한다.

이것은 콘웨이의 법칙Conway's law이 우리 시스템에 별도의 알림 없이 적용되는 방법에 대한 좋은 예이다. 기존 방식에 의해 제한되는 회사 내 의사소통을 모델링한 시스템을 설계해 보자.

이메일 전송 방법

기본사항으로 돌아가 보자. 어떻게 이메일을 보내는가? 이메일을 보내는 데 사용하는 네트워크 프로토콜이나 최소한으로 허용 가능한 헤더에는 무엇이 있는지에 대해 이야기하는 것이 아니다.

비즈니스 관점에서 우리가 이메일을 보내는 데 필요한 것에는 무엇이 있는가에 대해 이야기하는 것이다.

- 제목Title
- 내용Content
- 목적지 주소Destination address

위 사항이 전부다. 승인, 이메일 보안, BCC 등을 함께 다룬다면 처리해야 하는 사항이 더 늘어난다. 그러나 여기서는 린 방법론을 따른다. 즉, 최소한의 가능한 제품으로 시작하고 원하는 결과를 얻을 때까지 (추가기능을) 개발한다.

필자는 프로젝트 어떤 부분에서 이메일 전송에 대한 논란이 많았는지 기억할 수 없다. 하지만 이메일 전달을 위해 선택된 제품은 시스템에 강하게 결합됐고, 실제로 원활하게 교체하기가 힘들었다. 그러나 마이크로서비스는 이러한 문제를 해결했다.

인터페이스 정의하기

쉽게 느껴지겠지만 앞서 언급했듯이 회사 이메일 전송이 제대로 마무리되지 않았다. 따라서 최소한의 요구사항을 명확하게 하는 작업을 먼저 해야 한다.

- 이메일을 렌더링하는 방법은 무엇인가?
  - 이메일 렌더링은 이메일 처리의 제한 컨텍스트bound context에 속하는가?
  - 이메일을 렌더링 하기 위해 또 다른 마이크로서비스를 생성해야 하는가?
  - 이메일을 관리하기 위해 서드파티(라이브러리나 앱)를 사용하는가?
- 이미 보낸 이메일을 감사 목적으로 저장하는가?

이 마이크로서비스를 위해 우리는 Mandrill을 이용할 것이다. Mandrill은 기업 이메일 전송, 이미 전송된 이메일의 추적, 온라인으로 편집 가능한 이메일 템플릿의 생성을 가능하게 해주는 회사다.

우리의 마이크로서비스는 다음과 같은 코드를 보여준다.

```
var plugin = function(options) {
  var seneca = this;
  /**
   * Sends an email using a template email.
   */
  seneca.add({area: "email", action: "send", template: "*"},
    function(args, done) {
// TODO:코드 추가 예정.
  });

  /**
   * Content를 포함하여 이메일을 송신.
   */
  seneca.add({area: "email", action: "send"}, function(args, done) {
// TODO:코드 추가 예정.
  });
};
```

우리는 두 가지 패턴을 가지고 있다. 하나는 템플릿의 사용이며, 다른 하나는 요청에 포함된 콘텐츠의 전송이다.

확인 가능하듯, 여기에 정의한 모든 사항은 이메일에 관련된 정보다. 다른 마이크로서비스가 우리의 이메일 전송에서 확인하는 경우, Mandrill의 용어에서 가져온 것은 없다. 유일하게 Mandrill의 용어를 사용하는 부분은 템플릿의 생성이다. 이메일 전송자에게 템플릿의 생성을 위임하겠지만, 이것은 Mandrill에서 제공하는 기능을 사용하지 않아도 크게 문제되지 않는다. 그렇다 해도 어떤 방법으로든지 콘텐츠를 만들 필요가 있다.

나중에 코드를 다시 살펴볼 것이다.

Mandrill 설정

Mandrill은 사용이 매우 쉬우며, 설정하는 데 문제가 없다. 그러나, 이 책에서는 테스트 모드Test mode를 사용한다. 따라서 이메일은 실제로 전달되지 않고, 필요에 따라 API의 접근이 가능하다는 사실만 보장할 수 있다.

해야 하는 첫 번째 일은 Mandrill 계정을 생성하는 것이다. https://mandrillapp.com 에서 이메일을 등록하기만 하면, 다음 그림처럼 Mandrill의 설정부분에 접근할 수 있다.

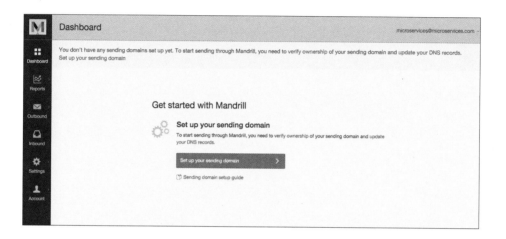

이제 테스트 모드로 들어가기 위해 필요한 계정을 생성했다. 테스트 모드를 실행하기 위해 이메일의 오른쪽 상단을 클릭하고 메뉴에서 Turn on the test mode option를 선택하면 된다. 왼쪽의 Mandrill 메뉴가 주황색으로 변할 것이다.

다음으로 API 키를 생성해야 한다. 이 키는 Mandrill API에서 사용돼야 하는 로그인 정보다. Settings를 클릭하고 SMTP & API Info를 선택한다. 그리고 새로운 키(key를 테스트 키로 체크박스에 표시하는 것을 잊으면 안 된다)를 추가한다. 이제 다음 화면은 다음과 같이 보여져야 한다.

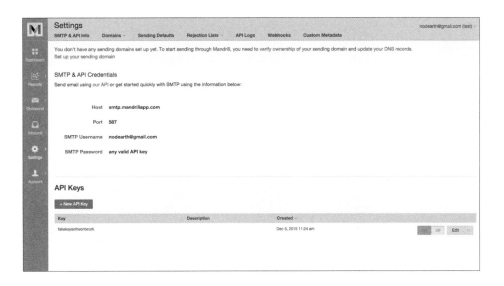

이제 키^{key}는 여러분이 필요한 전부다. API를 테스트해 보자.

```
var mandrill = require("mandrill-api/mandrill");
var mandrillClient = new mandrill.Mandrill("<YOUR-KEY-HERE>");

mandrillClient.users.info({}, function(result){
  console.log(result);
}, function(e){
  console.log(e);
});
```

이러한 몇 가지 라인을 통해, Mandrill이 시작돼 실행되는지, 그리고 우리가 유효한 키를 갖고 있는지를 테스트를 한다. 이 프로그램의 출력은 다음의 JSON과 매우 유사해야 한다.

```
{ username: 'youremail@yourdomain.com',
  created_at: '2015-12-05 10:55:59.02874',
  public_id: 'yourpublicid',
  reputation: 33,
  hourly_quota: 25,
  backlog: 0,
  stats:
   { today:
     { sent: 0,
       hard_bounces: 0,
       soft_bounces: 0,
       rejects: 0,
       complaints: 0,
<...continues...>
```

실습 - 마이크로서비스에 Mandrill 통합하기

이제 모든 것이 준비됐다. 우리는 동작하는 키와 인터페이스를 가지고 있다. 남아있는 유일한 일은 코드를 작성하는 것이다. 지금은 Mandrill API의 아주 작은 부분만 이용한다. 그러나 다른 기능을 이용하기를 원한다면 https://mandrillapp.com/api/docs/에서 추가적인 설명을 찾아볼 수 있다.

이제 다음 코드를 살펴보자.

```
/**
    * content를 포함하여 이메일을 송신
    */
  seneca.add({area: "email", action: "send"}, function(args, done)
   {
   console.log(args);
   var message = {
     "html": args.content,
     "subject": args.subject,
     "to": [{
       "email": args.to,
       "name": args.toName,
```

```
      "type": "to"
    }],
    "from_email": "info@micromerce.com",
    "from_name": "Micromerce"
  }
  mandrillClient.messages.send({"message": message},
    function(result) {
    done(null, {status: result.status});
  }, function(e) {
    done({code: e.name}, null);
  });
});
```

첫 번째 메소드는 템플릿을 사용하지 않고 메시지를 보낸다. 애플리케이션에서 HTML 콘텐츠(와 일부 다른 파라미터)를 얻을 수 있으며, Mandrill을 통해 이러한 콘텐츠를 전달한다.

알 수 있겠지만 외부에 두 개의 접점, 즉 전달돼 들어오는 파라미터와 우리의 액션에 대한 반환값을 가지고 있다. 이 둘 모두 명확한 계약으로 Mandrill 아무런 관계가 없다. 그러나 데이터의 경우는 어떠한가?

오류의 경우, e.name을 반환하며 이는 코드로 가정된다. 어떤 시점에 누군가는 이 **오류 코드**error code에 따라 흐름의 분기를 종료하게 된다. 여기서는 데이터 결합data coupling으로 불리는 무엇인가를 갖게 된다. 소프트웨어 컴포넌트는 이 계약에 의존하지 않지만, 이들은 (흐름을 통해) 전송된 콘텐츠에 의존한다.

이제 질문은 이 문제를 해결하는 방법이다. 우리는 해결할 수 없다. 적어도, 해결하기 위한 쉬운 방법은 없다. 우리의 마이크로서비스가 완벽하지 않고, 결함이 있다고 가정해야 한다. 이메일 제공자를 바꾸는 경우에는 잠재적인 결합도를 확인하기 위해 호출 코드를 다시 확인할 필요가 있다.

소프트웨어 분야에서 일하면서, 이전에 작업한 프로젝트마다 미래에 대비해 가능한 포괄적인 코드를 만들려고 하는 노력을 목격해왔다. 일반적으로, 미래를 예측하려는 것은 독자의 마이크로서비스가 완벽하지 않다고 가정하는 것만큼 나쁠 수 있다. 여기에는 주목할 만한 원인이 있다. 우리는 완벽을 위해 많은 노력을 하지만, 실패할 때도 있다는 점이다. 또한 이 실패를 방지하기 위해 할 수 없는 것이 아무것도 없다는 사실을 간과하기도 한다. 이따금씩 소프트웨어는 실패한다. 우리는 이러한 실패에 대비해야 한다.

나중에 인간의 본성을 마이크로서비스에 반영하는 패턴인 **회로 차단기**^{circuit breaker}를 살펴볼 것이다.

Mandrill이 서명이 없다는 이유로 이메일이 거절된다 해도 놀라면 안 된다. 이는 이메일을 보내는 곳이 어디인지 도메인에서 확인되지 않기 때문이다(테스트의 경우, 존재하지 않는 더미 도메인이다). Mandrill이 실제로 이메일을 처리하기를 원하는 경우(테스트 모드에 있다고 해도), 몇 가지 구성을 추가해 도메인을 확인해야 한다.

더 많은 정보는 아래 주소에 있는 Mandrill 문서에서 확인할 수 있다.
https://mandrillapp.com/api/docs/

이메일을 전송하기 위한 두 번째 메소드는 템플릿에서 이메일을 보내는 것이다. 이 경우 Mandrill은 유연한 API를 제공한다.

- 고객의 리스트에 대해 이메일을 전송하는 경우 API은 수신자 변수마다 제공된다.
- API는 전역변수를 갖는다.
- IAPI는 콘텐츠의 교체를 가능하게 만든다(전체 섹션을 교체할 수 있다).

이 책의 공간이 한정됐기 때문에 편의상 전역 변수를 사용할 것이다.

다음 코드를 살펴보자.

```
/**
 * 템플릿을 통해 이메일을 보낸다.
```

```
*/
seneca.add({area: "email", action: "send", template: "*"},
  function(args, done) {
  console.log("sending");
  var message = {
    "subject": args.subject,
    "to": [{
    "email": args.to,
    "name": args.toName,
    "type": "to"
  }],
  "from_email": "info@micromerce.com",
  "from_name": "Micromerce",
  "global_merge_vars": args.vars,
}
mandrillClient.messages.sendTemplate(
  {"template_name": args.template, "template_content": {},
    "message": message},
function(result) {
  done(null, {status: result.status});
}, function(e) {
  done({code: e.name}, null);
  });
});
```

이제 우리는 Mandrill에서 템플릿을 만들 수 있으며(그리고 다른 사람이 템플릿을 관리하도록
할 수 있다), 이메일을 보내기 위해 템플릿을 이용할 수 있다. 다시 말하지만 우리는 전문적
이다. 우리 시스템은 이메일 전송에 특화돼 있으며, 이메일의 생성은 다른 누군가가 하도
록 남겨두었다(아마도, 마케팅 팀의 누군가는 고객에게 (이메일의 생성 방법에 대해) 이야기하는 방
법을 알고 있을 것이다).

이 마이크로서비스를 분석해 보자.

- **데이터는 로컬에 저장된다**: 실제는 아니지만(Mandrill에 저장된다), 설계 관점에서는
  사실이다.

- **마이크로서비스는 높은 응집도를 갖는다**: 마이크로서비스는 이메일만 전송한다. 즉, 한 가지 일만 하며, 그 일을 잘 처리한다.

- **마이크로서비스의 크기가 적절하다**: 이는 곧 이해할 수 있을 것이다. 불필요한 추상화를 가지고 있지 않아 상당히 쉽게 재작성될 수 있다.

앞에서 SOLID 설계 원칙을 이야기할 때, 항상 **리스코프 치환**Liskov Substitution **원칙**을 나타내는 L에 대해서는 그냥 넘어갔다. 이 원칙은 기본적으로 소프트웨어가 의미론적으로 정확해야 한다는 것을 의미한다. 예를 들어 하나의 추상 클래스를 다루는 객체지향 프로그램을 작성하는 경우, 해당 프로그램은 모든 서브클래스를 처리할 수 있어야 한다.

Node.js로 되돌아가면, 서비스가 일반적인 이메일의 전송을 처리할 수 있는 경우, 기존에 존재하는 기능을 수정하지 않고도 쉽게 기능을 확장하고 추가할 수 있어야 한다.

일상적인 생산 공정의 관점에서 생각해 보자. 시스템에 새로운 기능이 추가되는 경우, 가장 하기 싫은 작업은 기존 기능을 다시 테스트하는 것이다. 이보다 더 나쁜 것은 아무도 인식하지 못했던 버그를 프로덕션으로 전달해 제품에 버그를 도입하는 것이다.

유즈케이스를 만들어 보자. 같은 이메일을 두 명의 수신자에게 보내기를 원한다. Mandrill API는 이를 위한 호출 코드를 허용하지만, 우리는 잠재적인 CC[2]를 반영하지 않았다.

이를 위해 다음과 같이 (두 명의 수신자에게 동일 메일을 보내기 위해) 세네카에 새로운 기능을 추가할 것이다.

```
/**
 * contents를 포함한 이메일을 전송한다.
 */
seneca.add({area: "email", action: "send", cc: "*"},
  function(args, done) {
  var message = {
```

---

2 carbon copy 업무상의 서신이나 이메일을 참조로 받을 사람 앞에 쓴다. – 옮긴이

```
        "html": args.content,
        "subject": args.subject,
        "to": [{
          "email": args.to,
          "name": args.toName,
          "type": "to"
        },{
          "email": args.cc,
          "name": args.ccName,
          "type": "cc"
      }],
      "from_email": "info@micromerce.com",
      "from_name": "Micromerce"
    }
    mandrillClient.messages.send({"message": message},
      function(result) {
      done(null, {status: result.status});
    }, function(e) {
      done({code: e.name}, null);
    });
  });
```

파라미터 리스트에서 cc를 포함해 호출하고, 송신 API에서 Mandrill CC를 이용해 이메일을 보내도록 세네카에 지시했다. API를 사용하기 원하는 경우, 다음과 같이 호출 코드의 서명이 변경될 것이다.

```
seneca.act({area: "email", action: "send", subject: "The Subject",    to:
"test@test.com", toName: "Test Testingtong"}, function(err, result){
// 코드 추가 예정
});
```

서명은 다음과 같은 코드로 변경될 것이다.

```
seneca.act({area: "email", action: "send", subject: "The Subject",
to: "test@test.com", toName: "Test Testingtong", cc: "test2@test.com",
ccName: "Test 2"}, function(err, result){
// 코드 추가 예정
});
```

기억하고 있겠지만, 패턴 매칭은 가장 구체적인 입력에 매칭시키려고 하기 때문에 한 액션이 다른 액션보다 더 많은 파라미터에 일치하는 경우, 호출은 해당 액션으로 가게 된다.

이 부분이 세네카의 효과를 보는 부분이다. 이를 액션의 다형성^{polymorphism}으로 부를 수 있다. 즉, 액션이 동일해도 보유한 매개변수가 조금씩 다른 작업을 수행한다면, 이에 따라 버전을 다양하게 정의할 수 있다. 그리고 이들이 올바르게 작동한다고 100% 확신할 수 있다면 코드를 다시 사용하는 것이 가능하다. (마이크로서비스는 아무것도 공유하지 않는$^{share-nothing}$ 접근 방식을 권고한다. 코드의 반복은 두 가지 동작을 결합하는 것만큼 나쁘지 않을 수 있다).

이메일 전송 마이크로서비스를 위한 package.json은 다음과 같다.

```
{
  "name": "emailing",
  "version": "1.0.0",
  "description": "Emailing sub-system",
  "main": "index.js",
  "keywords": [
  "microservices",
  "emailing"
  ],
  "author": "David Gonzalez",
  "license": "ISC",
  "dependencies": {
  "mandrill-api": "^1.0.45",
  "seneca": "^0.8.0"
  }
}
```

대체 전략

일반적으로 시스템을 설계하는 경우, 기존 컴포넌트에 대한 교체 가능성^{replaceability}을 생각한다. 예를 들어 자바에서 영속성 기술을 사용하는 경우, **표준**(JPA) 방향으로 기우는 경향이 있다. 따라서 너무 많은 노력 없이도 기본적인 구현을 교체할 수 있다.

마이크로서비스는 동일한 방법을 취하지만, 쉬운 교체 가능성을 추구하며 작업하는 대신 문제를 격리시킨다. 이전 코드를 살펴보자. 세네카 액션 내부에서 이메일을 보내기 위해 Mandrill을 사용한다는 사실을 숨기기 위해 한 것은 아무것도 없다.

앞에서 언급했듯이, 이메일은 간단해 보이지만 결국에는 항상 문제가 발생한다.

Gmail 같은 평범한 일반 SMTP 서버로 Mandrill를 교체하기 원한다고 상상해 보라. 특별히 해야 할 작업이 없다. 마이크로서비스의 구현을 변경하고 새로운 버전을 출시하기만 하면 된다.

이 프로세스는 간단히 다음 코드를 적용해서 수행한다.

```
var nodemailer = require('nodemailer');
var seneca = require("seneca")();
var transporter = nodemailer.createTransport({
  service: 'Gmail',
  auth: {
    user: 'info@micromerce.com',
    pass: 'verysecurepassword'
  }
});

/**
 * contents를 포함한 이메일을 전송한다.
 */
seneca.add({area: "email", action: "send"}, function(args, done) {
  var mailOptions = {
    from: 'Micromerce Info <info@micromerce.com>',
    to: args.to,
```

```
    subject: args.subject,
    html: args.body
  };
  transporter.sendMail(mailOptions, function(error, info){
    if(error){
      done({code: e}, null);
    }
    done(null, {status: "sent"});
  });
});
```

가장 간단한 버전의 이메일 전송기는 이메일을 전송하기 위해, 이제 Gmail을 통해 SMTP
를 이용한다.

이 책의 후반부에서 보겠지만, 마이크로서비스 네트워크 내에서 같은 인터페이스에 대해
새로운 버전을 출시하기란 상당히 쉽다. 이 때 인터페이스를 존중한다면, (다른 버전 인터페
이스 사이의) 구현내용은 관련이 없어야 한다.

나머지 고객에게 영향을 주지 않고도(다시 말해 오류도 포함해서), 우리의 구현을 검증하기
위해 한 서버에만 새로운 버전을 출시하고 트래픽 중 일부를 이 새로운 버전으로 보낼 수
도 있다.

이번 절에서는 이메일 송신기를 작성하는 방법을 배웠다. 비즈니스에서 새로운 기능이 요
구되거나, 공급업체가 기술적인 요구사항을 대처하기에 충분하지 않다고 판단된 경우 새
로운 요구사항을 빠르게 적용하는 방법에 대해 몇 가지 예제로 살펴봤다.

▌ 주문 관리자

주문 관리자(order manager)는 UI를 통해 요청하는 주문을 처리하는 마이크로서비스다. 기
억하겠지만, 현대의 시각적 프레임워크를 통해 정교한 단일 페이지 애플리케이션을 생성

하지는 않을 것이다. 이는 이 책의 범위를 벗어나기 때문이다. 그러나 나중에 프런트 엔드 구축이 가능하도록 JSON 인터페이스를 제공할 것이다.

주문 관리자는 흥미로운 문제를 도입한다. 이 마이크로서비스는 이름, 가격, 이용 가능 여부 같은 제품 관련 정보에 접근이 필요하다. 그러나 이런 정보는 제품 관리자 마이크로서비스에 저장된다. 그렇다면 어떻게 해야 하는가?

이 질문에 대한 대답은 간단해 보이지만 어느 정도 고민할 필요가 있다.

마이크로서비스 정의하기 – 비-로컬 데이터 수집 방법

마이크로서비스는 다음과 같은 세 가지 사항을 수행해야 한다.

- 주문 복구
- 주문 생성
- 주문 삭제

주문을 복구하는 경우, 옵션이 간단해야 한다. 기본 키로 주문을 복구할 수 있다. 나아가 가격, 날짜와 같은 다른 기준에 의해 주문이 복구되도록 확장할 수 있다. 그러나, 여기서는 마이크로서비스에 초점을 두기를 원하므로, 가능한 간단하게 주문의 복구를 유지한다.

기존 주문을 삭제하는 경우의 옵션도 명확하다. 주문을 삭제하기 위해 ID를 사용한다. 다시 말하지만 더 향상된 삭제 기준을 선택할 수도 있다. 하지만 지금은 주문 삭제 기능을 간단하게 유지하고자 한다.

문제는 주문을 생성하려고 시도하는 경우에 발생한다. 작은 마이크로서비스 아키텍처에서 주문 생성은, 고객에게 이메일을 보내고 다음과 같은 주문 세부 사항에 따라 명시된 고객의 주문을 처리함을 의미한다.

- 제품 개수
- 제품 별 가격
- 전체 가격
- 주문 ID (이 경우, 고객은 주문과 관련된 정보를 올바르게 입력해 주문이 생성될 수 있도록 해야 한다)

제품의 상세 사항을 복구할 수 있는 방법이 있을까?

이 장의 '마이크로머스-개요' 절을 참조하자. 주문 관리자는 제품 이름, 제품 가격 등을 복구하는 책임을 갖게 되는 UI에서만 호출될 것이다. 다음과 같은 두 가지 전략을 여기에 적용할 수 있다.

- 주문 관리자는 제품 관리자를 호출하고 상세사항을 얻는다.
- UI는 제품 관리자를 호출하고 주문 관리자에게 데이터를 위임한다.

두 가지 옵션 모두 완전히 유효하지만, 지금은 두 번째 옵션을 선택한다. UI는 주문을 생성하는 데 필요한 정보를 수집하고 필요한 모든 데이터가 이용 가능한 경우에만 주문 관리자를 호출한다.

이제 질문에 답해 보자. 왜 그럴까?

이유는 간단하다. 실패의 포용^{failure tolerance}[3]이 그 이유다. 다음과 같이 두 가지 옵션에 대한 시퀀스 다이어그램을 살펴보자.

---

3 문제가 있어도, 시스템에서 해당 문제에 대한 처리를 통해 시스템이 계속 운영 될 수 있도록 한다는 개념이다. – 옮긴이

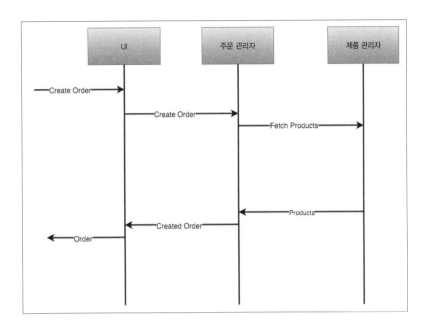

두 번째 옵션에 대한 다이어그램은 다음과 같다.

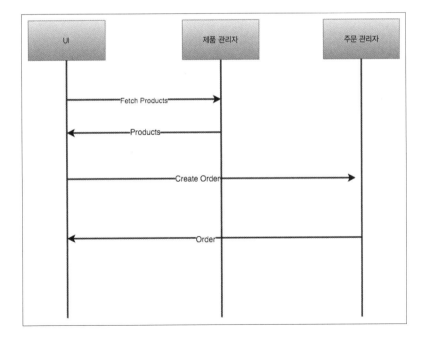

한 눈에 봐도 큰 차이가 있다. 바로 호출의 깊이다. 첫 번째 예제에서는 두 단계의 깊이를 가지를 가지고 있는(UI 는 주문 관리자를 호출하며, 주문 관리자는 제품 관리자를 호출한다)반면, 두 번째 예제는 한 단계의 깊이만 갖는다. 이에 따라 아키텍처에는 다음 같은 몇 가지 즉각적인 영향이 있다.

- 무엇인가 잘못된 경우에, 한 단계의 깊이만 있는 경우, 너무 많은 곳을 확인할 필요가 없다.
- 더 탄력적이다. 무엇인가 잘못된 경우, 마이크로서비스의 UI는 통보를 받는다. 이 경우에는 클라이언트와 마주하는 마이크로서비스 위의 일부 단계에서 발생하는 에러를 변환할 필요 없이 적절한 HTTP 코드가 반환된다.
- 배포와 테스트가 더 쉬워진다. 훨씬 더 쉽지 않겠지만, 여러 가지 작업을 할 필요가 없다. 제품 관리자가 UI에 도달할 수 있는 경우 주문 관리자를 통해 조사하는 대신 바로 확인할 수 있다.

두 가지 수준의 아키텍처 대신 이러한 아키텍처를 사용한다해서 또 다른 상황에도 이 아키텍처가 적합하다는 의미는 아니다. 마이크로서비스 지향 아키텍처를 생성하는 경우 네트워크 토플로지는 변경이 가장 어려운 측면 중 하나이기 때문에, 앞으로 이를 계획해야 한다.

예외적으로, 시스템이 극단적으로 유연하게 되기를 원하는 경우에는 메시징 큐를 이용할 수 있다. 이는 마이크로서비스가 다양한 타입의 메시지를 구독하고, 다양한 서비스에 의해 소비돼야 하는 메시지를 다른 마이크로서비스에 방출하는 출판자/구독자 기법^{publisher/}^{subscriber technology}이다. 그러나 메시징 큐는 실패의 단일 지점을 방지하기 위해 배치가 필요한 인프라스트럭처를 복잡하게 만들 수 있다.

주문 관리자 – 코드

주문 관리자에 대한 코드를 살펴보자.

```
var plugin = function(options) {
  var seneca = this;

  seneca.add({area: "orders", action: "fetch"}, function(args,
    done) {
    var orders = this.make("orders");
    orders.list$({id: args.id}, done);
  });

  seneca.add({area: "orders", action: "delete"}, function(args,
    done) {
    var orders = this.make("orders");
    orders.remove$({id: args.id}, function(err) {
        done(err, null);
    });
  });
}
module.exports = plugin;
```

알 수 있겠지만 이 코드는 복잡한 것이 아무것도 없다. 흥미로운 부분은 생성 액션에서 누락된 코드다.

원격 서비스 호출

지금까지 모든 마이크로서비스가 같은 머신에서 실행된다고 가정했지만, 이는 이상적인 상황과는 거리가 있다. 실제로는 마이크로서비스는 분산되며, 한 서비스에서 다른 서비스로 메시지를 전달하기 위해 몇 가지 전송 프로토콜을 이용한다.

이와 관련해서 nearForm뿐 아니라 세네카와 세네카의 배경이 되는 회사는 여러분과 오픈소스 커뮤니티를 위해 이런 문제를 정리했다.

모듈형 시스템으로 세네카는 플러그인 개념을 포함하고 있다. 기본적으로, 세네카는 프로토콜로 TCP를 사용하기 위한 플러그인을 번들로 제공한다. 그러나 새로운 전송 플러그인의 생성도 어렵지 않다.

이 책을 쓰는 동안, 저자는 다음과 같은 플러그인을 생성했다.
https://github.com/dgonzalez/seneca-nservicebus-transport/

이 플러그인으로 세네카 메시지를 NServiceBus (.NET-based Enterprise Bus)통해 라우팅하고 클라이언트와 서버의 구성을 변경한다.

다양한 머신을 지정할 수 있도록 세네카를 구성하는 방법을 살펴보자.

```
var senecaEmailer = require("seneca")().client({host: "192.168.0.2",port: 8080});
```

기본적으로, '2장, 마이크로서비스, 그리고 세네카와 PM2'에서 본 적 있는 세네카는 전송을 위한 기본 플러그인을 이용한다.

간단히 말해, 지금부터 senecaEmailer에서 act 명령어를 실행하는 경우, 전송은 메시지를 이메일 전송기로 보내고 응답을 수신한다.

코드의 나머지 부분을 살펴보자.

```
seneca.add({area: "orders", action: "create"}, function(args,
  done) {
  var products = args.products;
  var total = 0.0;
  products.forEach(function(product){
    total += product.price;
  });
  var orders = this.make("orders");
```

```
      orders.total = total;
      orders.customer_email = args.email;
      orders.customer_name = args.name;
      orders.save$(function(err, order) {
        var pattern = {
          area: "email",
          action: "send",
          template: "new_order",
          to: args.email,
          toName: args.name,
          vars: {
          // ... 제품을 포함한 템플릿 렌더링을 위한 변수들  ...
          }
        }
        senecaEmailer.act(pattern, done);
      });
    });
```

확인 가능하듯, 필요한 모든 데이터를 갖는 제품 리스트를 수신한다. 그리고 제품 리스트를 이메일로 만들기 위해 이메일 전송기로 보낸다.

이메일 전송기가 있는 호스트를 변경하는 경우, 유일한 변경사항은 senecaEmailer 변수의 구성이다.

채널의 특성을 변경하더라도(예를 들어, 잠재적으로 트위터Twitter를 통해 데이터를 보내는 플러그인을 작성할 수 있다), 플러그인의 특수성을 살펴보고, 애플리케이션에 대해 투명하도록 해야 한다.

완벽함보다는 탄력성

앞 절의 예제에서, 수신하는 호출을 처리하기 위해 또 다른 마이크로서비스를 호출하는 마이크로서비스를 만들었다. 그러나 다음 사항에 유의해야 한다.

- 만약에 이메일 전송기가 다운되는 경우, 어떤 일이 발생하는가?
- 만약에 구성이 잘못되어 이메일 전송기가 올바른 포트에 대해 작동하지 않는 경우, 어떤 일이 발생하는가?

'만약의' 경우를 가정한 상황을 많이 생각할 수 있다.

사람은 불완전하다. 사람이 만드는 것과 소프트웨어도 예외는 아니다. 또한 사람들은 논리적인 흐름에서 발생하는 잠재적인 문제를 잘 인식하지 못한다. 때문에 소프트웨어가 복잡해지는 경향이 있다.

다른 언어에서 예외 처리는 대체로 일상적인 부분이다. 그러나 자바스크립트에서의 예외 처리는 큰 문제다.

- 자바의 웹 애플리케이션에서 예외가 계속 발생하는 경우, 현재의 호출 스택을 종료하고(또는 사용하는 컨테이너), 클라이언트에 대한 오류를 반환한다.
- Node.js 애플리케이션에서 예외가 계속 발생하는 경우, 애플리케이션을 실행하는 하나의 쓰레드를 갖고 있기 때문에 애플리케이션이 종료된다.

확인 가능하듯 Node.js의 거의 모든 단일 콜백은 오류를 첫 번째 파라미터로 갖는다.

마이크로서비스에 대해 이야기할 때, 이런 오류가 특히 중요하다. 여러분은 마이크로서비스가 탄력적으로 되길 원한다. 이메일의 전송의 실패가 주문이 처리되지 못함을 의미하지는 않는다. 이메일은 나중에 데이터를 다시 처리하는 누군가에 의해 수동으로 전송될 수 있다. 이를 최종적인 일관성eventual consistency라 부른다. 다시 말해, 시스템이 어느 시점에는 고장이 난다는 사실을 고려해야 한다.

이메일을 전송하는 데 문제가 있는 경우, 주문을 데이터베이스에 저장할 수 있지만, 호출 코드, 이 경우에는 UI는 고객이 치명적인 메시지나 단순한 경고를 갖고 있을 수 있는지 여부를 결정하기 위해 충분한 정보를 가져야 한다.

"당신의 주문은 이미 처리 준비가 됐습니다. 그러나, 세부적인 주문 사항을 이메일을 발송하기까지 2일이 소요될 수 있습니다. 기다려주셔서 감사합니다."

일반적으로 애플리케이션이 요청을 완료할 수 없는 경우에도 작업할 것이라는 사실은 기술적인 결정보다는 비즈니스적인 결정이다. 이 사실은 마이크로서비스 시스템을 구축할 때, 기존 비즈니스 프로세스와 부분적인 성공을 인간의 본성에 완벽하게 매핑 시키는 모델인 콘웨이의 법칙Conway's law이 기술적인 사람들인 우리를 압박하는 경우 중요하다. 작업을 완료할 수 없는 경우, 에버노트[4](또는, 유사한 도구)에 알림reminder을 생성하고, 문제가 해결되면 다시 제공된다.

비즈니스적인 결정은 다음 문장 이상의 의미를 지닌다.

"무엇인가에 대해 어떤 일이 발생했지만, 우리는 더 이상 이야기할 것이 없다." (일부 웹 사이트에서 일반적인 오류가 발생하는 경우)

이러한 오류 처리 방법은 시스템 성능 저하system degradation이라 부른다. 시스템 성능 저하는 100% 작동하지 않을 수 있지만, 일반적인 실패 대신 일부 기능을 이용하는 것이 가능하지 않은 경우에도 (시스템은) 여전히 작동할 것이다.

잠시만 생각해 보자. 중요하지 않은 서드 파티 서비스에 도달하지 못했다는 이유로 큰 기업 시스템에서 웹 서비스가 전체 트랜잭션을 얼마나 많이 롤백 하겠는가?

이번 절에서는 고객으로부터의 요청을 처리하기 위해 또 다른 마이크로서비스를 호출하는 마이크로서비스를 만들었다. 주문 관리자는 요청을 완료하기 위해 이메일 전송기를 사용한다. 탄력성에 대해서도 이야기했으며, 최상의 서비스를 제공하기 위해 탄력성이 아키텍처에서 얼마나 중요한지 살펴봤다.

---

4 https://evernote.com/intl/ko/를 참조하라. – 옮긴이

▎ UI - API 집합체

지금까지 우리는 독립적인 마이크로서비스를 만들었다. 이들은 특정 목적을 가지고 있으며, 시스템의 특정 기능(이메일 전송, 제품 관리, 주문 처리)을 처리한다. 이제 마이크로서비스 사이에서 통신을 용이하게 만들기 위한 목적을 갖는 마이크로서비스를 만든다.

이제 다른 마이크로서비스와 상호작용하고 고객과 직접 대면하는 마이크로서비스를 만든다.

이번 장의 내용을 계획했던 시점에는 서비스는 지금 같은 형태가 아니었다. 그러나 서비스에 대해 고민했다면, 또 프런트 엔드 마이크로서비스를 상당히 쉽게 나타내는 API 집합에 대한 일부 개념 없었다면, 이번 장은 지금과 같지 않았을 것이다.

프런트엔드 마이크로서비스의 필요성

확장성scalability에 대해 생각해 보라. HTTP 트래픽을 처리하는 경우, 트래픽 피라미드가 있다. 프런트엔드에는 백엔드보다 더 많은 조회 요구가 있다. 일반적으로 백엔드에 도달하기 위해서는 다음과 같은 요청들을 프런트엔드에서 처리해야 한다.

- 폼form 읽기
- 폼 검증
- PRG 패턴 관리(https://en.wikipedia.org/wiki/Post/Redirect/Get)

알 수 있겠지만 프런트엔드에서 처리해야 하는 로직은 상당히 많다. 즉, 소프트웨어가 부하가 높지 않으면 볼 수 없는 용량 문제가 있다. 마이크로서비스를 올바른 방법으로 사용하는 경우 스케일 업scaling up이나 스케일 다운scaling down은 몇 번의 클릭(이나 명령)으로 트리거 될 수 있는 자동 프로세스여야 한다.

코드

지금까지는 대부분 단일 서버에서 코드를 테스트했다. 이는 테스트를 위해서는 괜찮지만, 지금은 마이크로서비스를 개발하고 있으며 마이크로서비스가 분산되기를 원한다. 따라서 이를 달성하기 위해 세네카에 서비스들이 도달하는 방법을 지시해야 할 필요가 있다.

```
var senecaEmailer = require("seneca")().client({
  host: "192.168.0.2",
  port: 8080
});
var senecaProductManager = require("seneca")().client({
  host: "192.168.0.3",
  port: 8080
});
var senecaOrderProcessor = require("seneca")().client({
  host: "192.168.0.4",
  port: 8080
});
```

세 개의 세네카 인스턴스를 생성했다. 이들은 서버 사이의 통신 파이프와 같다.

코드에 대해 설명해 보자.

기본적으로 세네카는 TCP 전송 플러그인을 사용한다. 이는 세네카가 서버의 /act URL에 대한 리스닝을 한다는 것을 의미한다. 예를 들어 senecaEmailer를 생성하는 경우, 세네카가 가리키는 URL은 http://192.168.0.2:8080/act이다.

실제로 curl을 통해 확인할 수 있다. 다음 명령 라인을 실행하는 경우, 유효한 세네카 명령에 의해 〈valid Seneca pattern〉이 교체된다. 액션에 수행되는 두 번째 파라미터는 서버로부터 JSON 형식의 응답을 받아야 한다.

```
curl -d '<valid Seneca pattern>' -v http://192.168.0.2:8080/act
```

세네카의 기본 전송 플러그인은 TCP다. 다른 플러그인을 지정하지 않는다면 세네카는 다른 서 버에 도달하고 호출을 듣기 위해 TCP 플러그인을 사용한다.

쉬운 예제를 살펴보자.

```
var seneca = require("seneca")();
seneca.add({cmd: "test"}, function(args, done) {
  done(null, {response: "Hello World!"});
});

seneca.listen({port: 3000});
```

이 프로그램을 실행시키면 터미널에서 다음과 같은 출력을 확인할 수 있다.

```
2015-12-14T01:23:48.944Z asrwzxwx2u4e/1450920228931/7488/- INFO hello Seneca/0.8.0/asrwzxwx2u4e/1450920228931/7488/-
2015-12-14T01:23:49.102Z asrwzxwx2u4e/1450920228931/7488/- INFO listen {port:3000}
```

이것은 세네카가 3000번 포트에서 리스닝 한다는 것을 의미한다. 이를 테스트해 보자.

```
curl -d '{"cmd": "test"}' -v http://127.0.0.1:3000/act
```

터미널에서 다음 코드와 유사한 결과가 출력돼야 한다.

```
*    Trying 127.0.0.1...
* Connected to 127.0.0.1 (127.0.0.1) port 3000 (#0)
> POST /act HTTP/1.1
> Host: 127.0.0.1:3000
> User-Agent: curl/7.43.0
> Accept: */*
> Content-Length: 15
> Content-Type: application/x-www-form-urlencoded
>
* upload completely sent off: 15 out of 15 bytes
< HTTP/1.1 200 OK
< Content-Type: application/json
< Cache-Control: private, max-age=0, no-cache, no-store
< Content-Length: 27
< seneca-id: i45q1ayb0wl1
< seneca-kind: res
< seneca-origin: curl/7.43.0·
< seneca-accept: asrwzxwx2u4e/1450920228931/7488/-
< seneca-track:
< seneca-time-client-sent: 0
< seneca-time-listen-recv: 0
< seneca-time-listen-sent: 0
< Date: Thu, 14 Dec 2015 01:26:15 GMT
< Connection: keep-alive
<
* Connection #0 to host 127.0.0.1 left intact
{"response":"Hello World!"}%
```

앞의 코드에서, 마지막 라인은 응답 결과를 갖는 터미널과 세네카 서버 사이의 TCP/IP 다
이얼로그다.

따라서 이전에 세네카에 만든 세 개의 서로 다른 인스턴스는 우리의 마이크로서비스 네트
워크를 구성한다. 세네카는 이를 위해 네트워크를 통한 메시지를 전송한다.

다음 다이어그램은 다양한 마이크로서비스를 가진 백엔드에서 단일 API가 다양한 세네카
서버(기본적으로, 다양한 세네카 인스턴스)를 숨기는 방법을 설명한다.

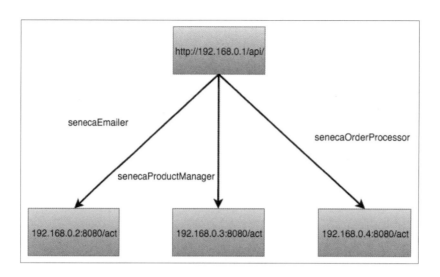

이제 마이크로서비스의 스켈렉톤 코드를 살펴보자.

```
var express = require("express");
var bodyParser = require('body-parser');
var senecaEmailer = require("seneca")().client({
  host: "192.168.0.2",
  port: 8080
});
var senecaProductManager = require("seneca")().client({
  host: "192.168.0.3",
  port: 8080
});
var senecaOrderProcessor = require("seneca")().client({
  host: "192.168.0.4",
  port: 8080
});

function api(options) {
  var seneca = this;

  /**
```

```
    * 전체 제품 리스트를 가지고 온다.
    */
  seneca.add({area: "ui", action: "products"}, function(args,
    done) {
    //  코드 추가
  });

  /**
    * id를 통해 제품을 가져온다.
    */
  seneca.add({area: "ui", action: "productbyid"}, function(args,
    done) {
    //  코드 추가
  });

  /**
    * 주문을 생성한다.
    */
  seneca.add({area: "ui", action: "createorder"}, function(args,
    done) {
    // 코드 추가
  });

  this.add("init:api", function(msg, respond){
    seneca.act('role:web',{ use: {
      prefix: '/api',
      pin: 'area:ui,action:*',
      map: {
        products: {GET:true}
        productbyid: {GET:true, suffix:'/:id'}
        createorder: {POST:true}
      }
    }}, respond)
  });
}
module.exports = api;
var seneca = require("seneca")();
```

```
seneca.use(api);

var app = require("express")();
app.use( require("body-parser").json());
app.use(seneca.export("web"));
app.listen(3000);
```

실제로 다른 마이크로서비스를 호출하는 기능은 나중에 논의하기 위해 남겨두었다. 이제 코드가 연결되는 방법에 초점을 맞춘다.

- api로 불리는 새로운 플러그인을 작성한다(플러그인을 래핑하는 함수의 이름이 api다).
- 플러그인은 다음과 같은 세 가지 동작을 수행한다.
  ○ 모든 제품을 리스트한다.
  ○ ID를 통해 제품을 가져온다.
  ○ 주문을 생성한다.
- 이러한 세 가지 동작은 두 개의 서로 다른 마이크로서비스(제품 관리자와 주문 관리자)를 호출한다. 나중에 이 주제를 다시 살펴보자.

 세네카는 세네카 마이크로서비스에 웹 기능을 제공하기 위해 익스프레스와 단절 없이 통합될 수 있다.

여기까지는 모든 사항이 잘 알려져 있다. 플러그인의 초기화 함수에 대해서는 어떤가?

처음 보기에 이 함수는 어둠의 마술처럼 보인다.

```
this.add("init:api", function(msg, respond){
  seneca.act('role:web',{ use: {
    prefix: '/api',
    pin: 'area:ui,action:*',
```

```
    map: {
      products: {GET:true}
      productbyid: {GET:true, suffix:'/:id'}
      createorder: {POST:true}
    }
  }}, respond)
});
```

이 코드를 설명해 보자.

1. 세네카는 init: ⟨plugin-name⟩ 플러그인을 초기화하기 위해 액션을 호출한다.
2. prefix 인자를 통해 /api 패스 아래의 URL을 리스팅한다.
3. 기본적인 공통 인수를 고정해 세네카에게 URL을 액션에 매핑하도록 지시한다. 이 경우, 모든 seneca.add(..)는 ui 값을 갖는 area라 불리는 인자를 포함한다. 또한, 세네카에 action 인자(값에 상관없이, 우리가 *를 사용하는 이유)를 포함하는 호출의 라우팅을 요청한다. 따라서 action 인자를 지정하지 않은 호출은 무시된다.

뒤따르는 인자(map)는 매칭내 허용되는 메소드를 지정한다.

어떻게 인수 매칭이 되는가?

area 인자는 ui 값으로 고정한 것처럼 명시한다.

action 인자는 존재해야 한다.

URL은 prifix로 지정된 것처럼 /api로 시작해야 한다.

따라서 이러한 정보를 통해, /api/product는 {area: "ui", action: "products"}에 연관된다. 같은 방법으로 /api/createorder는 {area: "ui", action:"createorder"} action 에 연관된다.

Productbyid 인자는 약간 특별하다.

세네카 pin 키워드는 인자-값의 쌍을 갖는 호출 코드를 가정하는 데 사용된다. 따라서 코드를 이해하기란 쉽다. 그러나 주의해야 한다. 암시적인 값들은 가독성에 나쁜 영향을 미칠 수 있다.

이제 이 방법은 간단하지는 않지만 더 쉬워 보인다.

기능을 제공해야 하는 세네카 액션들로 돌아가 보자.

```
/**
 * 제품의 전체 리스트를 가져온다.
 */
seneca.add({area: "ui", action: "products"}, function(args,
  done) {
  senecaProductManager.act({area: "product", action: "fetch"},
    function(err, result) {
    done(err, result);
  });
});

/**
 * id를 통해 제품을 가져온다.
 */
seneca.add({area: "ui", action: "productbyid"}, function(args,
  done) {
  senecaProductManager.act({area: "product", action: "fetch",
    criteria: "byId", id: args.id}, function(err, result) {
    done(err, result);
  });
});

/**
 * 단일 제품을 구매하기 위한 주문을 생성한다.
 */
seneca.add({area: "ui", action: "createorder"}, function(args,
```

```
    done) {
    senecaProductManager.act({area: "product", action: "fetch",
      criteria: "byId", id: args.id}, function(err, product) {
      if(err) done(err, null);
      senecaOrderProcessor.act(area: "orders", action: "create",
        products: [product], email: args.email, name: args.name,
          function(err, order) {
        done(err, order);
      });
    });
  });
});
```

경고! 이번 장에서 작성한 서비스에서는 마이크로서비스 설계와 관련된 개념을 명확히 하기 위해 데이터를 검증하지 않았다. 신뢰하지 않는 시스템 (고객의 입력과 같은)에서 들어오는 데이터는 항상 유효성을 검증해야 한다.

실제로 이전 장들에서 설명한 모든 사항을 이용하고 있다. 그러나, 세네카에 대한 의미론에서는 한 단계 더 나아간다.

우리는 기능 세트가 매우 제한된 API를 생성했다. 그러나, 이들 기능을 통해 다양한 마이크로서비스의 기능을 하나로 합칠 수 있다.

고려해야 하는 세부사항은 주문 액션을 생성하는 데 있어 (마지막에) 중첩되는 호출의 양이다. 이 경우에는 코드를 단순화하기 위해 제품에 대해서만 주문을 생성한다. 그러나, 콜백의 응답을 기다리는 비-차단 액션들non-blocking actions에 대해 너무 많은 호출들이 중첩된다면 결국 프로그램은 읽기 어려운 코드가 쌓인 피라미드가 될 것이다.

이에 대한 해결책은 가져오는 데이터를 리팩토링 하는 방법과, 또는 익명 함수를 재조직화하고 인라인 기능inlining을 방지하는 것이다.

또 다른 솔루션은 Q나 BlueBird(http://bluebirdjs.com/)같은 프라미스promises를 통해 메소드의 흐름을 연결하는 것을 가능하게 하는 프라미스promises 라이브러리를 사용하는 것이다.

```
myFunction().then(function() {
// 여기에 코드를 작성한다.
}).then(function(){
// 추가 코드를 작성한다.
}).catch(function(error){
// 에러 처리를 한다.
});
```

이런 방식으로, 콜백의 바다를 만드는 대신 메소드에 대한 호출을 멋지게 연결한다. 또한 오류가 계속 발생하는 것으로부터 예외를 방지하기 위한 오류 핸들러를 추가한다.

메일 전송기를 제외하고 모든 마이크로서비스에 대한 통신의 중심점으로 UI를 사용한다. 이를 위한 정말 확실한 근거를 살펴보자.

서비스 품질 저하 – 실패가 재앙이 되지 않는 경우

마이크로서비스는 훌륭하다. 정말 이해하기 쉬운 몇 백 라인의 코드로 작은 시스템을 작성한다는 사실을 증명했다.

또한 마이크로서비스는 실패하는 경우에도 우리가 대응할 수 있도록 하기 때문에 훌륭하다.

- 이메일 전송 마이크로서비스가 작동을 중지하는 경우, 어떤 일이 발생하는가?
- 주문 처리기가 작동을 중단하는 경우, 어떤 일이 발생하는가?
- 이러한 상황에서 어떻게 복구할 수 있는가?
- 고객은 어떤 것을 볼 수 있는가?

모놀리식 시스템^{monolithic system}에서 이런 질문은 이치에 맞지 않는다. 아마도 이메일 전송기는 애플리케이션의 일부일 것이다. 특별히 처리되지 않는 경우, 이메일 전송에 대한 실패는 일반적인 오류를 암시한다. 주문 처리기에 대해서도 동일하다.

그러나 마이크로서비스 지향 아키텍처에서는 어떠한가?

이메일 전송기가 일부 이메일을 전달하는 데 실패해도, 심지어 고객이 이메일을 받지 않아도 주문의 처리를 방해하지 않는다. 이것을 성능 저하^{performance degradation}, 또는 서비스 저하^{service degradation}로 부른다. 시스템은 느려질 수 있지만, 일부 기능은 여전히 작동한다.

 서비스 품질 저하는 일반적인 실패로 인한 문제를 발생시키지 않고, 기능을 제거하는 시스템의 능력이다.

주문 관리자에 대해서는 어떠한가? 어쩌면 제품에 관련된 호출을 계속해서 동작시킬 수 있을 것이다. 그러나 더 이상 주문을 진행시키기는 원치 않을 것이다... 그 편이 더 나을 수 있다.

UI 마이크로서비스 대신 주문관리자가 이메일을 보내는 책임을 갖는다는 사실은 우연이 아니다. 우리는 성공 이벤트에 대해서만 판매를 승인하는 이메일을 보내기 원한다. 그리고, 그 외의 경우에는 성공 이메일을 보내는 것을 원치 않는다.

회로 차단기

이전 절에서 장애가 발생하는 경우의 시스템 성능 저하에 대해 이야기 했다. 그러나 IT에서 수 년 동안 작업이라면 모두, 대부분의 경우에 갑자기 실패가 발생하지 않는다는 사실을 알고 있다.

가장 흔한 이벤트는 타임아웃timeout이다. 서버가 일정 시간 동안 바쁘면 요청을 실패하게 만들고 고객에게 끔찍한 사용자 경험을 제공한다.

어떻게 이 특별한 문제를 해결할 수 있는가?

다음 그림에서 보여지는 것처럼 회로 차단기circuit breaker를 통해 이 문제를 해결할 수 있다.

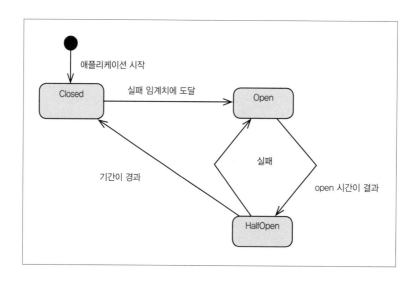

회로 차단기는 애플리케이션이 오동작하는 원인이 될 수 있는 요청이 불안정한 서버에 도달하는 것을 방지하는 메커니즘이다.

앞의 그림에서 볼 수 있듯이, 회로 차단기는 다음과 같은 3가지 상태를 갖는다.

- Closed: 회로가 닫혀진다. 요청은 각 목적지에 도달한다.
- Open: 회로가 열린다. 요청은 회로 차단기를 지날 수 없으며, 클라이언트는 에러를 감지한다. 시스템은 일정 시간이 지난 후 통신을 재시도한다.
- HalfOpen: 회로가 서비스를 다시 테스트한다. 에러가 발생하지 않으면, 요청은 다시 흐를 수 있고, 회로 차단기가 닫힌다.

이같이 간단한 메커니즘을 통해 시스템을 통해 오류가 확산되는 것을 막을 수 있으며 심각한 실패를 방지할 수 있다. 이상적으로 회로 차단기는 비동기적이어야 한다. 즉, 아무런 요청이 없고, 시스템은 정상적인 동작을 계속하기 위해 몇 초나 몇 1000분의 1초마다 잘못된 서비스에 커넥션을 다시 설정하기 위한 시도를 해야 함을 의미한다.

 인간의 본질에서 실패는 공통 분모다. 실패에 대한 준비를 하는 것이 좋다.

회로 차단기는 엔지니어를 지원하기 위한 경고를 할 수 있는 이상적인 위치에 있다. 시스템 특성에 따라 주어진 시스템에 도달하지 못한다는 사실은 심각한 문제를 의미할 수도 있다. 이중 인증 코드를 보내기 위한 SMS 서비스에 도달할 수 없는 은행을 상상이나 할 수 있겠는가? 우리가 아무리 열심히 시도해도 어느 지점에서건 실패는 항상 발생한다. 따라서 실패에 대한 준비를 해야 한다.

 http://martinfowler. com/bliki/CircuitBreaker.html에 회로 차단기에 대한 마틴 파울러 (Martin Fowler)(마이크로서비스 분야의 유명 인사)의 매우 고무적인 기사가 있다.

세네카 – 삶을 더 쉽게 만드는 간단한 퍼즐

세네카 ^{Seneca}는 훌륭하다. 세네카는 개발자가 간단하고 작은 아이디어를 선택하고, 이 아이디어를 어떤 가정도 하지 않고 사실과의 연결점을 갖는 코드 조각으로 전환시키는 것을 가능하게 한다. 액션은 명확한 입력을 가지며, 콜백을 통해 이에 대한 답을 제공하기 위한 인터페이스를 제공한다.

단순히 멋진 방법으로 코드를 재사용하기 위해, 여러분 팀이 애플리케이션의 클래스 구조에 어려움을 겪는 것을 얼마나 많이 경험해 왔는가?

세네카는 **단순함**simplicity에 초점을 맞춘다. 세네카는 객체를 모델링하지 않고, 극단적으로 응집력이 있다. 세네카는 우리 삶을 훨씬 더 쉽게 만드는, 멱등성[5]을 갖는 코드의 작은 부분을 이용해 시스템의 부분들을 모델링한다.

세네카가 삶을 쉽게 만드는 또 다른 방법은 이식성Plugability이다.

이 책에서 작성한 코드를 리뷰한다면, 발견해야 하는 첫 번째 사항은 플러그인이 얼마나 편리한지 여부다.

플러그인은 어느 정도 관련된 한 부류의 액션들을 위해 적절한 수준의 캡슐화encapsulation를 제공한다(이것이 클래스와 유사해 보이는가?).

필자는 항상 과도하게 복잡한 솔루션을 만들지 않으려고 노력한다. 미숙한 추상화로 빠지고, 대부분의 경우 발생할지 여부를 알 수 없는 미래를 위한 코드를 준비하기란 정말 쉽다.

기능을 과도하게 설계하면, 이들에 관련된 코드를 누군가 변경할 때마다 테스트하는 등, 엄청난 유지비용을 소비된다.

세네카는 이런 설계 유형을 방지한다(아니면, 최소한 어렵게 만든다). 세네카를 (포스트–잇post-it 같은) 작은 종이 조각으로 생각하라. 가령 이 종이 조각에는 지난주에 어떤 일이 발생했는지 적어야 한다. 적고자 하는 내용을 포스트–잇에 넣을 수 있을 정도로 영리해야 할 필요가 있다. 내용이 포스트–잇에 들어가기에 너무 조밀한 경우에는 또 다른 포스트–잇으로 분할해야 한다.

또 다른 세네카의 좋은 점은 구성 가능성configurability에 있다. 이전에 본 것처럼, 세네카는 데이터 저장 및 전송을 위한 다양한 통합 기능과 함께 제공한다.

세네카의 중요한 측면은 전송 프로토콜이다. 지금까지 알고 있듯이, 기본적인 전송은 TCP를 통해 수행된다. 그렇지만 메시지 큐를 사용해 이를 수행할 수 있을까? 이러한 구조는 다음과 같다.

---

5 멱등성은 연산을 여러 번 적용해도 결과가 달라지지 않는 성질을 의미한다. – 옮긴이

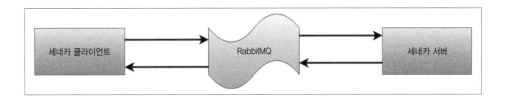

그렇다. 우리는 할 수 있다. 이미 수행되고, 유지되고 있다.

다음 URL은 HTTP 대신 RabbitMQ를 통해 메시지를 보내는 것을 가능하게 만드는 세네카를 위한 플러그인의 URL이다.

https://github.com/senecajs/seneca-rabbitmq-transport

플러그인의 코드를 살펴본다면(매우 복잡해 보이지만 실제로는 그리 복잡하지 않다), 몇 초 안에 어디에서 마법이 발생하는지 발견할 수 있다.

```
seneca.add({role: 'transport', hook: 'listen', type: 'rabbitmq'},
hook_listen_rabbitmq)
  seneca.add({role: 'transport', hook: 'client', type: 'rabbitmq'},
hook_client_rabbitmq)
```

세네카는 메시지의 전송을 위임하기 위한 세네카 액션을 사용한다. 비록 약간의 반복이 보이더라도 이것은 멋진 방법이다!

세네카와 선택된 전송 프로토콜이 작동하는 방법을 이해하고 나면, 세네카를 위한 전송 프로토콜을 바로 작성할 수 있다.

필자가 이 책을 쓰기 위해 세네카를 학습하기 시작했을 때, NServiceBus를 사용하기 위한 전송 플러그인(http://particular.net/)도 작성했다.

NServiceBus는 흥미로운 아이디어로, 다수의 저장소와 AMPQ-호환 시스템에 연결을 가능하게 하며, 이들을 클라이언트로 사용할 수 있다. 예를 들어 SQL 서버 테이블 내에 메시지를 작성할 수 있으며 NServiceBus를 통해 라우팅되면 이들을 메시지의 이력에 즉각적인 감사 기능을 갖는 큐에서 처리할 수 있다.

이러한 유연성을 이용하면 전송 프로토콜의 거의 모든 사항을 플로그인으로 작성할 수 있다.

세네카와 프라미스

앞 장에서 모든 코드는 콜백에 의존한다. 콜백은 코드가 3수준 이상으로 감싸지지 않는 한 괜찮다.

그러나 자바스크립트의 비동기 특성을 관리하는 더 좋은 방법이 있다. 바로 **프라미스**promise다.

다음 코드를 살펴보자.

```
<!doctype html>
<html lang="en">
<head>
  <meta charset="utf-8">
  <title>promise demo</title>
<script src="https://code.jquery.com/jquery-1.10.2.js"></script>
</head>
<body>

<button>Go</button>
<p>Ready...</p>
<div></div>
<div></div>
<div></div>
```

```
  <div></div>

  <script>
var effect = function( ) {
return $( "div" ).fadeIn( 800 ).delay( 1200 ).fadeOut( );
};

$( "button" ).on( "click", function( ) {
  $( "p" ).append( " Started... " );

  $.when( effect( ) ).done(function( ) {
  $( "p" ).append( " Finished! " );
  });
});
  </script>
  </body>
  </html>
```

앞의 코드는 프라미스를 사용하는 JQuery 코드 조각의 예제다.

프라미스의 정의는 다음과 같다.

"어떤 일을 하거나 특별한 사항이 발생할 것이라는 선언이나 보증."

이 뜻은 정확하다. 앞의 코드에서 확인하는 경우 $.when은 프라미스를 반환한다. 우리는 함수가 효과가 얼마나 지속될지는 알지 못한다. 그러나 준비만 갖춰지면 done에 대한 내부 기능이 수행될 것이라는 점을 보장할 수 있다. 이는 콜백과 매우 유사하게 보인다. 하지만 다음 코드를 살펴보자.

```
var Promise = require('bluebird');
var seneca = require('seneca')();

// Promisify the .act() method; 이 기법에 대해 더 알기 원한다면 다음을 참고하라.
// http://bluebirdjs.com/docs/features.html#promisification-onsteroids
```

```
var act = Promise.promisify(seneca.act, seneca);

// 처리된 프라미스를 나타내는 오류를 반환하지 않는 성공적인 메시지
seneca.add({cmd: 'resolve'}, function (args, done) {
  done(null, {message: "Yay, I've been resolved!"});
);

// 프라미스 거부를 강제화하는 오류 반환
 seneca.add({cmd: 'reject'}, function (args, done) {
   done(new Error("D'oh! I've been rejected."));
});

// 콜백 없이 new promisified act( ) 사용
act({cmd: 'resolve'})
  .then(function (result) {
  // 처리가 보장되기 때문에,
  // 결과는 {message: "Yay, I've been resolved!"}가 된다.
  })
  .catch(function (err) {
  // 일반적으로 거부되는 경우 임의의 오류가 발생한다.
  });

act({cmd: 'reject'})
  .then(function (result) {
  // 고의로 오류를 발생시키지 않기 때문에, 이 부분에 접근이 불가능하다.
  })
  .catch(function (err) {
  // 에러는 "D'oh! I've been rejected." 메시지가 나타나도록 설정된다.
  });
```

위 코드는 가상의 예제이므로 실행하려고 하지 마라. 여기에서 하고자 하는 것은 프라미스의 체인을 만드는 것이다. 그리고 파리미드 모양의 프로그램으로 끝나는 대신 수직적인 코드를 만든다. 이것은 읽기가 어려우며, 다음 그림처럼 보여진다.

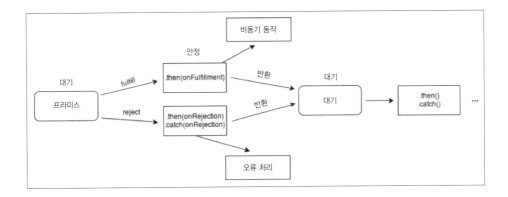

기본적으로 세네카는 프라미스 지향 프레임워크가 아니다. 그러나 (항상은 아니지만) 자바스크립트에서 가장 유명한 프라미스 라이브러리 중 하나인 Bluebird를 사용한다. 따라서 다음과 같이 세네카에서 프라미스를 사용할 수 있다.

```
var Promise = require('bluebird');
var seneca = require('seneca')();

// Promisify the .act() method; 이 기법에 대해 더 알기 원한다면 다음을 참고하라.
// http://bluebirdjs.com/docs/features.html#promisification-onsteroids
var act = Promise.promisify(seneca.act, seneca);

// 처리된 프라미스를 나타내는 오류를 반환하지 않는 성공적인 메시지
seneca.add({cmd:'resolve'}, function (args, done) {
  done(null, {message: "Yay, I've been resolved!"});
);

// 프라미스 거부를 강제화하는 오류 반환
 seneca.add({cmd: 'reject'}, function (args, done) {
   done(new Error("D'oh! I've been rejected."));
});

// 콜백 없이 new promisified act() 사용
act({cmd: 'resolve'})
```

```
  .then(function (result) {
  // 처리가 보장되기 때문에,
  // 결과는 {message: "Yay, I've been resolved!"}가 된다.
  })
  .catch(function (err) {
  // 일반적으로 거부되는 경우 임의의 오류가 발생한다.
  });

act({cmd: 'reject'})
  .then(function (result) {
  // 고의로 오류를 발생시키지 않기 때문에, 이 부분에 접근이 불가능하다.
  })
  .catch(function (err) {
  // 에러는 "D'oh! I've been rejected." 메시지가 나타나도록 설정된다.
  });
```

앞의 코드에는 두 가지 중요한 사항이 있다.

```
var act = Promise.promisify(seneca.act, seneca);
```

이것은 다음과 같이 프라미스 버전의 act 함수와 이 함수의 사용을 생성한다.

```
act({cmd: 'reject'})
  .then(function (result) {
  // 고의로 오류를 발생시키지 않기 때문에, 이 부분에 접근이 불가능하다.
  })
  .catch(function (err) {
  // 에러는 "D'oh! I've been rejected." 메시지가 나타나도록 설정된다.
  });
```

코드의 마지막 부분의 중요한 사항은 다음과 같다. 다음 두 파라미터를 갖는 콜백을 수신
하는 대신

- 오류^{Error}
- 결과^{Results}

다음과 같은 두 메소드를 체인으로 만든다.

- Then: 프라미스가 처리되는 경우 실행된다.
- Catch: 프라미스를 처리하는 동안 오류가 있는 경우 실행된다.

이러한 유형의 구조는 다음과 같은 코드의 작성을 가능하게 한다.

```
act({cmd: 'timeout'})
  .then(function (result) {
  // 타임아웃으로 이 부분에는 절대로 도달하지 않는다.
  })
  .catch(function (err) {
  // err가  gate executer 가 발생시킨 타임아웃 오류를 갖도록 설정
  });
```

이 코드는 이전에 이야기 하지 않은 사항인 게이트 실행기 타임아웃$^{gate\ executor\ timeouts}$을 처리한다. 이것은 세네카가 목표 부분에 도달할 수 없는 상황을 발생시킨다. 그리고 앞에서 본 것처럼 프라미스를 통해 쉽게 처리될 수 있다. 함수가 에러가 있는 경우에만 호출되기 때문에 then 부분은 절대 실행되지 않을 것이다.

시장에는 자바스크립트에서 프라미스를 위해 잘 통합된 일부 옵션이 있다. 요즈음 개인적으로 가장 선호하는 선택사항은 Bluebird(https://github.com/petkaantonov/bluebird)이며, 그 이유는 단순함 때문이다. Q는 AngularJS(가장 인기 있는 SPA 프래임워크 중 하나)에 의해 사용되는 또 다른 선택사항이다. 그러나 일반적인 경우에 Q는 Bluebird보다 더 복잡해 보인다.

▌ 디버깅

Node.js 애플리케이션의 디버깅은 다른 애플리케이션의 디버깅과 매우 유사하다. WebStrom이나 IntelliJ 같은 IDE들은 중단점을 지정하고, 애플리케이션이 해당 라인을 실행할 때마다 실행을 중지할 수 있는 전통적인 디버거를 제공한다.

이러한 IDE 중 하나에 대한 라이선스를 사는 경우가 최상이지만, 무료로 구글 크롬, node-inspector의 사용자들에게 매우 비슷한 결과를 제공하는 차선적인 도구가 있다.

Node-inspector는 Node.js 애플리케이션을 디버깅하기 위해 크롬 디버거의 상당 부분을 사용할 수 있게 해주는 npm 패키지다.

node-inspector가 동작하는 방법을 살펴보자.

1. 무엇보다도, node-inspector의 설치가 필요하다.

```
npm install ?g node-inspector
```

이 명령은 시스템에 node-inspector 명령어를 추가한다. node-inspector 명령어를 실행하면 다음과 같은 결과를 얻게 된다.

```
➜ code node-inspector
Node Inspector v0.12.7
Visit http://127.0.0.1:8080/?port=5858 to start debugging.
```

이것은 디버그 서버를 시작했음을 의미한다.

2. 이제 디버그할 필요가 있음을 나타내는 특수 플래그를 가진 node.js 애플리케이션을 실행해야 한다.
다음 예제와 같이 간단한 세네카 act를 살펴보자.

182

```
var seneca = require( 'seneca' )()
seneca.add({role: 'math', cmd: 'sum'}, function (msg,
  respond) {
  var sum = msg.left + msg.right
  respond(null, {answer: sum})
})

seneca.add({role: 'math', cmd: 'product'}, function (msg,
  respond) {
  var product = msg.left * msg.right
  respond( null, { answer: product } )
})

seneca.act({role: 'math', cmd: 'sum', left: 1, right: 2},
  console.log)
seneca.act({role: 'math', cmd: 'product', left: 3, right: 4},
  console.log)
```

3. 이제 디버그 모드를 실행하기 위해 다음 명령을 실행한다.

```
node index.js --debug-brk
```

URL http://127.0.0.1:8080/?port=5858를 통해 디버거를 액세스한다.

아래의 그림은 전 세계에 모든 개발자가 매우 익숙할 것이라 확신한다. 이 그림은 코드를 보여주는 크롬 디버거다. 처음 라인에서 볼 수 있듯이, 한 라인이 파란색으로 강조돼 있다. 애플리케이션은 이 첫 번째 명령에서 중지된다. 따라서 다음 그림에서 보여지는 것처럼 라인 번호를 클릭하여 중단점을 위치시킬 수 있다.

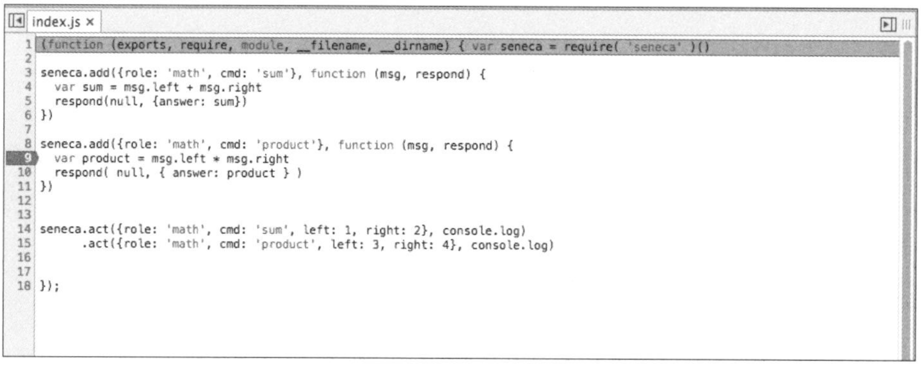

이전 그림에서 확인할 수 있듯이, 중단점을 9번째 라인에 지정했다. 이제 변수에 대한 코드와 값을 탐색하기 하기 위해 컨트롤 패널을 이용할 수 있다.

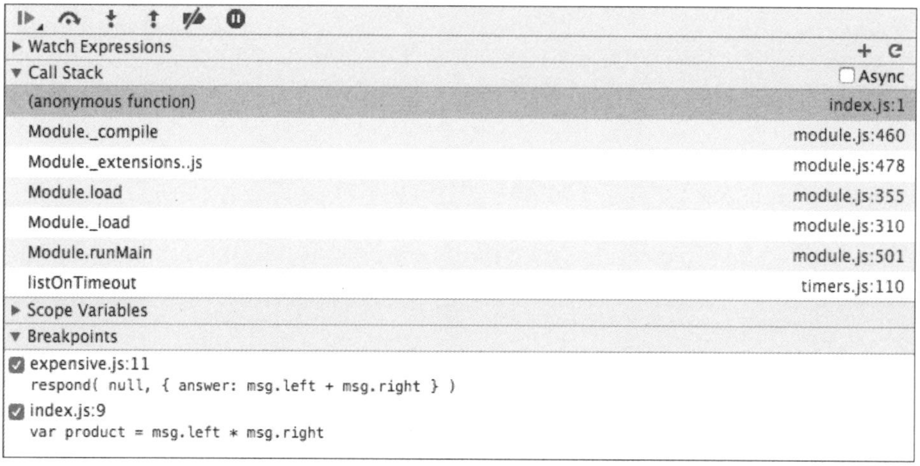

애플리케이션을 디버깅하는 경우, 상단의 컨트롤의 역할은 명확하게 나뉜다.

- 첫 번째 버튼은 play로 불리며, 애플리케이션이 다음 중단점까지 실행하도록 할 수 있다.
- Step over는 현재 파일의 다음 라인을 실행한다.
- Step into는 콜 스택의 더 깊은 다음 라인으로 이동한다. 따라서 우리는 호출에 대한 계층 구조를 볼 수 있다.
- Step out는 step into과 반대로 동작한다.
- Disable breakpoints는 중단점에서 프로그램이 멈추는 것을 방지할 수 있다.
- Pause on exceptions은 이름이 나타내는 것처럼, 예외 시에 프로그램을 중단시킨다(예외를 포착하려고 할 때 매우 유용하다).

play 버튼을 클릭하면, 다음 그림처럼 9번째 라인에서 스크립트가 중단하는 것을 볼 수 있다.

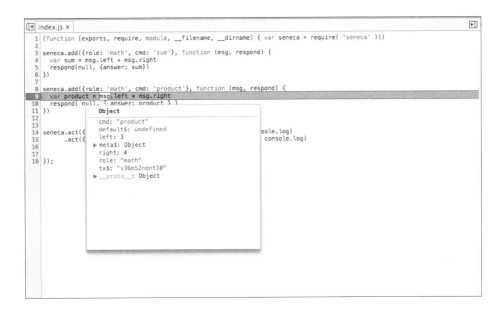

이것은 상당히 좋은 디버거이기 때문에, 변수 이름 위에 커서를 올려 놓으면 변수의 값에 대한 검사가 가능하다.

▌요약

이번 장은 상당히 강렬했다. 함께 오케스트레이션되는 경우, 작동할 수 있는 작은 마이크로서비스의 생태계 구축을 돕는 내용을 많은 내용을 살펴보았다. 일부 간단한 내용이 일부 있었지만, 이 책의 아이디어는 마이크로서비스 지향 소프트웨어의 능력을 보여주는 것이다. 이 단계에서는 독자들에게 세네카와 관련된 일부 테스팅을 수행하도록 권장한다.

웹 사이트의 문서들은 상당히 도움이 되며, 이를 따르는(사용자 인증 같이) 이를 따르는 예제들이 많이 있다. 다른 유형의 플러그인은 물론, 세네카의 다양한 기능을 통한 실험을 가능하게 하는 저장과 전송을 위한 플러그인도 있다.

다음 장에서는 이러한 일부 플러그인에 대해 더 자세하게 살펴본다.

05

보안과 추적성

시스템의 보안은 요즈음 가장 큰 관심 사항 중 하나다. 대기업에서는 정보 유출을 우려하고 있다. 유출된 정보 중 90%는 소프트웨어 개발자의 아주 조그만 초치로도 해결이 가능하다. 이벤트 로깅과 오류 추적에도 유사한 상황이 발생한다. 실제로, 실패를 감사^{audit}하기 위해 누군가 당신이 갖고 있지 않은 로그를 요청할 때까지는 아무도 많은 관심을 두지 않는다. 이번 장에서는 다음과 같은 주제와 함께, 시스템을 안전하고 추적 가능하도록 하는 보안과 로깅의 관리 방법에 대해 논의한다.

- **논리적인 인프라스트럭처 보안**Infrastructure logical security : 통신에 있어 산업 표준 보안 계층의 제공을 위해, 소프트웨어 인프라스트럭처를 보호하는 방법에 대해 논의한다.

- **애플리케이션 보안**^{Application security}: 애플리케이션을 보호하기 위한 일반적인 방법을 소개한다. 출력 인코딩이나 입력에 대한 유효성 검사 같은 방법은 산업 표준이며, 이들은 재앙을 예방할 수 있다.

- **추적성**^{Traceability}: 시스템과 관련된 요청의 수행은 마이크로서비스 아키텍처에서 필수사항이다. 이 작업을 위해 세네카를 이용하며, 이 환상적인 프레임워크에서 정보를 가져오는 방법을 학습할 것이다.

- **감사**^{Auditing}: 소프트웨어를 구축하기 위해 최선을 다해 노력해도 사고가 발생한다. 호출 순서를 재구축하고 정확하게 어떤 일이 발생했는지 확인하는 능력이 중요하다. 시스템에서 필요한 정보의 복구를 가능하게 만드는 방법에 대해 논의할 것이다.

▌ 논리적인 인프라스트럭처 보안

일반적으로 소프트웨어 엔지니어는 인프라스트럭처 보안^{Infrastructure security}이 그들의 전문 영역과는 완전히 다르다는 이유로 무시한다. 그러나 요즘 같이 경력이 데브옵스^{DevOps}방향으로 치우치고 있는 경우, 인프라스트럭처 보안은 무시해서는 안 되는 주제다.

이 책에서는 인프라스트럭처 보안에 대해, 마이크로서비스를 안전하기 유지하기 위한 몇 가지 기본 규칙만 살펴본다.

이 책을 읽는 여러분에게 암호화와 현재 통신보안 유지에 주된 자원 중 하나인, SSH 사용에 관련된 내용 및 예제를 찾아보고 학습할 것을 강력히 추천한다.

SSH - 통신 암호화하기

모든 조직은 특정 서비스에 접근할 수 있는 사람들의 목록을 엄격하게 관리하고 있다. 일반적으로, 이런 서비스를 위한 인증은 사용자 이름과 패스워드를 통해 이루어진다. 그러나, 사용자의 신원을 검증하기 위해 키key 사용도 가능하다.

어떤 인증방법이 사용되든지, 항상 통신은 SSH와 같은 안전한 채널을 통해 수행돼야 한다.

SSH는 **보안 쉘**Secure Shell을 의미하며, 원격 머신에 있는 쉘에 접근하기 위해 사용되는 소프트웨어다. 또한 SSH는 원격 서버에 접근하는 프록시와 터널을 생성하기 위한 매우 유용한 도구가 될 수도 있다.

다음 명령어를 이용하여 SSH가 어떻게 동작하는지 살펴보자.

```
/home/david:(develop) ? ssh david@192.168.0.1
The authenticity of host '192.168.0.1 (192.168.0.1)' can't be
established.
RSA key fingerprint is SHA256:S22/A2/
eqxSqkS4VfR1BrcDxNX1rmfM1JkZaGhrjMbk.
Are you sure you want to continue connecting (yes/no)? yes
Warning: Permanently added '192.168.0.1' (RSA) to the list of known
hosts.
vagrant@192.168.0.1's password:
Last login: Mon Jan 25 02:30:21 2016 from 10.0.2.2
Welcome to your virtual machine.
```

이 경우, 가상 머신의 구축이 용이하도록 Vagrant를 사용한다. Vagrant는 자동 개발 환경을 위한 매우 인기 있는 도구이며, Vagrant의 웹 사이트(https://www.vagrantup.com/)는 유용한 정보로 구성돼 있다.

첫 번째 라인에서, ssh david@192.168.0.1 명령을 실행했다. 이 명령은 사용자 david로 192.168.0.1에서 터미널을 열려고 시도한다.

이 명령이 192.168.0.1의 머신에 대해 처음 실행되기 때문에, 우리의 컴퓨터는 원격 서버를 신뢰하지 않는다.

이것은 /home/david/아래의 known_hosts라 불리는 파일을 유지함으로 수행된다. 예제의 경우에는 .ssh/known_hosts 폴더다(사용자에 따라 달라진다).

이 파일은 키와 관련된 호스트 목록이다. 알 수 있듯, 다음 두 라인은 '호스트를 신뢰하지 못한다'고 설명하며, 검증을 위해 원격 서버가 키의 지문이 유지되고 있음을 표시한다.

```
The authenticity of host '192.168.0.1 (192.168.0.1)' can't be
established.
RSA key fingerprint is SHA256:S22/A2/
eqxSqkS4VfR1BrcDxNX1rmfM1JkZaGhrjMbk.
```

이 시점에서 사용자는 키를 확인함으로써 서버의 ID 식별을 지원한다. 이 작업이 완료되면, SSH에 서버로의 연결을 지시할 수 있으며, 결과적으로 다음과 같은 로그가 발생한다.

```
Warning: Permanently added '192.168.0.1' (RSA) to the list of known hosts.
```

이제 known_hosts 파일을 확인하면, 다음과 같이 해당 키가 추가된 것을 확인할 수 있다.

```
192.168.0.1 ssh-rsa AAAAB3NzaC1yc2EAAAABIwAAAQEAx0/9E+joR8X46RL2V/wbcC15+qmQGPjfXsfpn97GV
OazzNgndR16t6WSxXmUR71fbEsjeZRYdhGp4ckkDh8AZ01MbNPuP6cKWHqy0LtOxXQR5hF/unShU8pwOPPJn8RxPB
ia3SLQ3BskfNxOrUijGqKs1JuRfeQafPuHvsOQ2kJH8PYD2UyEreHuLWiEuaiQuIguG8UiNEUkuIJEAyhD+PGVMLV
khhlTMZ+Pl0BhK7Q/9kF1e8D/ws2iBIB6I3oQx/FGN2dXuLboxODPX7iRgazf8YRv2lIWkKrh+qoD7sjTVCUgMMd4
1TbPIkNf3yrkDUQaRrfdNF0KXQ8JbNuKGhvgw==
```

이 키는 known_hosts 파일에 저장되는 원격 서버의 공개 키public key다.

SSH는 RSA로 불리는 **암호화 알고리즘**cryptography algorithm을 사용한다. 이 알고리즘은 다음 그림에 보이는 것처럼 **비대칭 암호화**asymmetric cryptography와 관련된 개념을 내장하고 있다.

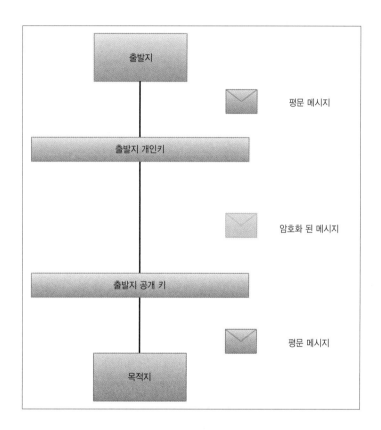

비대칭 암호화는 키의 쌍set of keys에 의존한다. 하나는 공개public 키고, 다른 하나는 개인private 키다. 이름에서 알 수 있듯이, 공개 키는 모두와 공유가 가능하다. 반면 개인 키는 비밀로 유지돼야 한다.

개인 키로 암호화 된 메시지는 공개 키와 관련된 다른 방법으로 복호화될 수 있다. 따라서, (누군가 키의 절반을 취득하지 않고서는) 메시지 차단과 해독은 거의 불가능하다.

이 시점에서 우리의 컴퓨터는 서버의 공개 키를 알고 있으며, 서버의 암호화된 세션을 시작할 수 있다. 터미널을 열면 모든 명령과 명령의 모든 결과는 암호화되어 유선을 통해 전송된다.

이 키는 암호 없이 원격 서버에 연결하기 위해서도 사용이 가능하다. 해야 하는 유일한 작업은 머신에서 SSH 키를 생성하고 known_hosts 파일이 있는 .ssh 폴더 아래 authorized_keys로 불리는 파일을 서버에 설치하는 것이다.

마이크로서비스로 작업하는 경우, 대부분의 다른 머신에 원격으로 로그인할 수 있으며, 이 방법이 더 효과적이다. 그러나 사용자가 개인 키를 누설하는 경우, 인프라스트럭처가 손상될 수 있기 때문에 개인 키를 다루는 방법에 대해서는 매우 세심한 기울여야 한다.

▌ 애플리케이션 보안

애플리케이션 보안Application security은 점점 더 중요해지고 있다. 대규모 회사에서는 클라우드가 인프라스트럭처에 대한 사실상의 표준이 되고 있다. 따라서 예전에는 한 곳에만 데이터를 저장했다면, 이제는 클라우드로 인해 여러 곳에서 데이터를 저장할 수 있게 됐다.

일반적으로 누군가 새로운 비즈니스를 시작하는 경우, 기능적 측면에서 볼 때 제품의 개발에 주로 초점을 맞춘다. 이 때 보안은 주된 중점사항이 아니므로 간과된다.

이는 매우 위험한 사례다. 애플리케이션을 손상시킬 수 있는 주된 보안 위험을 독자가 알 수 있도록 해서 이런 사례를 개선하고자 한다.

안전한 방법으로 개발하는 애플리케이션에 대한 네 가지 주된 보안 포인트는 다음과 같다.

- 주입Injection
- 크로스 사이트 스크립트Cross-site scripting
- 크로스 사이트 요청 위조 토큰 보호Cross-site request forgery token protection
- 오픈 리다이렉션Open redirects

이 절의 마지막 부분에서는 주된 취약점을 배울 수 있지만, 그렇다고 해서 악의적인 공격에 대비할 수 있는 것은 아니다. 일반적으로 소프트웨어 엔지니어가 새로운 기술을 습득해 역량을 향상시키듯이 보안 역시 최신 상태를 유지해야 한다. 아무리 좋은 제품을 만들어도 해당 제품이 안전하지 않다면 누군가 이를 발견하고 그로부터 이익을 취할 수 있다.

일반적인 보안 위협 - 최신 보안 상태 유지 방법

앞서 이야기한 것처럼, 보안은 애플리케이션 개발에 있어 지속적인 주제다. 개발하는 소프트웨어 유형에 상관없이 항상 보안의 영향을 받을 것이다.

필자가 직장 생활 동안에 발견한, 전일제로 근무하는 보안 담당 엔지니어 없이 웹 개발과 관련된 보안을 최신 상태로 유지하는 최상의 방법은 OWASP 프로젝트를 따르는 것이다. OWASP는 Open Web Application Security Project를 의미하며, 이를 주제로 매년 OWASP Top 10이라 불리는 (관련자 사이에) 상당히 흥미로운 문서가 발간되고 있다.

 OWASP Top 10는 2003년 처음 공표됐고, 이 문서의 목표는 개발 커뮤니티에서 애플리케이션을 개발하 는데 있어 가장 일반적인 위협을 인식하도록 하는 것이다.

앞 절에서는 소프트웨어 개발자가 직면할 수 있는 네 가지 주된 보안 문제를 알아봤다. 이런 보안 문제는 전부 다음 절에서 논의 할 것이다.

주입

주입Injection은 우리가 노출될 수 있는 가장 위험한 공격이다. 특히 SQL 주입은 애플리케이션에 영향을 끼치는 가장 일반적인 주입의 형태다. 애플리케이션 쿼리 중 하나에 공격자가 강제로 입력하는 SQL 코드로 구성되며, 이러한 SQL 코드는 회사의 데이터를 손상시킬 수 있는 다른 쿼리를 유도한다.

또 다른 유형의 주입이 있지만, 현재 거의 대부분의 애플리케이션이 관계형 데이터베이스를 사용하기 때문에, SQL 주입SQL injection에 초점을 맞출 것이다.

SQL 주입은 웹 양식이나 임의의 텍스트 입력 같은 검증되지 않은 소스로부터의 입력을 통한, 애플리케이션 내의 SQL 쿼리에 대한 주입이나 조작으로 이루어진다.

다음의 예제를 살펴보자.

```
SELECT * FROM users WHERE username = 'username' AND password = 'password'
```

 절대로 데이터베이스에 일반적인 문장으로 암호를 저장하면 안 된다. 항상 해시를 사용하고 레인보우 테이블 공격(rainbow-table attacks)[1]을 방지하기 위해 이들을 보호해야 한다. 이것은 단지 예일 뿐이다

이 쿼리는 주어진 이름에 해당하는 사용자와 패스워드를 제공한다. 클라이언트 입력에서 쿼리를 만들기 위해서는, 예를 들어 다음 코드와 유사한 코드를 생각할 수 있다.

```
var express = require('express');
var app = express();
var mysql = require('mysql');

var connection = mysql.createConnection({
  host : 'localhost',
  user : 'me',
  password : 'secret',
  database : 'test_db'
});

app.get('/login', function(req, res) {
```

---

2 패스워드 크래킹 의한 방법 중 하나로 레인보우 테이블(rainbow table)은 해시 함수를 사용하여 변환 가능한 모든 해시 값을 저장시켜 놓은 표다. 보통 해시 함수를 이용하여 저장된 비밀번호로부터 원래의 비밀번호를 추출해 내는 데 사용된다. − 옮긴이

```
    var username = req.param("username");
    var password = req.param("password");

    connection.connect();
    var query = "SELECT * FROM users WHERE username = '" + username
      + "' AND password = '" + password + "'";
    connection.query(query, function(err, rows, fields) {
      if (err) throw err;
      res.send(rows);
    });
    connection.end();
});

app.listen(3000, function() {
  console.log("Application running in port 3000.");
});
```

언뜻 보기에 이 코드는 test_db라 불리는 데이터베이스에 접근해서 사용자 이름과 패스워드가 일치하는 사용자가 있는지 확인하는 쿼리를 실행하고, 그 결과를 클라이언트에게 되돌려주는 간단한 프로그램처럼 보인다. 따라서 브라우저를 열고 http://localhost:3000/login username=david&password=mypassword URL로 이동하려고 시도하면 브라우저는 다음 쿼리의 결과를 JSON 객체로 만든다.

```
SELECT * FROM users WHERE username = 'david' AND password = 'mypassword'
```

이상한 것은 없지만, 고객이 우리를 해킹하려고 하면 어떻게 되는가?

다음과 같은 입력을 살펴보자.

```
http://localhost:3000/login?username=' OR 1=1 --&password=mypassword
```

알 수 있겠지만 생성되는 쿼리는 다음 코드와 같다.

```
SELECT * FROM users WHERE username = '' OR 1=1 -- AND password = 'mypassword'
```

SQL에서, -- 문자 시퀀스는 라인의 나머지 부분을 주석으로 만들기 위해 사용되며 유효한 쿼리는 다음과 같다.

```
SELECT * FROM users WHERE username='' OR 1=1
```

쿼리는 사용자 전체 리스트를 반환한다. 우리 소프트웨어가 이 쿼리 결과를 이용해 사용자의 로그인 여부를 처리하는 경우, 심각한 문제가 발생하게 된다. 우리는 유효한 사용자이름을 갖지 않은 누군가에게 시스템 접근 권한을 부여했다.

이는 SQL 주입이 우리에게 영향 끼칠 수 있는 방법의 수많은 예제 중 하나다.

이 경우 쿼리가 신뢰할 수 없는 데이터와 연관됨이 상당히 확실하다. 그러나 필자를 믿어라. 소프트웨어가 더 복잡해진다면 이런 문제를 식별하기란 항상 쉽지 않다.

SQL 주입을 방지하기 위한 방법은 준비된 문장prepared statements을 사용하는 것이다.

입력 유효성 검사

애플리케이션은 주로 양식forms을 통해 사용자와 상호작용을 한다. 일반적으로 이런 양식들은 공격을 유발할 수 있는 자유로운 텍스트 입력 필드를 포함한다.

서버에 손상된 데이터가 들어가는 것을 방지하는 가장 쉬운 방법은 입력 유효성 검사input validation다. 입력 유효성 검사는 이름에서 알 수 있듯이, 앞에서 설명한 상황을 방지하기 위해 사용자로부터의 입력 양식에 대한 검증으로 구성된다.

입력 유효성 검사는 다음과 같은 두 가지 유형이 있다.

- 화이트 리스팅^{White listing}
- 블랙 리스팅^{Black listing}

블랙 리스팅은 위험한 기법이다. 대부분의 경우, 입력하는 시점에 잘못된 사항을 정의하고 검사를 시도하는 것은 단순히 우리가 잘못된 사항을 예상하여 정의하는 것보다 더 많은 노력이 든다.

권장되는 방법은 (그리고, 항상 권장돼 하는 방법은) 사용자로부터 들어오는 데이터를 정규 표현식을 이용해 검증하는 화이트 리스팅 방식이다. 우리는 전화 번호가 어떻게 보여야 하는지 알고 있다. 사용자 이름도 어떻게 보여져야 하는지 알고 있다.

입력 유효성 검사가 항상 쉬운 것은 아니다. 이메일의 유효성에 대해 이해하고 있다면, 지금 이야기하는 것을 이해 할 수 있을 것이다. 이메일 검증을 위한 정규 표현식은 절대로 간단하지 않다.

입력 유효성 검사를 생략하면 심각한 보안 결함이 생겨날 수 있다. 따라서 데이터를 검증하는 쉬운 방법은 없다는 사실 때문에 데이터에 대한 검증이 제한돼서는 안 된다.

입력 유효성 검사는 SQL 주입에 대한 만능 해결책은 아니지만, 크로스 사이트 스크립팅 같은 다른 보안 위협에 도움이 된다.

앞 절의 쿼리에서, 우리는 상당히 위험한 일을 했다. 바로 사용자 입력을 쿼리에 연결시켰다.

이스케이프 라이브러리의 일부를 사용해야 하는 솔루션 중 하나는 다음과 같이 사용자 입력에서 잘못된 부분을 제거할 수 있다.

```
app.get('/login', function(req, res) {
  var username = req.param("username");
  var password = req.param("password");

  connection.connect();
```

```
    var query = "SELECT * FROM users WHERE username = '" +
      connection.escape(username) + "' AND password = '" +
      connection.escape(password) + "'";
    connection.query(query, function(err, rows, fields) {
      if (err) throw err;
      res.send(rows);
    });
    connection.end();
  });
```

이 경우, 사용되는 mysql 라이브러리는 이스케이프 문자에 대한 메소드 세트를 제공한다.
이 라이브러리의 동작 방법을 살펴보자.

```
var mysql = require('mysql');
var connection = mysql.createConnection({
  host: 'localhost',
  username: 'root',
  password: 'root'
});

console.log(connection.escape("' OR 1=1 --"))
```

앞에 작은 스크립트는 이전 예제에서 사용자 이름으로 제공되는 문자열을 이스케이프 처
리한다. 결과는 \' OR 1=1 -- 이다.

알 수 있듯이 escape() 메소드는 위험한 문자를 교체했으며 사용자로부터의 입력에서 잘
못된 부분을 제거했다.

크로스 사이트 스크립팅

XSS로 알려진, **크로스 사이트 스크립팅**Cross-site scripting은 주로 웹 애플리케이션에 영향을 주는 보안 취약점이다. 크로스 사이트 스크립팅은 가장 일반적인 보안 문제다. 이런 공격에서는 누군가 사용자 ID를 도용할 수 있으므로 잠재적으로 고객에게 큰 문제가 될 수 있다.

이 크로스 사이트 스크립팅 공격은 서드 파티 웹 사이트에서 클라이언트 브라우저의 데이터를 훔칠 수 있는 주입 코드를 넣는 것이다. 이를 위한 몇 가지 방법이 있지만, 지금까지 가장 흔한 방법은 클라이언트에서 입력에 이스케이프 처리를 하지 않는 것이다.

일부 인터넷 웹 사이트의 경우, 사용자는 임의의 입력이 있는 주석을 추가할 수 있다. 이 임의의 입력은 원격 서버에서 세션 쿠키(또는 다른 귀중한 정보)를 훔칠 수 있다. 또한, 공격자가 원격 머신에서 사용자 세션을 복제할 수 있는 자바스크립트를 로드시키는 스크립트 태그도 포함시킬 수 있다.

두 가지 종류의 XSS 공격이 있다. 바로 **영구적인**persistent 공격과 **비영구적인**non-persistent 공격이다.

영구적인 유형의 XSS는 웹 사이트에서 사용자에게 표시될 때, 공격으로 분석되는 텍스트의 특정 문자열을 만드는 XSS 공격을 저장하는 것으로 이루어진다. 이 코드는 (포럼의 주석과 같이) 데이터베이스에 저장된 임의의 입력 텍스트를 통해 주입된다.

비영구적인 유형의 XSS는, 잘못된 데이터 처리로 인해 애플리케이션의 비영구적인 부분으로 삽입되는 경우다.

다음 그림을 살펴보자.

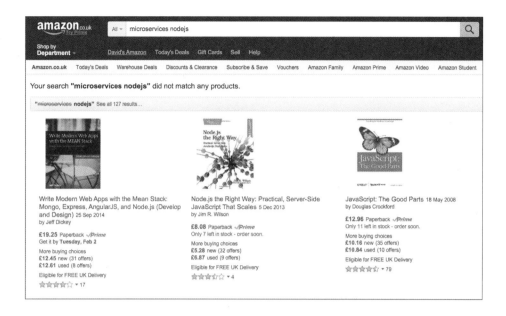

알 수 있겠지만 http://www.amazon.co.uk/에서 책(지금 읽고 있는 이 책)을 검색했다. (이 책이 출간되지 않았기 때문에) 어떤 결과도 생성되지 않았다. 검색어 "microservices nodejs"는 어떠한 제품과도 일치하지 않으며, 출력으로 웹 브라우저에서 입력에 어떤 식으로든 이용할 것을 지정한다. 그리고, 검색 버튼을 클릭하면 아마존은 다음 URL로 리다이렉션한다.

```
http://www.amazon.co.uk/s/ref=nb_sb_noss?url=searchalias%3Daps&field-
keywords=microservices+nodejs
```

아마존 사이트가 안전하다는 사실은 알고 있을 것이다. XSS 공격을 파악했다면, 콘텐츠에 스크립트 태그를 주입하는 요청을 만들기 위해 field-keywords 파라미터의 값을 변경할 수 있었을 것이다. 이는 웹 사이트에 일부 심각한 문제를 야기할 수 있는 공격자가 세션 쿠키를 도용할 수 있도록 가능성을 제공한다.

출력 인코딩

이런 공격을 방지하기 위한 방법은 출력 인코딩output encoding이다. 이번 장의 '입력 유효성 검사 절'에서 `connection.escape()` 사용 예제에서 출력 인코딩을 수행했다. 엄밀히 말하자면, 사용자로부터 입력되는 모든 데이터를 검증하고 서드파티에서 오는 모든 출력을 인코딩해야 한다. 여기에는 시스템의 외부에서 들어오는 정보에 대한 소스뿐 아니라 사용자에 의해 들어오는 입력도 포함된다.

문제를 웹 개발로 축소하는 경우, 다음과 같이 출력 인코딩이 필요한 세 영역을 알아둬야 한다.

- CSS
- 자바스크립트JavaScript
- HTML

가장 문제가 많은 두 부분은 자바스크립트와 HTML이다. 공격자가 많은 노력 없이도 쉽게 정보를 훔칠 수 있다.

일반적으로 앱을 만들 때 어떤 프레임워크를 사용하는지에 상관없이, 프레임워크는 항상 출력을 인코딩하는 함수를 갖고 있다.

크로스 사이트 요청 위조

크로스 사이트 요청 위조CSRF: Cross-site request forgery는 크로스 사이트 요청 스크립팅의 반대다. 크로스 사이트 요청 스크립트에서의 문제는 서버에서 오는 데이터에 있다. 이에 반해, 크로스 사이트 요청 위조에서의 문제는 클라이언트로부터 오는 데이터를 신뢰하는 서버에 있다.

세션 쿠키를 훔친 후, 공격자는 사용자로부터 정보를 훔칠 수 있을 뿐 아니라 쿠키와 관련된 계정 정보를 수정할 수도 있다.

이는 HTTP 요청을 통해 서버에 데이터를 게시함으로 수행된다.

HTTP는 메소드에 따른 요청을 분류한다. 기본적으로 메소드는 요청에 의해 수행돼야 하는 동작을 지정하는 데 사용된다. 가장 흥미로운 네 가지 메소드는 다음과 같다.

- GET: 서버에서 데이터를 가져온다. 이것은 어떤 영구적인 데이터도 수정하면 안된다.
- POST: 서버에 자원을 생성한다.
- PUT: 서버에 자원을 업데이트한다.
- DELETE: 서버에서 자원을 삭제한다.

(PATCH나 CONNECT 같은) 메소드가 더 많이 있지만, 이 네 가지 메소드에 초점을 맞추도록 하자. 알 수 있겠지만 이 네 가지 메소드 중 세 가지는 서버의 데이터를 수정한다. 그리고 유효한 세션을 갖는 사용자는 잠재적으로 데이터를 훔치고, 결제 정보를 생성하고, 물건을 훔치는 등 여러 가지 행동을 할 수 있다.

크로스 사이트 요청 위조 공격을 방지하는 방법은 POST와 PUT, DELETE 엔드포인트를 크로스 사이트 요청 토큰을 통해 보호하는 것이다.

다음 HTML 폼 태그를 살펴보자.

```
<form action="/register" method="post">
  <input name="email" type="text" />
  <input name="password" type="password" />
</form>
```

이 폼 태그는 완전하며 형식적으로 아무런 문제가 없는perfectly valid 경우다. 즉, 웹 사이트의 사용자 등록에 대해 매우 간단하지만 여전히 유효하다. 그러나, 결함도 있다.

우리는 URL과 예상되는 파라미터 리스트를 지정한다. 따라서 공격자는 본체에 두 개의 파라미터(email과 password)가 있는 POST 요청을 발행하는 작은 스크립트를 통해 몇 분 내에 수백 또는 수천 개의 계정을 등록할 수 있다.

이제 다음과 같은 폼 태그를 살펴보자.

```
<form action="/register" method="post">
  <input name="email" type="text" />
  <input name="password" type="password" />
  <input name="csrftoken" type="hidden"
    value="as7d6fasd678f5a5sf5asf" />
</form>
```

csrftoken이라 불리는 여분의 숨겨진 파라미터가 있다는 차이점을 확인할 수 있다.

이 파라미터는 폼이 만들어질 때마다 생성되는 임의의 문자열이다. 따라서 이 추가적인 파라미터를 모든 폼에 추가할 수 있다.

폼이 제출되고 나면, 요청이 유효한 토큰을 가지고 이동하기 위해 csrfttoken 파라미터가 검사된다. 그리고 페이지에 다시 만들어져야 하는 새로운 토큰이 생성된다.

오픈 리다이렉트

애플리케이션이 사용자를 특정 URL로 리다이렉션을 해야 할 때도 있다. 예를 들어 일반적으로 유효한 인증 없이 전용 URL에 도달하는 경우, 사용자는 로그인 페이지로 리다이렉션 된다.

http://www.mysite.com/my-private-page

위는 다음과 같이 리다이렉션될 수 있다.

http://www.mysite.com/login?redirect=/my-private-page

이는 합법적으로 보인다. 사용자는 로그인 페이지로 보내지고, 유효한 자격 증명을 제공하면, /my-private-page로 리다이렉션 된다.

누군가 우리의 사용자 계정을 훔치려고 시도한다면 어떤 일이 발생하는가?

다음 요청을 살펴보자.

http://www.mysite.com/login?redirect=http://myslte.com

위는 mysite.com 대신 myslte.com로 사용자를 리다이렉션 하는 조작된 요청이다. (i가 l로 변경된 것에 주의하라.)

누군가 myslte.com를 mysite.com의 로그인 페이지처럼 보이도록 만들 수 있다. 그리고 소셜 미디어에 앞의 URL을 배포해서 사용자의 password와 username을 훔칠 수 있다. 따라서 사용자는 악의적인 페이지로 리다이렉션될 수 있다.

이 문제에 대한 해결책은 상당히 간단하다. 신뢰하지 못하는 서드파티 웹사이트로 사용자를 리다이렉션하지 말라.

다시 말지만, 이 작업을 수행하는 가장 좋은 방법은 리다이렉션을 위한 대상 호스트를 화이트 리스팅하는 것이다. 기본적으로 우리의 소프트웨어가 고객을 알지 못하는 웹사이트로 리다이렉션 않도록 해야 한다.

효과적인 코드 리뷰

애플리케이션 내의 보안 결함을 감소시키는 가장 효과적인 방법 중 하나는 체계적이고 잘 알려진 코드 리뷰 프로세스를 지속적으로 수행하는 것이다. 일반적으로 코드 리뷰가 갖는 문제는, 항상 코드의 품질을 향상시키지 못하는 일부 의견과 개인적인 선호로 끝난다는 것이다. 그러나 코드 리뷰는 애플리케이션의 취약점을 노출시킬 수 있는 마지막 순간의 변화로 이어질 수 있다.

제품 개발 수명 주기내의 보안 코드 리뷰를 전담하는 단계는 프로덕션 환경으로 전달되는 버그의 양을 크게 줄일 수 있다.

소프트웨어 엔지니어로서 겪는 문제는, 엔지니어들의 사고는 잘 동작하는 것을 만들도록 훈련됐지만, 특히 자신이 구축하는 것에 대해서는 결함을 발견하려는 사고방식이 취약하다는 점이다. 이것이 (개발할 때 수행되는 테스트보다 더 많은) 코드를 스스로 테스트해서는 안 되는 이유이다. 애플리케이션의 보안 테스트에 대해서는 더 말할 것도 없다.

그러나 우리는 팀으로 작업하고 있으므로 다른 사람의 코드를 리뷰할 수 있다. 이 때 코드 리뷰를 효과적인 방법으로 수행해야 한다.

코드 리뷰는 소프트웨어를 작성하는 데 필요한 만큼의 많은 두뇌 활동이 필요하다. 특히 복잡한 코드를 리뷰하는 경우에는 더 그렇다. 같은 기능을 리뷰 하는 데 두 시간 이상을 소비해서는 안 된다. 중요한 결함을 놓치게 되고, 세부 사항에 대한 주의가 걱정 수준으로 감소할 것이기 때문이다.

마이크로서비스 기반 아키텍처에서 기능이 적당한 시간 동안 파악할 수 있도록 작아야 한다는 점은 크게 문제되지 않는다. 특히, 코드의 작성자가 어떤 것을 작성하려고 했는지에 대해 이야기하는 경우에는 기능이 작다는 것은 문제가 되지 않는다.

항상 다음 같은 두 단계의 리뷰를 수행해야 한다.

- 큰 그림을 얻기 위해 코드를 빠르게 검토한다. 코드가 어떻게 작동하는지, 사용되는 기술 중 익숙하지 않은 기술은 어떤 것이 있는지, 코드에 대한 지원이 어떻게 수행되는지 등을 파악한다.
- 검토를 위한 체크리스트 항목에 따라 코드를 리뷰한다.

이 항목의 리스트는 미리 결정돼 있어야 하며, 회사에서 구축하는 소프트웨어의 특성에 따라 달라진다.

일반적으로 코드 리뷰 동안 코드 보안 관심 사항에 관련된 점검 항목 리스트는 상당히 방대하다. 이를 다음 구성 요소에 따라 범위를 좁힐 수 있다.

- 모든 입력이 적용되는 경우 검사/인코딩 됐는가?

- 로그를 포함한 모든 출력이 인코딩 됐는가?

- 크로스 사이트 요청 위조 토큰으로 엔드포인트를 보호하고 있는가?

- 모든 사용자의 자격 증명이 암호화 되거나 데이터베이스 내의 해시로 처리됐는가?

이 목록을 통해 코드를 검사하는 경우, 애플리케이션의 보안과 관련된 가장 큰 이슈를 식별할 수 있다.

추적성

추적성^{Traceability}은 현대의 정보 시스템에서는 매우 중요하다. 추적성은 마이크로서비스에 민감한 문제지만 세네카를 사용하면 훌륭하게 해결할 수 있다. 세네카는 요청을 시스템에서 따라가면서 확인하기 쉽게 만들기 때문에, 실패에 대한 감사^{audit}를 할 수 있다.

로깅

세네카는 로깅에 상당히 유용하다. 세네카에는 (시스템이 동작하는 경우) 동작하는 방법에 대한 정보를 얻기 위해, 설정이 가능한 옵션이 상당히 많다.

작은 애플리케이션에서 로깅이 작동하는 방법을 살펴보자.

```
var seneca = require("seneca")();

seneca.add({cmd: "greeter"}, function(args, callback){
  callback(null, {message: "Hello " + args.name});
});

seneca.act({cmd: "greeter", name: "David"}, function(err, result) {
```

```
    console.log(result);
  });
```

이것이 작성 가능한 가장 간단한 세네카 애플리케이션이다. 다음과 같이 이 애플리케이션을 실행해 보자.

```
seneca node index.js
2016-02-01T09:55:40.962Z 3rhomq69cbe0/1454579740947/84217/- INFO hello Se
neca/1.0.0/3rhomq69cbe0/1454579740947/84217/-
{ message: 'Hello David' }
```

위는 기본 로깅 구성의 갖는 앱의 실행 결과다. 코드에서 사용한 console.log( ) 외에도 세네카가 기록하는 일부 내부 정보가 있다. 때로는 어떤 잡음도 없이 애플리케이션을 디버깅 할 수 있도록 애플리케이션이 만들어내는 사항을 기록하고 싶을 수도 있다. 이 경우, 다음 명령만 실행하면 된다.

```
seneca node index.js --seneca.log.quiet
{ message: 'Hello David' }
```

그러나 시스템이 이상하게 동작하는 경우가 있다(또는, 사용되는 프레임워크에 버그도 있다). 이 경우 어떤 일이 발생하는지에 대한 모든 정보를 얻기를 원한다. 세네카는 다음 명령에서 볼 수 있듯이, 이러한 기능도 지원한다.

```
seneca node index.js --seneca.log.print
```

위의 명령어는 끝없는 양의 정보를 화면에 출력할 것이지만 별다른 도움이 되지 않는다.

세네카로 만들어지는 로그의 양을 감소시키기 위해, 출력으로 기록될 내용을 세밀하게 제어할 수 있다. 다음 라인을 살펴보자.

```
2016-02-01T10:00:07.191Z dyy9ixcavqu4/1454580006885/85010/- DEBUG
register install transport {exports:[transport/utils]} seneca-8t1dup
2016-02-01T10:00:07.305Z dyy9ixcavqu4/1454580006885/85010/- DEBUG
register init seneca-y9os9j
2016-02-01T10:00:07.305Z dyy9ixcavqu4/1454580006885/85010/- DEBUG plugin
seneca-y9os9j DEFINE {}
2016-02-01T10:00:07.330Z dyy9ixcavqu4/1454580006885/85010/-
DEBUG act root$ IN o5onzziv9i7a/b7dtf6v1u9sq cmd:greeter
{cmd:greeter,name:David} ENTRY (mnb89) - - -
```

이들은 앞의 코드 예제에 대한 로그 출력에 있는 임의의 라인이지만 유용한 정보를 준다.
이러한 로그 항목들은 세네카 프레임워크에서 (플러그인, 레지스터, 동작 같은)다양한 액션에
대한 디버깅−수준 로그 라인이다. 세네카는 확인하고 싶은 디버깅 수준이나 액션의 제어
방법을 제공해 이들을 필터링할 있다. 다음 예제를 살펴보자.

```
node index.js --seneca.log=level:INFO
```

위 코드는 INFO 수준에 관련된 로그만 출력한다.

```
seneca node index.js --seneca.log=level:INFO
2016-02-04T10:39:04.685Z q6wnh8qmm1l3/1454582344670/91823/- INFO hello
Seneca/1.0.0/q6wnh8qmm1l3/1454582344670/91823/-
{ message: 'Hello David' }
```

또한 관심 있는 액션 타입의 따라 필터링을 할 수 있다. 마이크로서비스에 대한 작업을 하
는 경우, 작업 과정 내에서 발생한 이벤트 체인을 파악하는 것은 실패를 감사하기 위해 주
의를 기울일 필요가 있는 우선 사항 중 하나다. 세네카가 제공하는 로깅을 통제와 더불어,
다음 명령어를 간단하게 실행할 수 있다.

```
node index.js --seneca.log=type:act
```

위 코드는 다음과 같은 출력을 표시한다.

확인 가능하듯이 앞의 모든 라인은 act 타입과 관련돼 있다. 또한 위에서 아래로 명령의 출력을 따라가는 경우, 세네카가 반응하는 일련의 이벤트와 해당 순서를 정확하게 확인할 수 있다.

요청 추적

요청 추적Tracing requests은 매우 중요한 활동이며, 특히 금융 관련 작업을 하는 경우에는 법적 요구사항이다. 이전에도 언급했지만 세네카는 요청을 훌륭하게 추적한다. 모든 호출에 대해 세네카는 고유한 식별자를 생성한다. 이 식별자는 다음과 같이 호출이 진행하는 모든 경로를 통해 추적이 가능하다.

```
var seneca = require("seneca")();

seneca.add({cmd: "greeter"}, function(args, callback){
  console.log(this.fixedargs['tx$']);
  callback(null, {message: "Hello " + args.name});
});
seneca.act({cmd: "greeter", name: "David"}, function(err, result) {
  console.log(this.fixedargs['tx$']);
});
```

여기에서 세네카의 터미널에 대한 트랜잭션 ID를 포함하는 딕셔너리dictionary를 로깅한다. 따라서 코드를 실행하는 경우, 다음과 같은 결과를 얻게 된다.

```
2016-02-04T10:58:07.570Z zl0u7hj3hbeg/1454583487555/95159/- INFO hello
Seneca/1.0.0/zl0u7hj3hbeg/1454583487555/95159/-
3jlroj2n91da
3jlroj2n91da
```

세네카가 모든 요청을 추적하는 방법을 확인할 수 있다. 프레임워크는 ID를 할당하고, 엔드포인트에 걸쳐 ID를 전파한다. 이 경우, 모든 엔드포인트는 로컬 머신에 있다. 엔드포인트를 여러 머신으로 분배되는 경우에도 ID는 여전히 동일하다.

이 고유한 ID를 이용하면 시스템 내에서 고객 데이터의 이동을 재구성할 수 있다. 그리고 관련된 타임스탬프를 통해 요청을 정렬할 수 있다. 모든 액션이 실행 시간이 얼마나 되는지, 지연 관련 문제로는 무엇이 있는지, 사용자가 무엇을 하고 있는지 등에 관해 정확한 정보를 얻을 수 있다. 일반적으로 회로 차단기 출력 정보와 결합된 로깅은 매우 짧은 시간 프레임 내에 엔지니어가 문제를 처리할 수 있도록 한다.

감사

지금까지 로그를 데이터로 출력하기 위해 console.log( )를 사용했다. 하지만 이것은 좋은 사례가 아니다. 로그 형식을 망가뜨리고, 표준 출력으로 내용을 넘겼기 때문이다.

세네카는 이런 상황을 해결한다.

```
var seneca = require("seneca")();

seneca.add({cmd: "greeter"}, function(args, callback){
  this.log.warn(this.fixedargs['tx$']);
  callback(null, {message: "Hello " + args.name});
});

seneca.act({cmd: "greeter", name: "David"}, function(err, result) {
  this.log.warn(this.fixedargs['tx$']);
```

```
});
```

다음과 같이 세네카가 생성하는 출력을 살펴보자.

```
seneca node index.js
2016-02-04T11:17:28.772Z wo10oa299tub/1454584648758/98550/- INFO hello
Seneca/1.0.0/wo10oa299tub/1454584648758/98550/-
2016-02-04T11:17:29.156Z wo10oa299tub/1454584648758/98550/- WARN - - ACT
02jlpyiux70s/9ca086d19x7n cmd:greeter 9ca086d19x7n
2016-02-04T11:17:29.157Z wo10oa299tub/1454584648758/98550/- WARN - - ACT
02jlpyiux70s/9ca086d19x7n cmd:greeter 9ca086d19x7n
```

알 수 있듯이 이제는 로거logger를 이용해 트랜잭션 ID를 출력한다. 우리는 간단한 콘솔 덤프 대신 WARM 메시지를 만들었다. 지금부터는 발견하려고 하는 사항에 초점을 맞추기 위해, 액션에 대한 출력을 숨기는 세네카 로그 필터를 사용할 수 있다.

세네카는 다음과 같은 5단계의 로깅 수준을 제공한다.

- DEBUG: 애플리케이션을 개발하는 경우 디버깅에 사용된다. 생산 시스템에서 문제를 추적하는 데도 사용된다.
- INFO: 트랜잭션의 시작이나 완료 같은 이벤트에 대한 중요 메시지를 생성하는 데 사용된다.
- WARN: 경고 수준이다. 시스템에서 무엇인가 좋지 않은 일이 발생하는 경우 사용한다. 그러나 심각한 문제는 아니기 때문에 일반적으로 사용자는 영향을 받지 않는다. 하지만 어쨌든 무엇인가 잘못된 방향으로 진행되고 있다는 표시다.
- ERROR: 로그를 기록하는 데 사용된다. 일반적으로 사용자에게 영향을 미치며 시스템에서의 진행을 방해한다.
- FATAL: 가장 심각한 수준이다. 이 수준은 복구가 불가능한 오류가 발생한 경우에만 사용되며, 시스템은 정상적으로 동작할 수 없다.

서로 다른 수준의 로그를 생성하는 방법은 관련 기능을 사용하는 것이다. 앞에서 보았듯이, 경고를 기록하기 위해 `this.log.warn( )`를 호출했다. `this.log.fatal( )` 메소드를 호출하는 경우, 심각한 오류를 로깅할 수 있으며 다른 수준에 대해서도 동일하다.

 애플리케이션에서 개발 과정의 일부로 로그를 조정해 보라. 이렇게 하지 않으면 생산 환경에서 좋지 않은 일이 발생한 경우, 정보의 부족으로 후회하게 될 수도 있다.

일반적으로 INFO, DEBUG, WARN이 가장 많이 사용되는 로그 수준이다.

HTTP 코드

HTTP 코드는 종종 간과되지만 실제로는 원격 서버로부터 응답을 표준화하기 위한 중요한 메커니즘이다.

프로그램(또는 사용자)가 서버에 요청을 보내는 경우, 다음과 같이 발생 가능한 몇 가지 상황이 있다.

- 요청이 성공적이다.
- 요청이 검증에 실패한다.
- 요청이 서버 오류를 생성한다.

이처럼 가능성은 무한하다. 현재로서는 우리의 문제는 머신 사이의 통신을 위해 생성된 HTTP이다. 머신들이 이 같은 코드를 판독할 것이라는 사실을 어떻게 처리해야 하는가?

HTTP는 이 문제를 매우 훌륭한 방식으로 해결했다. 모든 단일 요청은 HTTP 코드로 처리돼야 하며, 이런 코드는 코드의 특성을 나타내는 범위를 갖는다.

1xx – 정보 제공

100~199 범위의 코드는 순수하게 정보만 제공한다. 이 범위에서 가장 흥미 있는 코드는 102 코드다. 이 코드는 임의의 동작이 백그라운드에서 발생하고 완료까지 시간이 걸린다고 나타내는 데 사용된다.

2xx – 성공 코드

성공 코드는 HTTP 요청에 대한 성공의 해당 수준을 나타내기 위해 사용된다. 이 코드는 가장 일반적인(그리고 바람직한) 코드다.

이 범위에서 가장 일반적인 코드는 다음과 같다.

- **200: Success**: 완전한 성공을 나타낸다. 심지어 원격에서도 잘못된 사항이 없다.
- **201: Created**: 주로 클라이언트가 서버에 새로운 엔티티를 생성하는 요청을 하는 경우 REST API에 대해 사용된다.
- **203: Non-authoritative information**: 요청이 변형 프록시를 통해 라우팅 되는 경우에 사용된다. 본래는 200번으로 응답한다.
- **204: No Content**: 성공 코드이긴 하지만, 서버로부터 되돌아오는 내용이 없다. API는 아무런 내용이 없는 경우에 200을 반환할 때도 있다.
- **206: Partial Content**: 페이징 된 응답을 위해 사용된다. 헤더가 전송되고 클라이언트가 허용 가능한 범위(와 오프셋)가 지정된다. 응답이 범위보다 큰 경우, 서버는 처리해야 하는 더 많은 데이터가 있음을 나타내는 206코드로 응답한다.

3xx – 리다이렉션

300~399 범위의 코드는 요청을 완료하기 위해, 클라이언트가 추가적인 행동을 해야 함을 의미한다.

이 범위에서 가장 일반적인 코드는 다음과 같다.

- **301: Moved permanently**: 클라이언트가 획득하려고 시도하는 자원이 다른 위치로 영구적으로 이동되었음을 표시한다.

- **302: Found**: 사용자가 임의의 이유로 일시적인 리다이렉션 수행을 요구하는 것을 의미한다. 그런데 브라우저들은 이 코드를 303 See Other 코드로 구현하기 시작했다. 302 코드는 행위의 중복을 명확하게 구별하기 위해 303과 307 Temporary redirect의 도입을 유도한다.

- **308 Permanent Redirect**: 이름으로도 알 수 있듯이, 자원에 대한 영구적인 리다이렉트를 지정하는 데 사용된다. 301 코드와 혼동할 수 있지만, 작은 차이가 있다. 308 코드는 HTTP 메소드가 (자원에 대해) 변경하는 것을 허용하지 않는다.

4xx – 클라이언트 오류

400에서 499 범위의 코드는 클라이언트에 의해 생성된 에러를 나타낸다. 이 코드들은 요청에 문제가 있음을 나타낸다. 이 범위의 코드는 HTTP 서버가 클라이언트 요청에 무엇인가 잘못된 사항이 있음을 나타내기 위한 방법이기 때문에 더 중요하다.

이 범위에서 가장 일반적인 코드는 다음과 같다.

- **400 Bad Request**: 사용자로부터의 요청이 구문적으로 잘못된 것을 의미한다. 파라미터나 일부 값이 빠져 있어 유효성 검사를 통과하지 못한 경우일 수 있다.

- **401 Unauthorized**: 클라이언트의 인증 정보의 부족을 나타낸다. 일반적으로 유효한 로그인을 통해 이 문제가 해결될 수 있다.

- **403 Forbidden**: 401 코드와 유사하다. 그러나 401 코드와는 달리 사용자가 충분한 권한을 갖고 있지 않음을 나타낸다.

- **404 Not Found**: 서버에서 자원을 발견할 수 없다는 것을 의미한다. 이는 존재하지 않는 페이지를 탐색하는 경우에 얻을 수 있는 오류다.

5xx – 서버 오류

이 범위의 코드는 서버에서 처리 상의 오류가 있음을 의미한다. 5xx 코드가 발생하는 경우, 서버에 특정 종류의 문제가 있으며, 클라이언트에서 수정될 수 없음을 의미한다.

이 범위의 일부 코드는 다음과 같다.

- **500 Internal Server Error**: 서버 상의 소프트웨어에서 오류가 발생했음을 의미한다. 더 이상 알 수 있는 정보는 없다.
- **501 Not Implemented**: 클라이언트가 아직 구현되지 않은 엔드포인트에 접근하는 경우 발생한다.
- **503 Service unavailable**: 서버에 과도한 부하가 있거나 서버 다운처럼, 어떤 이유로 인해 서버가 이용 가능하지 않은 경우에 발생한다.

마이크로서비스에서 HTTP 응답 코드가 문제되는 이유

"바퀴를 다시 발명하지 말라"는 명언은 소프트웨어를 구축 시, 개인적으로 가장 선호하는 원칙 중 하나다. HTTP 응답 코드는 표준이다. 따라서 모두가 각기 다른 코드의 결과를 이해할 수 있다.

마이크로서비스를 개발하는 경우, 시스템은 이미 HTTP로 통신하는 프록시, 캐시, 그 외다른 서비스들과 상호작용한다. 따라서 이들은 서버로부터의 응답에 따라 반응할 수 있다는 사실을 항상 마음속에 염두하고 있어야 한다.

이에 대한 가장 좋은 예제는 회로 차단기 패턴circuit-breaker pattern이다. 이 패턴을 어떻게 구현하고, 어떤 소프트웨어를 사용하는지에 상관없이, 회로 차단기는 500번 코드를 갖는 HTTP 요청은 오류라는 것을 이해하고, 이에 따라 회로를 개발할 수 있어야 한다.

일반적으로 애플리케이션에 가능한 정확하게 코드를 유지시키는 것이 시스템에 장기적인 혜택을 줄 수 있는 효과적인 방법이다.

▌ 요약

이번 장의 주제는 한 권의 책으로 쓸 수 있을 만큼 방대했지만, 이번 장에서는(마이크로서비스뿐만 아니라) 안전한 소프트웨어를 구축하는 방법에 대해 학습했다. 일반적으로 보안으로 야기되는 문제로 인해 회사들은 보안에 대한 투자를 비용 낭비로 보지만, 현실은 상당히 다르다. 필자는 80-20 규칙의 열렬한 지지자다. 80-20규칙이란, 20%의 시간 동안 기능의 80%를 구현하는 것이며, 누락된 20%의 기능이 80%의 시간을 필요로 하는 것이다.

보안의 경우, 실제로 우리는 100%의 커버리지를 목표로 해야 한다. 그러나 이번 장에서 배운 80%는 대부분의 경우를 처리한다. 어찌됐든 이전에 언급한 것처럼, 애플리케이션에 있어 보안 결함은 회사를 망하게 하는 가장 쉬운 방법이기 때문에, 소프트웨어 엔지니어는 보안에 관해 최신 정보를 유지해야 한다.

추적성과 로깅에 대해서도 이야기했다. 이들은 현대 소프트웨어 엔지니어링에서 가장 무시되는 주제 중 하나지만 점점 더 중요해지고 있다. 특히 추적성과 로깅은 마이크로서비스 접근 방식을 이용해 소프트웨어를 개발하는 경우에 더 중요하다.

06

Node.js 마이크로서비스 테스트와 문서화

지금까지 수행한 모든 작업은 마이크로서비스와 소프트웨어 컴포넌트의 개발과, 개발 프로세스에 관련된 프레임워크에 대한 설명이었다. 이제 이들을 모두 테스트해야 하는 시간이다. 테스팅Testing은 만들어진 소프트웨어를 검증하는 활동이다. 검증Validating은 매우 광범위한 용어다. 이번 장에서는 마이크로서비스를 기능적인 관점뿐 아니라 다양한 모듈과의 통합 같은 다른 측면에서 테스트하는 방법도 학습한다. 또한 애플리케이션의 성능을 테스트하는 방법도 배운다. 서비스의 입력과 출력을 검사하기 위해 프록시의 도움을 받아 Node.js에 관련된 사항도 설정한다. 따라서 실제로 서비스가 설계대로 동작하는지 검증할 수 있다. 그리고 기능에 대한 빠른 프로토타이핑을 위해 자바스크립트 같은 언어의 다양성도 다시 한 번 확인해야 한다.

요즘에는 기능을 특정 유형의 사용자에게만 활성화시키고 시스템 성능의 변화를 확인하기 위한 메트릭을 수집하는 A/B 테스트를 함께 출시한다. 이번 장에서는 통제된 방식으로 기능을 출시하는 마이크로서비스를 개발할 것이다.

또한 전통적인 소프트웨어 개발에서는 안타깝게도 간과된 활동인, 애플리케이션 문서화도 배울 것이다. 필자의 경험상, 이제껏 신입 개발자에게 필요한 정보를 모두 100% 문서화 해둔 기업체를 단 한 군데도 발견하지 못했다.

이번 장에서는 다음과 같은 주제를 다룬다.

- **기능 테스트**Functional testing: 이 절에서는 마이크로서비스를 테스트하는 방법과 좋은 테스트 전략이 무엇인지 배운다. 커넥션을 감시하기 위해, Node.js를 통해 프록시를 생성하는 법과 API를 수동으로 테스트하는 Postman이라는 도구에 대해서도 배운다.
- **마이크로서비스 문서화**Documenting microservices: 오픈 API 표준을 이용해 마이크로서비스를 문서화하는 Swagger의 사용 방법을 배운다. 또한 오픈소스 도구를 이용해 YAML 정의로 코드를 생성한다.

▌ 기능 테스트

일반적으로, 테스트는 소프트웨어를 개발하는 동안 필수적이면서도 많은 주목은 받지 못하는 시간을 소모하는 활동이다.

회사가 발전하는 방식에 대해 생각해 보자.

1. 누군가 아이디어를 내놓는다.
2. 일부 엔지니어/생산자가 시스템을 구축한다.
3. 회사가 시장에 진출한다.

이 경우 최소한으로 필요한 수동 테스팅을 수행할 시간도 부족하다. 특히 테스팅을 제대로 수행하려면 개발에 소요되는 기간의 40%정도까지 시간이 걸린다는 사실을 알아낸 경우, 더욱 더 수동 테스팅 시간이 부족할 것이다.

이 때 자동화Automation가 좋은 방법이다. 자동화의 형태로는 단위 테스트, 통합 테스트, 종단간 테스트가 있다. 컴퓨터가 소프트웨어를 테스트할 수 있도록 하면, 소프트웨어를 검증하는 데 필요한 인간의 노력을 상당히 줄일 수 있다.

소프트웨어가 개발되는 방법에 대해 생각해 보자. 회사가 '우리는 애자일을 한다we are agile' 고 주장할지라도, 단일 소프트웨어 프로젝트라면 어느 정도 반복적인 개발을 하는 것이 사실이다. 또한, 모든 주기마다 테스트는 수행된다. 그러나, 일반적으로 테스트보다 새로운 기능을 전달하는 것을 더 중요하게 여긴다.

테스트의 대부분을 자동화하면 다음 그림과 같이 비용을 절약할 수 있다.

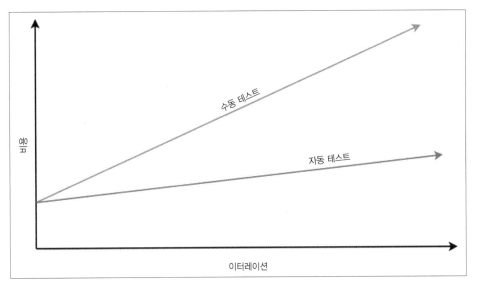

비용과 이터레이션

제대로만 수행한다면, 테스트는 실제로 비용을 절감한다. 중요한 것은 (쉽지는 않겠지만)테스트를 올바르게 수행하는 것이다. 얼마나 많이 테스트를 수행해야 과도한 테스트인가? 테스트가 애플리케이션의 모든 부분을 커버해야 하는가? 실제로 심화된 성능 테스트가 필요한가?

일반적으로, 이런 질문들은 다양하고 연속적인 의견을 유도한다. 이 때 흥미로운 사항은 대답은 하나가 아니라 시스템의 특성에 따라 달라진다는 점이다.

이번 장에서는 테스트 기법들의 집합을 광범위하게 학습하지만, 이것이 테스트를 계획할 때 학습한 테스트 기법 모두를 활용해야 한다는 것을 의미하지는 않는다. 그러나 최소한의 테스트 방법론에 대해서는 알고 있어야 한다.

지난 7년 동안, 루비 온 레일즈^{Ruby on Rails}는 **테스트 주도 개발**^{Test-driven development, TDD}이라 불리는 새로운 패러다임을 향한 거대 트랜드를 만들었다. 그 때부터 새로운 개발 플랫폼 대부분은 TDD를 염두하고 구축됐다.

개인적으로는 TDD를 치열하게 도입하는 사람은 아니지만, TDD의 뛰어난 장점을 좋아한다. 개발 전에 테스트를 계획하는 것은 적절한 응집도 수준을 갖는 모듈을 생성하도록 하고, 명확하고 테스트하기 쉬운 인터페이스를 정의하는 데 도움이 된다. 이번 장에서는 TDD를 심도 있게 다루지 않지만, TDD에 대해 자주 언급하고, 알려진 TDD 테스트 계획의 적용 방법에 대해 설명할 것이다.

자동화 테스트 피라미드

어떻게 테스트 계획을 준비하는지는 까다로운 질문이다. 어떻게 하든, 매번 완전히 잘못된 상태로 끝날 수 있다.

주제에 대해 더 깊이 들어가기 전에, 기능 관점에서 우리가 다뤄야 하는 다양한 테스트 유형과 이런 테스트의 설계 목적을 정의해 보자.

단위 테스트

단위 테스트unit test는 다른 모듈과 통합을 고려하지 않고, 애플리케이션의 개발 부분을 다루는 테스트다. 단위 테스트는 가능한 많은 브랜치를 커버하고 검사하는 것이 목적이기 때문에 **화이트 박스 테스팅**white box testing으로도 불린다.

일반적으로 테스트의 품질을 측정하기 위한 방법은 테스트 커버지리test coverage이며 백분율로 측정된다. 코드가 10개 브랜치에 걸쳐 있고, 테스트가 7개 브랜치를 처리하는 경우 코드 커버리지는 70%이다. 테스트 커버리지는 얼마나 신뢰할 수 있는지 알 수 있는 훌륭한 지표다. 그러나 테스트에 결함이 있거나, 브랜치가 테스트되도, 다른 결과의 원인이 될 수 있는 각 입력은 확인할 수 없기 때문에 오해의 소지가 생길 수 있다.

단위 테스트에서는 다른 모듈과 상호작용하지 않는다. 따라서 서드파티 시스템으로부터 응답을 시뮬레이션하고 흐름이 원하는 브랜치를 거칠 수 있도록 통제하기 위해, 가상객체mocks와 스텁stub을 많이 사용한다.

통합 테스트

통합 테스트 Integration tests는 이름에서 알 수 있듯이 애플리케이션 환경에서 모듈의 통합을 검증하기 위해 고안된 테스트다. 통합 테스트는 코드에 대한 브랜치들을 테스트하기 위해 설계된 것이 아니다. 대신, 데이터를 데이터베이스로 저장하거나, 서드파티 웹 서비스 또는 우리 아키텍처의 다른 마이크로서비스를 호출하는 경우 같은 비즈니스 처리 단위를 테스트하기 위해 설계됐다.

이들 통합 테스트는 서비스들이 예상한 대로 동작하는지 여부를 확인하기 위한 완벽한 도구다. 하지만 (아주 자주는 아니지만) 때때로 유지가 어려울 수 있다.

수 년 동안 일하면서 이제껏 통합 테스팅을 올바르게 수행하는 회사는 발견하지 못했다. 여기에는 다음과 같이 많은 이유가 있다.

- 일부 회사에서는 (데이터베이스나 추가적인 머신 같은) 추가 자원이 필요하기 때문에, 통합 테스트가 많은 비용이 든다고 생각한다(그리고 이것은 사실이다).
- 또 다른 일부 회사는 단위 테스트만으로 모든 비즈니스 케이스를 처리하려고 노력한다. 이는 가능하긴 하지만, 테스트 스위트에서 단위 테스트는 가정을 잘못 설정할(가상객체) 가능성이 있기 때문에 이상적인 상황과는 거리가 있다.
- 때로는 통합 테스트는 단위 테스트처럼 코드 브랜치를 검증하기 위해 사용된다. 통합 테스트가 필요한 브랜치에 대한 확인할 수 있도록 환경에 대한 계획이 필요하기 때문에 단위 테스트처럼 시간을 소모한다.

통합 테스트는 소프트웨어가 프로덕션 환경으로 출시되는 경우, 통합으로 인한 버그를 방지하는 실질적인 첫 방어막이다. 따라서 독자는 원하는 방법이 얼마나 스마트한지에 상관없이, 통합 테스트가 올바르게 수행되기를 원할 것이다.

종단간 테스트

종단간 테스트End-to-end tests에서는 애플리케이션이 실제로 동작하는 것을 보여준다. 통합 테스트에서는 코드 수준에서 서비스를 호출한다. 이것은 우리가 서비스에 대한 컨텍스트를 만들고 호출해야 할 필요가 있음을 의미한다.

종단간 테스트의 차이점은, 실제로 애플리케이션을 완전하게 배포하고 대상 코드를 실행하기 위해 필요한 호출을 한다는 점이다. 그러나 현대적인 프레임워크 대부분은 통합 테스트처럼 종단간 테스트를 빠르게 실행할 수 있기 때문에, 엔지니어는 두 가지 타입의 테스트(통합 테스트와 종단간 테스트)를 함께 묶어 수행하기도 한다.

통합 테스트로서, 종단간 테스트의 목적은 애플리케이션의 모든 경로를 테스트하는 것이 아니라 유스케이스를 테스트하는 것이다.

종단간 테스트에서는 다음과 같이 테스트에 대한 몇 가지 다양한 양식(패러다임)을 발견할 수 있다.

- JSON 요청(또는 다른 타입의 요청)을 발행하는 API를 테스트할 수 있다.
- DOM에 대한 클릭을 에뮬레이터 하기 위해, 셀레늄^{Selenium}[1]을 이용해 UI를 테스트할 수 있다.
- 애플리케이션에서 유스케이스가 액션에 매핑되고 애플리케이션을 위해 내장된 유스케이스를 실행하는 경우, **행위 주도 개발**^{DBB} 테스팅이라는 새로운 패러다임을 이용할 수 있다.

일반적으로, 종단간 테스트는 매우 불안정해서 쉽게 망가진다. 애플리케이션에 따라 이런 테스트의 가격 대비 가치가 상당히 낮은 경우도 있다. 이 경우 종단간 테스트를 완화해야 한다. 그러나, 최소한의 가장 기본적이고 필수적인 흐름을 커버하는 종단간 테스트는 여전히 수행하기를 권장한다.

얼마나 많이 테스트해야 과도한가?

아래 질문은 답하기가 쉽지 않다. 특히, 신생 기업 같이 속도가 빠른 비즈니스 기업들의 경우는 답변하기가 더 쉽지 않다.

- 통합 테스트가 너무 많은가?
- 단위 테스트 커버리지에 대한 목표를 100%로 해야 하는가?
- 아무런 이유 없이 이틀마다 셀레늄 테스트가 망가져서, 셀레늄 테스트가 지겨운가?

타협점은 항상 있다. 테스트 커버리지 대 소모되는 시간을 고려하면 된다. 그런데 이런 간단한 한 가지 답변만 있는 것이 아니다.

수 년간 경험으로 유일하게 발견한 유용한 가이드라인이 있다. 테스트 분야에서는 아래 그림을 테스트 피라미드$^{pyramid\ of\ testing}$로 부른다. 잠시만 생각해 보자. 여러분이 전에 작업했던 프로젝트에서는 전체적으로 얼마나 많은 테스트를 수행했는가? 통합 테스트와 단위

---

1 http://docs.seleniumhq.org/를 참조하라. - 옮긴이

테스트의 백분율은 얼마나 됐는가? 종단간 테스트에 대해서는 어떤가?

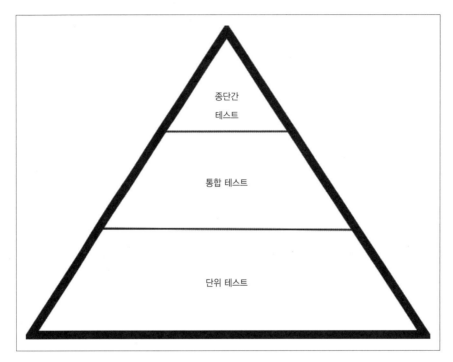

테스트 피라미드

앞의 피라미드는 (앞선) 이러한 질문들에 대한 답을 보여준다. 건강한 테스트 계획에서는 많은 단위 테스트를 수행해야 한다. 그리고 일부 통합 테스트와 아주 적은 종단간 테스트를 해야 한다.

그 이유는 매우 간단하다. 문제의 대부분을 단위 테스트를 통해 발견할 수 있기 때문이다. 애플리케이션 코드의 다양한 브랜치에 대한 확인은 상당히 많은 기능을 검증한다. 따라서 테스트 계획에서 많은 단위 테스트를 수행하기로 하는 것이 이치에 맞다. 필자의 경험에 기반하면, 균형 잡힌 테스트 계획에서는 테스트의 70% 정도가 단위 테스트가 돼야 한다. 그런데 Node.js 같은 동적 언어를 갖는 마이크로서비스 지향 아키텍처에서 이 수치를 줄여도 여전히 테스트에는 효과적이다. 그 이유는 Node.js에서 통합 테스트를 빠르게 작성할 수 있으므로, 통합 테스트로 일부 단위 테스트를 대체할 수 있기 때문이다.

 테스트는 매우 문서화가 잘 된 복잡한 프로세스다. 유지하기 어렵고 신뢰하기 어려운 테스트 스위트를 결과로 삼는 기존 방법론을 극복하기 위해 노력하라.

통합 테스트는 다음과 같은 통합에 따른 문제를 파악하는 역할을 한다.

- 코드가 SMS 게이트웨이를 호출할 수 있는가?
- 데이터베이스에 대한 연결은 정상적인가?
- HTTP 헤더가 서비스에서 전송되고 있는가?

다시 말하지만, 필자의 경험에 기반하면 테스트의 20% 정도는 통합 테스트가 돼야 한다. 긍정적인 흐름과 서드 파티 모듈에 의존하는 부정적인 일부 흐름에 초점을 맞춰야 한다.

종단간 테스트는 매우 제한적이다. 이 경우에는 너무 세부적인 사항으로 가지 않고 애플리케이션의 주된 흐름만 테스트해야 한다. 이 때 세부사항은, 단위 테스트와 통합 테스트로 파악해서, 종단간 테스트가 실패할 경우 쉽게 수정할 수 있어야 한다. 그러나 여기에는 조건이 있다. Node.js에서 마이크로서비스를 테스트하는 경우, 대부분 통합 테스트와 종단간 테스트는 동일할 수 있다. Node.js의 동적인 특성으로 인해, 통합 관점에서는 Rest API를 테스트할 수 있지만(전체 서버 실행), 실제로는 다른 모듈과 통합하는 경우, 코드의 작동 방법도 테스트해야 한다. 이 장의 후반부에서 이에 관한 예제를 살펴 볼 것이다.

Node.js에서 마이크로서비스 테스트

Node.js는 인상적인 언어다. 모든 개발 분야에 관련한 라이브러리의 양은 놀라운 정도다. Node.js에서 달성하기 원하는 작업이 아무리 특이하다고 해도, 항상 (해당 작업에 대한) npm 모듈이 존재할 것이다.

테스트와 관련해, Node.js는 매우 강력한 라이브러리 세트를 보유하고 있지만, 이들 중 두 개의 라이브러리(Mocha와 Chai)가 특히 인기가 있다.

이들은 앱 테스트를 위한 유사 산업 표준이며 상당히 잘 유지되고 업그레이드되고 있다.

또 다른 흥미로운 라이브러리는 Sinon.JS라 불리며, 가상 객체 생성, 메소드 감시spying와 스텁 생성stubbing에 사용된다. 다음 절에서 이런 개념을 다시 살펴보겠지만, 기본적으로 이 라이브러리는 라이브러리들과 상호작용 없이 서드파티와의 통합을 시뮬레이션하는 데 사용된다.

Chai

Chai는 높은 품질의 테스트를 생성하기 위해 다른 라이브러리와 함께 사용 가능한 BDD/TDD 어써션assertions 라이브러리다.

어써션은 오류가 발생하거나 처리될 때, 테스트를 중단하고 실패로 표시하는 코드 구문이다.

```
5 should be equal to A
```

앞의 구문은 변수 A가 5의 값을 갖는 경우 올바르다.

어써션은 이해하기 쉬운 테스트를 작성하기 위한 매우 강력한 도구이며, 특히 Chai가 이런 특성을 갖는다. 다음과 같은 세 가지 서로 다른 인터페이스를 사용해 어써션에 접근할 수 있다.

- should
- expect
- assert

업무가 마무리되는 시점에는, 모든 단일 조건은 단일 인터페이스를 이용해 검사돼야 한다. 라이브러리에서 이 같은 풍부한 인터페이스를 제공함으로써 명확하고 쉬우면서 유지보수가 가능한, 상세한 테스트의 작성이 용이해진다.

Chai 라이브러리를 설치해 보자.

```
npm install chai
```

이 명령어는 다음과 같은 결과를 출력한다.

```
├── assertion-error@1.0.1
├── type-detect@1.0.0
└── deep-eql@0.1.3 (type-detect@0.1.1)
```

이것은 Chai가 `assertion-error`, `type-detect`, `deep-eql`에 의존성을 갖는다는 것을 의미한다. 이러한 의존성은 객체나 타입 매칭에서 있어 간단한 명령, 심도 있는 동등성 같은 복잡한 구문을 검사할 수 있는 훌륭한 지시자 역할을 한다.

Chai 같은 테스트 라이브러리는 애플리케이션에 대해 직접적인 의존성을 갖지 않지만 개발 의존성은 갖는다.

애플리케이션을 개발하려면 이런 테스트 라이브러리들이 필요하지만 이들은 생산 환경으로는 출시되지 않는다. 이는 package.json을 재구성하고, 다음과 같이 devDependencies 의존성 태그에 Chai를 추가하기 위한 적절한 이유가 된다.

```
{
  "name": "chai-test",
  "version": "1.0.0",
  "description": "A test script",
  "main": "chai.js",
  "dependencies": {
  },
```

```
  "devDependencies": {
    "chai": "*"
  },
  "author": "David Gonzalez",
  "license": "ISC"
}
```

이 코드는 소프트웨어가 애플리케이션 동작과는 아무런 관련 없는 Chai 같은 라이브러리를 생산 환경으로 출시하는 것을 방지한다.

Chai를 설치하고 나면, 인터페이스를 통해 시험을 시작할 수 있다.

BDD 스타일 인터페이스

Chai는 BDD 인터페이스에 대한 두 가지 특성을 갖는다. 어느 것을 사용할지는 취향 문제지만 개인적으로는 '모든 상황에서 더 편안하게 느끼는 쪽을 사용하라'고 추천하고 싶다.

should 인터페이스로 시작하자. 이 인터페이스는 BDD 스타일 인터페이스이며, 자연어와 유사한 방식을 사용해 테스트의 성공이나 실패 여부를 결정할 수 있는 어써션을 생성한다.

```
myVar.should.be.a('string')
```

다음과 같은 문장을 만들기 위해서는 먼저 프로그램에 should 모듈을 임포트import해야 한다.

```
var chai = require('chai');

chai.should();

var foo = "Hello world";
console.log(foo);

foo.should.equal('Hello world');
```

이 코드는 어두운 마법의 한 조각처럼 보이지만, 코드가 어떤 기준을 만족하는지 확인하기 위해 자연어와 유사한 방법을 사용한다. 따라서 코드를 테스트하는 경우에는 정말 편리하다. 예를 들어 'foo는 Hello World와 동등해야 한다'는 테스트로 직접 변환된다.

Chai에 의해 제공되는 두 번째 BDD 스타일 인터페이스는 expect다. Should와 매우 비슷하지만, 충족시켜야 하는 결과 예상치를 설정하기 위해 일부 구문이 변경된다.

다음 예제를 살펴보자.

```
var expect = require('chai').expect;

var foo = "Hello world";

expect(foo).to.equal("Hello world");
```

확인 가능하듯, 스타일은 매우 비슷하다. 플루언트^{fluent} 인터페이스는 테스트가 성공하기 위한 조건들을 만족했는지 여부를 검사할 수 있다. 그러나 조건을 만족하지 못하는 경우에는 어떻게 되는가?

조건 중 하나가 실패하는 간단한 Node.js 프로그램을 실행시켜 보자.

```
var expect = require('chai').expect;

var animals = ['cat', 'dog', 'parrot'];

expect(animals).to.have.length(4);
```

이제 Chai가 설치됐다고 가정하고, 앞에 나온 스크립트를 실행해 보자.

```
code/node_modules/chai/lib/chai/assertion.js:107
    throw new AssertionError(msg, {
        ^
```

```
AssertionError: expected [ 'cat', 'dog', 'parrot' ] to have a length of 4
but got 3
    at Object.<anonymous> (/Users/dgonzalez/Dropbox/Microservices with
Node/Writing Bundle/Chapter 6/code/chai.js:24:25)
    at Module._compile (module.js:460:26)
    at Object.Module._extensions..js (module.js:478:10)
    at Module.load (module.js:355:32)
    at Function.Module._load (module.js:310:12)
    at Function.Module.runMain (module.js:501:10)
    at startup (node.js:129:16)
    at node.js:814:3
```

예외가 발생하고 테스트가 실패한다. 모든 조건이 확인된 경우에는 예외가 발생하지 않고 테스트는 성공했을 것이다.

확인 가능하듯, 테스트를 위해 expect와 should 인터페이스 모두에서 사용할 수 있는 자연어 단어가 많이 있다. Chai 문서(http://chaijs.com/api/bdd/#-include-value-)에서 전체 목록을 확인할 수 있다. 다음 사항은 목록 중 가장 흥미로운 항목 중 일부를 나타낸 것이다.

- not: 체인에서 뒤따르는 어써션을 부정하는 데 사용된다. 예를 들어, expect("some string").to.not.equal("Other String")는 테스트를 통과할 것이다.

- deep: 모든 컬렉션에서 가장 흥미로운 항목 중 하나다. 이 단어는 전체적인 동등성 비교를 빠르게 수행하는 방법으로, 객체의 심도 깊은 비교에 사용된다. 예를 들어, foo가 "David" 문자열 값을 갖는 name으로 불리는 속성을 갖는 자바스크립트 객체인 경우, expect(foo).to.deep.equal({name:"David"})는 테스트를 통과할 것이다.

- any/all: 딕셔너리나 객체가 주어진 리스트에 임의의 키를 포함하고 있는지 여부를 검사하는 데 사용된다. 따라서 foo가 주어진 키들 중 하나를 포함하는 경우 expect(foo).to.have.any.keys("name", "surname")는 테스트에 성공할 것이다. expect(foo).to.have.all.keys("name", "surname")는 모든 키를 가지고 있는 경우에만 성공한다.

- ok: 흥미로운 항목이다. 알고 있겠지만, 자바스크립트에는 몇 가지 약점이 있다. 이런 결점 중 하나는 표현식에 대한 true/false 평가다. ok와 더불어, 모든 혼란을 추상화 할 수 있고 다음 표현식의 목록과 유사한 기능을 수행할 수 있다.
  - expect('everything').to.be.ok: 'everything'는 문자열이며, 이 문자열은 ok 로 평가된다.
  - expect(undefined).to.not.be.ok: 자바스크립트에서 정의되지 않은 것은 ok 가 아니다. 따라서 이 어써션은 성공할 것이다.
- above: expect([1,2,3]).to.have.length.above(2)과 같이 배열이나 컬렉션이 엘리먼트의 개수를 특정 임계치 이상으로 포함하고 있는지를 확인하기 위한 매우 유용한 단어다.

알 수 있겠지만 플루언트 어써션을 위한 Chai API는 상당히 풍부하고 유지보수가 쉬운 매우 서술적인descriptive 테스트의 작성을 가능하게 한다.

이제, expect와 should는 같은 기능을 하는 인터페이스인데 왜 인터페이스가 2개나 필요한지 의문을 가질 수 있다. 이들은 기능적으로 동일하다. 그러나 세부사항을 살펴보자.

- expect는 체인 언어에서 시작점을 제공한다.
- should는 자바스크립트에서 모든 단일 객체를 체인 언어에 추가하기 위해 Object.prototype 서명을 확장한다.

Node.js 관점에서 이들 모두는 괜찮다. 그러나, should는 Object의 프로토타입에 대해 사용하는 것이 어렵기 때문에 사용하기가 다소 두려울 수 있다.

어써션 인터페이스

어써션assertions 인터페이스는 가장 일반적인 수식 테스트 어써션 라이브러리와 일치한다. 이러한 특성 때문에 무엇을 테스트하는지에 대해 구체적으로 알고 있어야 한다. 그리고 표현식의 플루언트 체이닝fluent chaining 같은 것은 없다.

```
var assert = require('chai').assert;
var myStringVar = 'Here is my string';
// 메시지 없음:
assert.typeOf(myStringVar, 'string');
// 메시지 있는 경우:
assert.typeOf(myStringVar, 'string', 'myStringVar is not string
    type.');
// 길이 확인:
assert.lengthOf(myStringVar, 17);
```

어떤 언어든 기존 테스트 라이브러리를 사용하고 있다면, 더 이상 깊이 학습할 사항은 없다.

Mocha

개인적으로 Mocha는 필자의 직장 생활 중 사용했던 가장 편리한 테스트 프레임워크 중 하나였다. Mocha는 테스트가 애플리케이션의 유스케이스를 기술한다. 그리고 실행된 코드의 결과를 검증하기 위해 다른 라이브러리에서 어써션을 사용하는 **행위 주도 개발 테스트**BDDT: behavior-driven development testing 원칙을 따른다.

Mocha는 약간 복잡해 보이지만, 애플리케이션을 개발하기 위해 사용되는 요구사항을 자동화된 테스트로 미러링하고 검증한다. 따라서 기능 관점과 기술 관점에서 다루는 코드에 대한 보장이 매우 편리하다.

간단한 예제로 시작해 보자. Mocha는 Node.js 대신 Mocha로 실행해야 할 필요가 있는 자체적인 **도메인 특화 언어**DSL: domain-specific language를 정의하기 때문에, 다른 라이브러리와는 약간의 차이가 있다. 이런 차이는 언어의 확장이다.

먼저 시스템에 Mocha를 설치해야 한다.

```
npm install mocha -g
```

이 명령은 다음 이미지와 유사한 결과를 출력한다.

```
/usr/local/bin/mocha -> /usr/local/lib/node_modules/mocha/bin/mocha
/usr/local/bin/_mocha -> /usr/local/lib/node_modules/mocha/bin/_mocha
mocha@2.4.5 /usr/local/lib/node_modules/mocha
├── escape-string-regexp@1.0.2
├── supports-color@1.2.0
├── growl@1.8.1
├── diff@1.4.0
├── commander@2.3.0
├── jade@0.26.3 (commander@0.6.1, mkdirp@0.3.0)
├── debug@2.2.0 (ms@0.7.1)
├── mkdirp@0.5.1 (minimist@0.0.8)
└── glob@3.2.3 (graceful-fs@2.0.3, inherits@2.0.1, minimatch@0.2.14)
```

이제부터, 시스템은 새로운 명령어^{mocha}를 갖게 된다.

이제부터, 시스템은 새로운 명령어mocha를 갖게 된다.

다음 단계는 Mocha를 이용하여 테스트를 작성하는 것이다.

```
function rollDice() {
  return Math.floor(Math.random() * 6) + 1;
}

require('chai').should();
var expect = require('chai').expect;

describe('When a customer rolls a dice', function(){

  it('should return an integer number', function() {
    expect(rollDice()).to.be.an('number');
  });

  it('should get a number below 7', function(){
    rollDice().should.be.below(7);
  });

  it('should get a number bigger than 0', function(){
    rollDice().should.be.above(0);
  });
```

```
it('should not be null', function() {
  expect(rollDice()).to.not.be.null;
});

it('should not be undefined', function() {
  expect(rollDice()).to.not.be.undefined;
  });
 });
```

앞의 예제는 간단하다. 함수는 주사위를 굴려 1부터 6까지의 정수를 반환한다. 이제 유스케이스와 요구사항에 대해 조금은 생각할 필요가 있다.

- 숫자는 정수여야 한다.
- 정수는 7 보다 작아야 한다.
- 정수는 0보다 커야 하며, 주사위는 음수를 가질 수 없다.
- 함수는 null을 반환할 수 없다.
- 함수는 undefined를 반환할 수 없다.

위 사항들은 Node.js에서 주사위를 굴리는 상황에 대한 대부분의 코너케이스cornar case2를 처리한다. 우리는 하고자 하는 것은 기존 기능을 망가뜨리지 않고 안전하고 정확하게 소프트웨어의 변화를 테스트하는 상황을 설명하는 것이다.

이런 다섯 가지 유즈케이스는 앞에서 작성된 테스트들과 정확하게 일치된다.

- **상황을 설명한다**: 고객이 주사위를 굴릴 때
- **조건들이 검사된다**: 정수가 반환돼야 한다.

---

2 코너 케이스(corner case)는 여러 가지 변수와 환경의 복합적인 상호작용으로 발생하는 문제다. 같은 장치에서라도 시간이나 다른 환경에 따라 오류가 발생하기도 하고 정상작동 하기도 한다면 이것도 코너 케이스다. 특히, 멀티코어 프로그래밍에서 만나기 쉬운 오류일 것이다. 코너 케이스는 오류가 발생하는 상황을 재현하기가 쉽지 않아 디버그와 테스트가 어렵다. 더불어, 엣지 케이스(edge case)는 알고리즘이 처리하는 데이터의 값이 알고리즘의 특성에 따른 일정한 범위를 넘을 경우에 발생하는 문제를 가리킨다. 비슷한 상황을 가리키는 용어로 경계 케이스(boundary case)가 있다. – 옮긴이.

이전 테스트를 실행하고 결과를 확인해 보자.

```
mocha tests.js
```

이 명령은 아래 그림과 유사한 결과를 반환해야 한다.

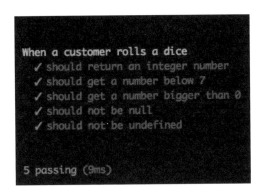

알 수 있듯이 Mocha는 테스트에서 어떤 일이 일어나고 있는지 포괄적인 보고서를 반환한다. 이 경우, 테스트는 모두 통과된다. 따라서 문제에 대한 걱정을 할 필요가 없다.

실패해야 하는 일부 테스트를 강제로 실행해 보자.

```
function rollDice() {
  return -1 * Math.floor(Math.random() * 6) + 1;
}

require('chai').should();
var expect = require('chai').expect;

describe('When a customer rolls a dice', function(){

  it('should return an integer number', function() {
    expect(rollDice()).to.be.an('number');
  });
```

```
it('should get a number below 7', function(){
  rollDice().should.be.below(7);
});

it('should get a number bigger than 0', function(){
  rollDice().should.be.above(0);
});

it('should not be null', function() {
  expect(rollDice()).to.not.be.null;
});

it('should not be undefined', function() {
  expect(rollDice()).to.not.be.undefined;
});
});
```

실수로 누군가 rollDice() 함수에 일부 요구사항을 만족시키지 않는 번호를 반환하는 기능을 코드 조각 추가했다. 다음 그림처럼, Mocha를 다시 실행시켜 보자.

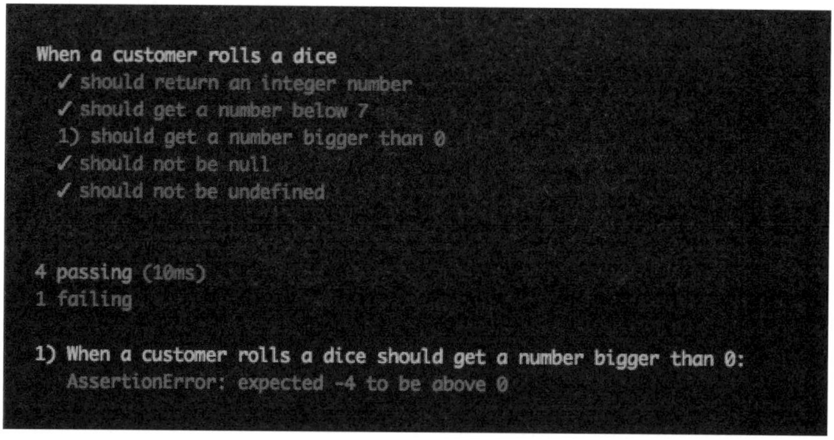

```
When a customer rolls a dice
  ✓ should return an integer number
  ✓ should get a number below 7
  1) should get a number bigger than 0
  ✓ should not be null
  ✓ should not be undefined


4 passing (10ms)
1 failing

1) When a customer rolls a dice should get a number bigger than 0:
  AssertionError: expected -4 to be above 0
```

이제, 하나의 오류가 반환되는 보고서를 볼 수 있다. 메소드는 항상 0보다 더 큰 수를 반환해야 하지만 -4를 반환한다.

Mocha와 Chai를 이용해 Node.js에서 이런 유형의 테스트를 하는 장점 중 하나는 시간이다. 테스트는 매우 빠르게 실행된다. 따라, 어딘가 망가진 부분이 있는 경우 피드백을 받기 쉽다. 앞의 스위트는 10ms동안 실행됐다.

Sinon.JS – 가상 객체 생성 프레임워크

앞의 두 개 절에서는 함수의 반환되는 값에 대한 조건 확인에 초점을 맞췄다. 그러나 함수가 어떤 값도 반환하지 않는 경우는 어떻게 되는가? 유일하고도 정확한 측정방법은 메소드가 호출됐는지를 확인하는 것이다. 또한, 모듈 중 하나가 서드파티 웹 서비스를 호출하는 경우, 원격서버를 호출하는 테스트가 필요하지 않는가?

이 질문에 답하기 위해 두 개의 가상 객체mocks와 스파이spies라 불리는 두 개의 개념적인 도구를 생각해 보자. Node.js는 이들을 구현하기 위한 완벽한 라이브러리(Sinon.JS)를 갖추고 있다.

먼저, 다음과 같이 Sinon.JS를 설치해 보자.

```
npm install sinon
```

앞의 명령은 다음과 같은 결과를 나타내야 한다.

```
sinon@1.17.3 node_modules/sinon
├── lolex@1.3.2
├── samsam@1.1.2
├── formatio@1.1.1
└── util@0.10.3 (inherits@2.0.1)
```

이제 예제를 통해 Sinon.JS가 어떻게 동작하는지를 설명해 보자.

```
function calculateHypotenuse(x, y, callback) {
  callback(null, Math.sqrt(x*x + y*x));
}
```

```
calculateHypotenuse(3, 3, function(err, result){
  console.log(result);
});
```

이 간단한 스크립트는 삼각형의 두 변이 주어진 경우, 빗변의 길이를 계산한다. 우리가 수행하기 원하는 테스트 중 하나는 제공된 인자의 올바른 리스트와 함께 콜백이 실행되는지 여부다.

이런 작업을 위해 Sinon.JS는 스파이[spy]를 호출해야 한다.

```
var sinon = require('sinon');

  require('chai').should();

  function calculateHypotenuse(x, y, callback) {
    callback(null, Math.sqrt(x*x + y*x));
  }

  describe("When the user calculates the hypotenuse", function(){
    it("should execute the callback passed as argument", function() {
      var callback = sinon.spy();
      calculateHypotenuse(3, 3, callback);
      callback.called.should.be.true;
    });
  });
```

다시 말해, 다음 그림처럼 스크립트와 실행하기 위해 Mocha를 사용하며, should 인터페이스를 통한 테스트 결과를 검증하기 위해 Chai를 사용한다.

```
→ code mocha test.js

When the user callculates the hypotenuse
  ✓ should execute the callback passed as argument

1 passing (9ms)
```

앞의 스크립트에서 중요한 라인은 다음과 같다.

```
var callback = sinon.spy();
```

이제, 스파이를 생성하고 콜백으로 함수에 주입한다. Sinon.JS에 의해 생성된 함수는 실제 함수가 아닌 몇 개의 흥미로운 정보를 갖는 완전한 객체다. Sinon.JS는 자바스크립트의 동적인 특성을 활용하는 작업을 수행한다. console.log()를 통해 콘솔로 덤프되는 객체에 무엇이 있는지 실제로 확인할 수 있다.

Sinon.JS의 또 다른 강력한 도구는 **스텁**stubs이다. 스텁은 가상객체와 상당히 유사하며(자바스크립트에서의 실제 효과는 동일하다), 우리가 필요한 반환 값을 시뮬레이션 하기 위해 가짜 함수fake functions를 사용할 수 있게 한다.

```
var sinon = require('sinon');
var expect = require('chai').expect;

function rollDice() {
  return -1 * Math.floor(Math.random() * 6) + 1;
}
describe("When rollDice gets called", function() {
  it("Math#random should be called with no arguments", function() {
    sinon.stub(Math, "random");
    rollDice();
    console.log(Math.random.calledWith());
```

```
    });
  })
```

위의 경우, Math#random을 스텁으로 만들었다. 이 때 Math#random은 무엇이 호출됐는지 또는 어떻게 호출됐는지에 대한 통계를 기록하며, 재정의 됐지만 구현 내용은 없는 일종의 메소드(이것은 get을 호출하지 않는다)가 된다.

앞의 코드에는 catch 구문이 하나 있다. 우리는 random( ) 메소드를 복원하지 않는다. 이는 상당히 위험하다. 다른 테스트들은 Math#random 메소드를 본래 메소드가 아닌 스텁으로 보기 때문에 엄청난 부작용을 초래하며, 이는 코딩이나 테스트가 잘못된 정보를 따르게 할 수 있다.

이를 방지하기 위해, Mocha에서 before( )와 after( ) 메소드를 활용해야 한다.

```
var sinon = require('sinon');
  var expect = require('chai').expect;

  var sinon = require('sinon');
  var expect = require('chai').expect;

  function rollDice() {
    return -1 * Math.floor(Math.random() * 6) + 1;
  }
  describe("When rollDice gets called", function() {

    it("Math#random should be called with no arguments", function() {
      sinon.stub(Math, "random");
      rollDice();
      console.log(Math.random.calledWith());
    });
  after(function(){
    Math.random.restore();
  });
});
```

강조된 코드를 살펴보면, Sinon.JS가 원래 메소드를 복원하라고 지시한다. 원래 메소드는 스텁으로 된 it 블록들 중 하나에 내제되어, 또 다른 describe 블록이 http.get를 사용하고, 스텁을 사용할 필요 없이 원래 메소드를 사용하게 된다.

 before()와 after() 메소드는 테스트를 위한 설정과 해제에 매우 도움이 된다. 그러나, 이들은 테스트 사이의 상호작용을 유도할 수 있기 때문에 실행되는 범위에 주의해야 한다.

Mocha는 before와 after에 대한 몇 가지 특성을 갖는다.

- before(callback): 현재 범위를 이전에 실행한다(이전 코드에서 describe 블록의 시작 시에).
- after(callback): 현재 범위를 이후에 실행한다(이전 코드에서 describe 블록의 마지막에).
- beforeEach(callback): 범위의 모든 요소 시작 시에 실행된다(이전 예제의 각각의 요소 전에).
- afterEach(callback): 현재 범위의 모든 요소 마지막에 실행된다(이전 예제의 모든 it 이후에).

Sinon.JS의 또 다른 흥미 있는 기능은 시간 조작$^{time \ manipulation}$이다. 일부 테스트들은 주기적인 작업으로 실행되거나 이벤트가 발생한 특정 시간 이후 응답해야 한다. Sinon.JS를 통해 테스트 파라미터 중 하나로 시간을 지정할 수 있다.

```
var sinon = require('sinon');
var expect = require('chai').expect

function areWeThereYet(callback) {

  setTimeout(function() {
    callback.apply(this);
```

```
    }, 10);
  }
  var clock;

  before(function(){
    clock = sinon.useFakeTimers();
  });

  it("callback gets called after 10ms", function () {
    var callback = sinon.spy();
    var throttled = areWeThereYet(callback);

    areWeThereYet(callback);

    clock.tick(9);
    expect(callback.notCalled).to.be.true;

    clock.tick(1);
      expect(callback.notCalled).to.be.false;
  });

  after(function(){
    clock.restore();
  });
```

확인할 수 있듯이, 이제 테스트에서 시간 관련 사항을 통제할 수 있다.

실제 마이크로서비스에서의 테스트

이제 전체 테스트 스위트에 대한 일반적인 그림을 얻기 위해, 실제 마이크로서비스에서 테스트를 해야 하는 시간이다.

우리 마이크로서비스에서는 Express를 사용한다. 그리고 검색 엔진에서 **정지 단어**stop words 라 불리는 것들을 제거하기 위해 입력 텍스트를 필터링 한다. 정지 단어는 세 문자 미만의 단어와 금지된 단어를 말한다.

코드를 살펴보도록 하자.

```javascript
var _ = require('lodash');
var express = require('express');

var bannedWords = ["kitten", "puppy", "parrot"];

function removeStopWords (text, callback) {
  var words = text.split(' ');
  var validWords = [];
  _(words).forEach(function(word, index) {
    var addWord = true;

    if (word.length < 3) {
      addWord = false;
    }

    if(addWord && bannedWords.indexOf(word) > -1) {
      addWord = false;
    }
    if (addWord) {
      validWords.push(word);
    }

    // 마지막 반복:
    if (index == (words.length - 1)) {
      callback(null, validWords.join(" "));
    }
  });
}
var app = express();

app.get('/filter', function(req, res) {
  removeStopWords(req.query.text, function(err, response){
    res.send(response);
  });
});
```

```
app.listen(3000, function() {
  console.log("app started in port 3000");
});
```

알 수 있듯이 서비스는 상당히 작은 규모로, 단위 테스트, 통합 테스트, 종단간 테스트에 대한 작성 방법을 설명하는 완벽한 예제다. 이 경우, 앞에서 언급한 바와 같이 REST API를 통한 서비스의 테스트는 종단 관점에서 시스템 테스트와 동일하다. 또한 시스템 내에서 컴포넌트가 통합되는 방법도 같기 때문에 종단간 테스트와 통합 테스트는 정확히 같다. 이를 고려해, UI를 추가하는 경우, 품질을 보장하기 위해 E2E 테스트에서 통합 테스트를 분리해야 한다.

TDD – 테스트 주도 개발

우리 서비스는 잘 수행된다. 그러나 단위 테스트를 원하는 경우에는 몇 가지 문제가 있다.

- 단위 테스트를 수행하기 원하는 함수는 주요 .js 파일의 외부에서는 보여지지 않는다.
- 서버 코드는 기능 코드에 강하게 결합돼 있으며, 응집도가 나쁘다.

이 점이 TDD가 필요한 이유다. '소프트웨어를 작성할 때, 이 기능을 테스트하는 방법은 무엇인가?'라고 항상 스스로에게 물어야 한다. 이것이 테스트의 특정 목적을 위해 소프트웨어를 수정해야 한다는 의미는 아니다. 그러나 프로그램의 일부를 테스트하는 동안 문제가 있는 경우, (당연히 그래야 하지만) 응집도cohesion와 결합도coupling를 살펴봐야 한다. 이들은 문제를 나타내기 좋은 지시자이기 때문이다.

```
var _ = require('lodash');
var express = require('express');

module.exports = function(options) {
  bannedWords = [];
```

```
  if (typeof options !== 'undefined') {
    console.log(options);
    bannedWords = options.bannedWords || [];
  }

  return function bannedWords(text, callback) {
    var words = text.split(' ');
    var validWords = [];
    _(words).forEach(function(word, index) {
      var addWord = true;

      if (word.length < 3) {
        addWord = false;
      }

      if(addWord && bannedWords.indexOf(word) > -1) {
        addWord = false;
      }
      if (addWord) {
        validWords.push(word);
      }

      // 마지막 반복:
      if (index == (words.length - 1)) {
        callback(null, validWords.join(" "));
      }
    });
  }
}
```

개인적 생각으로는, 이 파일은 재사용성이 높고 응집도가 좋은 모듈이다.

- 어디서나 (심지어, 브라우저에서도) 가져오기^{import}를 할 수 있다.
- 모듈을 생성하는 경우 금지된 단어가 주입될 수 있다(테스팅에 매우 유용하다).
- 애플리케이션 코드와 엮이지 않는다.

이 방식으로 코드를 정의하면, 애플리케이션 모듈은 다음과 매우 유사하게 보일 것이다.

```
var _ = require('lodash');
var express = require('express');

var removeStopWords = require('./remove-stop-words')({bannedWords:
  ["kitten", "puppy", "parrot"]});

var app = express();

app.get('filter', function(req, res) {
  res.send(removeStopWords(req.query.text));
});

app.listen(3000, function() {
  console.log("app started in port 3000");
});
```

알 수 있듯이, 운영 단위(서버의 설정)로부터 비즈니스 단위(비즈니스 로직을 기술하는 기능)를 명확하게 분리했다.

이전에 언급한 것처럼, 개인적으로는 코드 작성에 앞서 테스트 작성을 해야한다고 열렬히 주장하고 싶지는 않다. (필자 의견으로는) 코드에 따라 테스트가 작성돼야 하지만, 앞에서 언급한 질문을 마음속에 염두하고 있어야 한다.

여러 회사에서는 최신 기법인 TDD 방법론을 적용하라는 압력이 있어 보인다. 그러나, 비즈니스 요구사항이 명확하지 못하고(90%의 경우) 개발 프로세스에 따른 변화에 직면하는 경우, TDD는 상당한 비효율을 초래할 수 있다.

단위 테스트

이제 코드는 더 나은 형태를 갖추었으며, 함수에 대한 단위 테스트를 수행할 수 있다. 단위 테스트를 위해 Mocha와 Chai를 이용한다.

```javascript
var removeStopWords = require('./remove-stop-words')({bannedWords:
  ["kitten", "parrot"]});

var chai = require('chai');
var assert = chai.assert;
chai.should();
var expect = chai.expect;

describe('When executing "removeStopWords"', function() {

  it('should remove words with less than 3 chars of length',
    function() {
      removeStopWords('my small list of words', function(err,
        response) {
        expect(response).to.equal("small list words");
      });
    });

  it('should remove extra white spaces', function() {
    removeStopWords('my small list of words', function(err,
      response) {
      expect(response).to.equal("small list words");
    });
  });

  it('should remove banned words', function() {
    removeStopWords('My kitten is sleeping', function(err,
    response) {
    expect(response).to.equal("sleeping");
  });
});
});
it('should not fail with null as input', function() {
  removeStopWords(null, function(err, response) {
    expect(response).to.equal("small list words");
  });
});
});
```

```
it('should fail if the input is not a string', function() {
  try {
      removeStopWords(5, function(err, response) {});
      assert.fail();
    }
    catch(err) {
    }
  });
});
```

알 수 있듯이 위 코드는 애플리케이션 내의 상당히 많은 단위 케이스와 브랜치를 커버한
다. 그러나 코드 커버리지는 어떻게 보여지는가?

지금까지 테스트 커버리지를 언급했지만, 실제로 측정하지 않았다. 테스트 커버리지를 측
정하기 위해 **이스탄불**Istanbul이라 불리는 도구를 사용한다.

```
npm install -g istanbul
```

이 명령어는 이스탄불을 설치한다. 이제 커버리지 보고서를 실행해야 한다.

```
istanbul cover _mocha my-tests.js
```

이 명령어는 다음 그림과 유사한 결과를 생성한다.

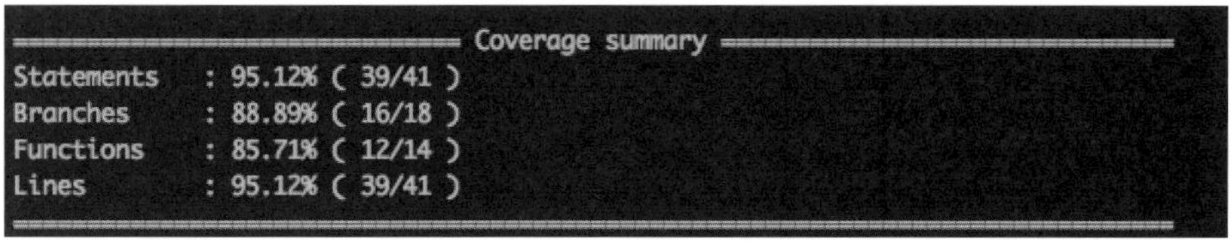

```
================= Coverage summary =================
Statements   : 95.12% ( 39/41 )
Branches     : 88.89% ( 16/18 )
Functions    : 85.71% ( 12/14 )
Lines        : 95.12% ( 39/41 )
```

이 명령은 다음 화면처럼 커버되지 않은 라인, 함수, 브랜치, 문장을 나타내는 커버리지
보고서를 HTML로 생성한다.

File ▲		Statements		Branches		Functions		Lines	
remove-stop-words.js		100%	19/19	88.89%	16/18	100%	3/3	100%	19/19
stop-words-tests.js		90.91%	20/22	100%	0/0	81.82%	9/11	90.91%	20/22

알 수 있겠지만 커버리지는 상당히 좋아 보인다. 특히 코드에 대한 상세 보고서를 확인해
보면, 다음 그림처럼 실제로 우리 코드(테스트가 아니다)는 커버리지가 상당히 좋다.

all files / code/ **remove-stop-words.js**

100% Statements 19/19   **88.89%** Branches 16/18   **100%** Functions 3/3   **100%** Lines 19/19

```
 1  1×  var _ = require('lodash');
 2  1×  var express = require('express');
 3
 4  1×  module.exports = function(options) {
 5  1×      var bannedWords = [];
 6  1×   E  if (typeof options !== 'undefined') {
 7  1×          bannedWords = options.bannedWords || [];
 8          }
 9
10  1×      return function removeBannedWords(text, callback) {
11  5×          var words = text != null && typeof text !== 'undefined' ? text.split(' ') : [];
12  4×          var validWords = [];
13  4×          _(words).forEach(function(word, index) {
14 20×              var addWord = true;
15
16 20×              if (word.length < 3) {
17 12×                  addWord = false;
18              }
19 20×              if(addWord && bannedWords.indexOf(word) > -1) {
20  1×                  addWord = false;
21              }
22
23 20×              if (addWord) {
24  7×                  validWords.push(word);
25              }
26
27                  // Last iteration:
28 20×              if (index == (words.length - 1)) {
29  3×                  callback(null, validWords.join(" "));
30              }
31          });
32      }
33  }
34
```

하나의 브랜치(7번 줄 or 연산자)만 실행에서 제외되고, 5번 줄의 if 연산자는 else 연산자로 가지 않는 것을 볼 수 있다.

또한, 코드 라인이 실행되는 횟수에 대한 정보도 얻었다. 실행 횟수는 라인 번호 옆 수직 막대 안에 표시된다. 이 정보는 최적화가 가장 도움이 되는 애플리케이션의 핫스팟을 발견하는 데 매우 유용하다.

이 예제에서 커버리지의 적절한 수준과 관련해서는 90% 이상의 커버리지를 갖추는 것이 상당히 쉽다. 하지만 안타깝게도 다음과 같은 이유로 생산 시스템에서 커버리지를 높이는 것이 쉽지 않다.

- 코드가 훨씬 더 복잡하다.
- 항상 시간에 제약이 있다.
- 테스트가 항상 생산적인 시간으로 간주되지 않는다.

그러나 동적인 언어로 작업하는 경우에는 주의가 필요하다. 자바나 C#에서, 존재하지 않는 함수를 호출하면 컴파일 시 오류가 발생된다. 반면에 자바스크립트에서는 런타임 오류가 발생한다. 유일하고도 실질적인 장애물은 커버리지 테스트(수동 테스트 또는 자동 테스트)다. 따라서 최소한 모든 라인이 한 번은 실행됐는지를 확인하는 것이 좋다. 대부분의 경우, 일반적인 코드 커버리지는 75% 이상이면 충분하다.

종단간 테스트

전체적으로 우리 애플리케이션을 테스트하기 위해서는 서버를 실행해야 한다. 일반적으로 종단간end-to-end 테스트는 배포하려는 소프트웨어가 예상대로 동작하는지 검증하기 위해 QA 박스나 사전 제작 머신 같이 통제된 환경에서 실행된다.

예제의 경우, 우리 애플리케이션은 API이다. 따라서 통합 테스트와 동시에 종단간 테스트를 생성할 것이다.

그러나, 전체 애플리케이션에서는 통합 테스트와 종단간 테스트가 명확하게 분리되길 원한다. 그리고 UI 관점에서 애플리케이션을 테스트하기 위해 셀레늄^{Selenium}을 사용하기를 원한다.

셀레늄은 다음과 같이 우리 코드가 브라우저로 명령을 보내는 것을 가능하게 하는 프레임워크다.

- button 1 ID를 갖는 버튼을 클릭한다.
- highlighted CSS 클래스를 갖는 div 엘리먼트 위로 마우스 커서를 위치시킨다.

이 방법을 이용하면 애플리케이션의 작업이 예상대로 종단간에 흘러가는 것을 보장할 수 있다. 또한 다음 출시에서 애플리케이션의 주요 흐름이 중단되지 않게끔 할 수 있다.

이제 마이크로서비스의 종단간 테스트에 초점을 맞춰 보자. 소프트웨어의 단위 테스트를 위해 어써션 인터페이스에 관련해서 Chai와 Mocha를 사용해 왔다. 그리고 가상객체 서비스 기능과 다른 요소에 관련 호출이 서드파티 웹 서비스로 전파되는 것을 방지하기 위해, 또는 한 메소드에서 제어된 응답을 얻기 위해 Sinon.JS를 사용했다.

이제 종단간 테스트 계획에서 실제로 서비스로 호출을 발행하고 결과를 검증하기 위한 응답을 받아야 한다.

먼저 해야 하는 작업은 어딘가에서 마이크로서비스를 실행하는 것이다. 편의를 위해 로컬 머신을 이용하지만 지속적인 개발 환경의 QA 머신에서도 이런 테스트를 실행할 수있다.

이제 서버를 시작해 보자.

```
node stop-words.js
```

편의를 위해 stop-words.js 스크립트를 호출한다. 서버가 실행되면 테스트를 시작할 준비가 된 것이다. 일부 환경에서는 테스트를 시작하고 서버의 중단을 원할 수도 있기 때문에 모든 것이 독립적으로 되어 있다. 작업을 수행하는 방법에 대한 간단한 예제를 살펴보자.

```javascript
var express = require('express');

var myServer = express();

var chai = require('chai');

myServer.get('/endpoint', function(req, res){
  res.send('endpoint reached');
});

var serverHandler;

before(function(){
  serverHandler = myServer.listen(3000);
});
describe("When executing 'GET' into /endpoint", function(){
  it("should return 'endpoint reached'", function(){
    // 당신의 로직은 서버에 있다. 당신의 서버는 http://localhost:3000이다.
  });
});

after(function(){
  serverHandler.close();
});
```

알 수 있듯이 Express는 서버를 프로그램적으로 작동하기 위한 핸들러를 제공한다. 따라서, before( )와 after( ) 함수를 사용하면 쉽게 원하는 결과를 얻을 수 있다.

예제에서는 서버가 실행되고 있다고 가정한다. 요청을 발행하기 위해, 그리고 서버에 대한 호출을 발행하기 위해 request라 불리는 라이브러리를 사용한다.

이 라이브러리를 설치하는 방법은 평소와 같이 npm install request이다. 설치가 완료되면 이 놀라운 라이브러리를 사용할 수 있다.

```javascript
var chai = require('chai');
var chaiHttp = require('chai-http');
var expect = chai.expect;
chai.use(chaiHttp);

describe("when we issue a 'GET' to /filter with text='aaaa bbbb
  cccc'", function(){
    it("should return HTTP 200", function(done) {
      chai.request('http://localhost:3000')
        .get('/filter')
        .query({text: 'aa bb ccccc'}).end(function(req, res){
          expect(res.status).to.equal(200);
          done();
        });
    });
});
describe("when we issue a 'GET' to /filter with text='aa bb
  ccccc'", function(){
    it("should return 'ccccc'", function(done) {
      chai.request('http://localhost:3000')
        .get('/filter')
        .query({text: 'aa bb ccccc'}).end(function(req, res){
          expect(res.text).to.equal('ccccc');
          done();
        });
    });
});
describe("when we issue a 'GET' to /filter with text='aa bb cc'",
  function(){
    it("should return ''", function(done) {
      chai.request('http://localhost:3000')
        .get('/filter')
        .query({text: 'aa bb cc'}).end(function(req, res){
```

```
        expect(res.text).to.equal('');
        done();
      });
    });
  });
```

이전의 간단한 테스트에서는 애플리케이션의 모든 단일 모바일 코드 부분의 실행을 보장하는 방법으로 서버의 테스트 부분을 관리할 수 있었다.

다음은 이전에는 없던 부분이다.

```
it("should return 'ccccc'", function(done) {
  chai.request('http://localhost:3000')
    .get('/filter')
    .query({text: 'aa bb ccccc'}).end(function(req, res){
      expect(res.text).to.equal('ccccc');
      done();
    });
});
```

강조 표시된 코드를 살펴보면, done이라 불리는 새로운 콜백을 볼 수 있다. 이 콜백은 한 가지 역할을 한다. 바로 호출될 때까지 테스트가 끝나는 것을 방지하는 것이다. 따라서 HTTP 요청은 실행돼야 하는 시간을 확보하고 적절하게 설정된 값을 반환한다. 이때 Node.js는 비동기이며, 한 동작이 끝날 때까지 쓰레드가 차단되는 경우가 없다는 점을 기억해야 한다.

그 이외에, get 요청을 만들기 위해 chai-http로 도입된 새로운 DSL을 이용한다.

이 언어는 다음 예제와 같이 넓은 범위의 조합을 가능하게 한다.

```
chai.request('http://mydomain.com')
  .post('/myform')
  .field('_method', 'put')
```

```
.field('username', 'dgonzalez')
.field('password', '123456').end(...)
```

앞의 요청에서는 로그인과 같은 폼^{form}을 제공한다. 따라서 end( ) 함수에서 서버로부터 반환 값을 어써션 처리할 수 있다.

chai-http를 이용하면 무한한 조합으로 우리 API를 테스트할 수 있다.

수동 테스트 – 필요악

자동화 테스트에 얼마나 많은 노력을 들였는가와 상관없이, 항상 실행해야 하는 많은 수의 수동 테스트^{manual tests}가 있다.

때로는 API를 개발하는 경우, 클라이언트에서 서버로 가는 메시지들을 보기 원하기 때문에 수동 테스트가 필요하다. 그러나 소프트웨어가 예상한 대로 실행되는 원인을 파악하기 위해, 미리 만들어진 요청을 통해 엔드포인트를 확인해야 하는 경우도 있다.

먼저, 모든 요청을 감지하는 프록시를 구축하고 터미널로 기록해서 무슨 일이 일어나고 있는지 디버깅할 수 있도록, Node.js의 장점과 동적인 특성을 활용할 것이다. 이 기법은 두 마이크로서비스 사이의 통신을 활용하는 데 사용되며 흐름을 방해하지 않고 상황을 확인하는데 사용할 수 있다.

그 다음, 통제된 방법으로 서버에 대한 요청을 발행하기 위해 Postman이라 불리는 소프트웨어를 이용한다.

마이크로서비스 디버깅을 위한 프록시 설정

필자가 Node.js를 처음으로 접한 것은 다음과 같은 문제에서 비롯됐다. 바로, 두 서버가 서로에게 메시지를 전송함으로 인해 알 수 없는 이유로 오작동이 발생했기 때문이다.

이 문제는 매우 일반적인 문제(기본적으로 이 문제는 중간자 프록시^{man-in-the-middle proxies}로 불린다)로, 다양한 솔루션을 통해 해결할 수 있지만, Node.js을 사용하면 매우 효과적이다.

```
var http = require('http');
var httpProxy = require('http-proxy');
var proxy = httpProxy.createProxyServer({});

http.createServer(function(req, res) {
  console.log(req.rawHeaders);
  proxy.web(req, res, { target: 'http://localhost:3000' });
}).listen(4000);
```

앞 절의 내용을 기억하고 있다면, stop-words.js 프로그램은 3000번 포트에서 실행됐다. 이 코드를 이용해 헤더들을 콘솔로 기록한 후, 4000번 포트의 모든 요청에 대해 3000번 포트로 터널을 만드는 http-proxy를 이용하는 프록시를 생성했다.

프로젝트 루트에서 모든 의존성 패키지를 npm install 명령어로 설치한 후에 프로그램을 실행하면, 프록시가 효과적으로 요청을 로깅하고 대상 호스트로 요청을 터널링하는 것을 확인할 수 있다.

```
curl http://localhost:4000/filter?text=aaa
```

위 코드는 다음과 같은 결과를 출력한다.

이 예제는 매우 단순하지만, 실제로 이 작은 프록시는 마이크로서비스 사이 어느 곳에도 배치됨으로써 네트워크에서 어떤 일이 일어나고 있는지 귀중한 정보를 제공한다.

256

Postman

API 테스트를 위해 인터넷에서 발견할 수 있는 모든 소프트웨어 중, 개인적으로 가장 선호하는 소프트웨어는 Postman이다. 이것은 구글 크롬의 확장기능으로 시작됐지만, 요즘은 크롬 런타임Chrome runtime에 내장된 단독 실행 앱의 형태를 갖는다.

Postman은 크롬 웹 스토어에서 발견할 수 있으며 무료다(따라서 비용을 지불할 필요가 없다). 그렇지만 팀 단위의 고급 기능을 위한 버전은 비용을 지불해야 한다.

다음 그림처럼 인터페이스는 매우 간결하고 단순하다.

화면 왼쪽에서, 요청에 대한 Collections뿐 아니라 요청에 대한 History도 볼 수 있다. 이는 장기적인 프로젝트 작업을 하고, 내장해야 하는 몇 가지 복잡한 요청이 있는 경우 매우 편리하다.

Postman의 훌륭한 장점을 설명하기 위해 stop-words.js 마이크로서비스를 대상으로 사용할 것이다.

따라서 마이크로서비스가 실행되고 있는지를 먼저 확인해야 한다. 그렇다면 다음 그림처럼 요청을 발행해 보자.

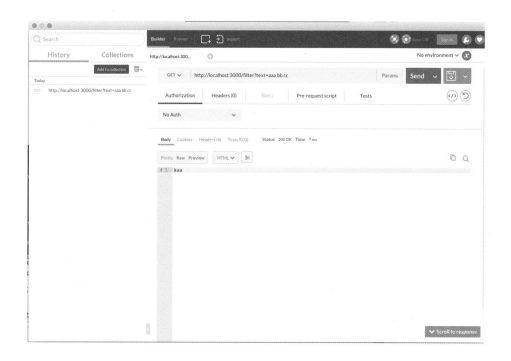

아주 간단하게 (GET 동사를 이용해) 서비스에 요청을 발행하며, 필터링된 텍스트로 응답한다. 이것은 매우 간단하고 효과적이다.

이제 Node.js를 통해 호출하기 원한다고 생각해 보자. Postman은 인터페이스에서 발행하는 요청 코드를 생성하는 매우 흥미로운 기능을 제공한다. 윈도우 오른쪽의 저장save 버튼 아래 아이콘을 클릭하면 나타나는 화면은 마법처럼 코드를 표시한다.

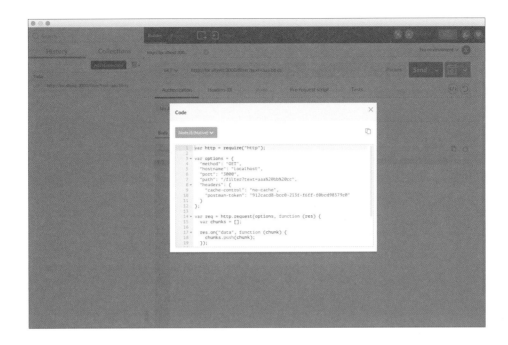

생성된 코드를 살펴보자.

```
var http = require("http");

var options = {
  "method": "GET",
  "hostname": "localhost",
  "port": "3000",
  "path": "/filter?text=aaa%20bb%20cc",
  "headers": {
    "cache-control": "no-cache",
    "postman-token": "912cacd8-bcc0-213f-f6ff-f0bcd98579c0"
  }
};

var req = http.request(options, function (res) {
  var chunks = [];
```

```
  res.on("data", function (chunk) {
    chunks.push(chunk);
  });

  res.on("end", function () {
    var body = Buffer.concat(chunks);
    console.log(body.toString());
  });
});

req.end();
```

이 코드는 이해하기 쉬우며 HTTP 라이브러리에 익숙한 경우에는 이해가 더 쉽다.

Postman를 이용하면 인증 토큰이나 쿠키를 전송할 수 있다. 그리고 애플리케이션이 수행하는 인증을 모방하는 쿠키, 헤더, 폼도 서버로 보낼 수 있다.

다음 화면처럼, 앞 절에서 생성한 요청을 프록시로 리다이렉션해 보자.

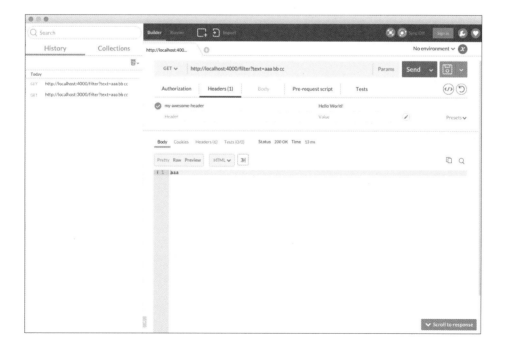

프록시가 있고, `stop-words.js` 마이크로서비스가 실행되면, 프록시에서 다음 출력과 유사한 결과를 볼 수 있어야 한다.

```
→ code  node proxy.js
[ 'Host',
  'localhost:4000',
  'User-Agent',
  'curl/7.43.0',
  'Accept',
  '*/*' ]
[ 'Host',
  'localhost:4000',
  'Connection',
  'keep-alive',
  'Cache-Control',
  'no-cache',
  'my-awesome-header',
  'Hello World!',
  'User-Agent',
  'Mozilla/5.0 (Macintosh; Intel Mac OS X 10_11_0) AppleWebKit/537.36 (KHTML, like Gecko) Chrome/48.0.2564.116 Safari/537.36',
  'Postman-Token',
  '9381e356-2d24-8ffe-82c6-6b16c837af18',
  'Accept',
  '*/*',
  'Accept-Encoding',
  'gzip, deflate, sdch',
  'Accept-Language',
  'es-ES,es;q=0.8,en;q=0.6' ]
```

Postman을 통해 보내는 헤더my-awesome-header는 원시 헤더 목록에서 볼 수 있다.

▌ 마이크로서비스 문서화

이번 절에서는 API 문서화를 위해 Swagger를 사용하는 방법을 배울 것이다. Swagger는 **Open API 표준**을 따르는 API 매니저로, 모든 API 작성자를 위한 공통 언어다. 정의를 작성하는 방법과 자원을 기술하는 방법에 동의하는 것이 왜 중요한지에 대해 설명할 것이다.

Swagger를 통한 API 문서화

문서화Documentation는 항상 문제다. 아무리 열심히 문서화를 해도 문서는 항상 유효 기간을 넘겨 의미 없는 문서가 되고 만다. 하지만 다행히도 지난 몇 년간 REST API를 위한 고품질의 문서를 생성하기 위한 노력이 있어 왔다.

API 매니저는 중요한 역할을 해 왔다. 특히 Swagger는 살펴보기에 매우 흥미로운 플랫폼이다. 문서화를 위한 모듈 이상으로, Swagger는 작업에 대한 전체적인 관점을 제공하는 방식으로 API를 관리한다.

Swagger 설치를 시작해 보자.

```
npm install -g swagger
```

이 명령은 시스템 전체에 Swagger를 설치한다. 따라서 Swagger는 시스템의 추가적인 명령어가 된다. 이제 Swagger를 이용하여 프로젝트를 생성해야 한다.

```
swagger project create my-project
```

이 명령어에서 다른 웹 프레임워크를 선택할 수 있다. Express를 이미 사용해 왔으므로 이를 웹 프레임워크로 선택한다. 이전 명령의 출력은 다음 화면처럼 보여진다.

이 화면은 Swagger를 통한 프로젝트의 시작 방법을 보여준다.

이제, 다음 그림처럼 my-project로 불리는 새로운 폴더를 발견할 수 있다.

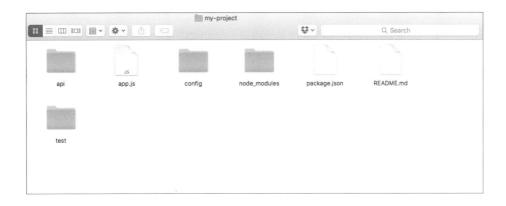

폴더 구조는 이해하기 쉬우며, 일반적인 Node.js 애플리케이션의 레이아웃을 갖는다.

- api: API 코드가 위치한다.
- config: 모든 설정 사항이 위치한다.
- node_modules: 애플리케이션을 실행하는 데 필요한 의존성을 갖는 패키지들이 위치한다.
- test: Swagger가 생성한 더미 테스트가 있으며, 자체적으로 생성한 테스트를 추가할 수 있다.

Swagger는 인상적인 기능을 제공한다. 내장된 편집기는 API 엔드포인트의 모델링이 가능하다. 내장 편집기를 실행하기 위해서는, 생성된 폴더 내에서 다음 명령어를 실행한다.

Swagger project edit

기본 브라우저에서 다음 그림과 유사한 윈도우를 갖는 Swagger의 편집기가 열릴 것이다.

Swagger는 Yet Another Markup Language^{YAML}을 이용한다. 이는 JSON과 매우 유사하지만 다른 구문을 갖는 언어다.

이 문서에서는 우리는 경로(애플리케이션의 경로) 같은 다양한 설정 사항을 지정할 수 있다. Swagger에 의해 생성된 경로를 살펴보자.

```
/hello:
  # binds a127 app logic to a route
  x-swagger-router-controller: hello_world
  get:
    description: Returns 'Hello' to the caller
    # used as the method name of the controller
    operationId: hello
    parameters:
      - name: name
        in: query
```

```
            description: The name of the person to whom to say hello
            required: false
            type: string
        responses:
          "200":
            description: Success
            schema:
              # a pointer to a definition
              $ref: "#/definitions/HelloWorldResponse"
          # responses may fall through to errors
          default:
            description: Error
            schema:
              $ref: "#/definitions/ErrorResponse"
```

정의는 자체적으로 문서화된다. 기본적으로 엔드포인트를 사용하는 파라미터들을 구성하는데, 이때 구성 방법은 선언적인 방법이다. 엔드포인트는 들어오는 hello_world 컨트롤러로 들어오는 액션들에 매핑된다. 그리고 id 연산자에 의해 정의되는 hello 메소드로 명확하게 매핑된다. 이 컨트롤러에서 Swagger가 생성한 내용을 살펴보자.

```
'use strict';

var util = require('util');

module.exports = {
  hello: hello
};

function hello(req, res) {
  var name = req.swagger.params.name.value || 'stranger';
  var hello = util.format('Hello, %s!', name);
  res.json(hello);
}
```

이 코드는 프로젝트의 api/controllers 폴더에서 발견할 수 있다. 알 수 있겠지만 이것은 (응집도가 좋은) 모듈로 포장된 상당히 표준화된 Express 컨트롤러다. Swagger에서 파라미터를 알아내는 경우, hello 함수의 첫 번째 라인만 익숙하지 않은 라인이다. 프로젝트를 실행하고 난 후, 이 부분을 다시 살펴볼 것이다.

엔드포인트의 두 번째 부분은 응답이다. 확인할 수 있듯이 두 가지 정의 -http code 200에 대한 HelloWorldResponse와 나머지 코드에 대한 ErrorResponse -를 참조한다. 이런 객체들은 다음 코드에서 정의된다.

```
definitions:
  HelloWorldResponse:
    required:
      - message
    properties:
      message:
        type: string
  ErrorResponse:
    required:
      - message
    properties:
      message:
        type: string
```

동적 언어를 사용하고 있다고 해도 Swagger에 의해 계약이 정의되는 것은 정말로 흥미로운 일이다. 따라서, 기술 이질성technology heterogeneity의 원칙을 존중하는, 다양한 기술마다 각각 사용될 수 있는 언어에 대해 독립적인 정의를 갖는다. 기술 이질성은 이전에 '1장. 마이크로서비스 아키텍처'와 '2장. 마이크로서비스, 그리고 세네카와 PM2'에서 이야기했다.

정의가 동작하는 방법에 대한 설명이 끝나면, 서버를 실행해야 한다.

```
swagger project start
```

이는 다음 코드와 매우 유사한 출력을 생성해야 한다.

```
Starting: C:\my-project\app.js...
  project started here: http://localhost:10010/
  project will restart on changes.
  to restart at any time, enter `rs`
try this:
curl http://127.0.0.1:10010/hello?name=Scott
```

이제 출력되는 지시에 따라 curl 명령어를 실행하면, 다음과 같은 결과를 얻을 수 있다.

```
curl http://127.0.0.1:10010/hello?name=David
"Hello David!"
```

Swagger는 name 쿼리 파라미터를 YAML 정의에서 정의된 Swagger 파라미터와 묶는다. Swagger에 우리 소프트웨어를 결합하기 때문에 나쁘게 들리겠지만, 이것은 엄청난 장점을 제공한다. Swagger는 편집기를 통한 엔드포인트의 테스트를 가능하기 때문이다. 이제 Swagger의 동작 방법을 살펴보자.

다음 화면에 보여지는 것처럼, 편집기의 오른쪽에 Try this operation 레이블이 있는 버튼을 볼 수 있다.

버튼을 클릭하면, 다음 화면처럼 엔드포인트를 테스트할 수 있는 폼이 제공된다.

위의 형식으로 출처가 다른 요청에 대한 경고 메시지가 있다. 로컬 머신에서 개발할 경우라면 경고에 대해서는 걱정할 필요가 없다. 그러나 Swagger 편집기를 이용해 다른 호스트를 테스트하는 경우에는 문제가 될 수 있다.

> 더 많은 정보를 얻기 위해서는 다음 URL을 참조하라.
>
> https://en.wikipedia.org/wiki/Cross-origin_resource_sharing

다음 그림처럼 name 파라미터에 값을 입력한 Send Request를 클릭하라.

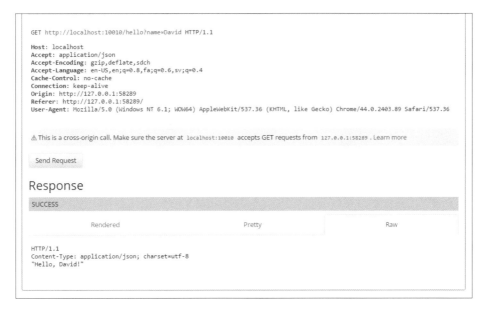

이것은 엔드포인트를 테스트하기 위해 Swagger 편집기를 사용하는 응답의 예시다.

테스트 작업을 위해 우리 앱 서버가 실행되고 있어야 함을 주의하라.

Swagger 정의로부터 프로젝트 생성

지금까지 Swagger를 가지고 작업했으며, 프로젝트를 생성했다. 이제 swagger.yaml 파일에서 프로젝트를 생성할 것이다. 처음에는 이미 생성된 프로젝트를 사용하고, 이후 새로운 엔드포인트를 추가할 것이다.

```yaml
swagger: "2.0"
info:
  version: "0.0.1"
  title: Stop Words Filtering App
host: localhost:8000
basePath: /
schemes:
  - http
  - https
consumes:
  - application/json
produces:
  - application/json
paths:
  /stop-words:
    x-swagger-router-controller: stop_words
    get:
      description: Removes the stop words from an arbitrary input
        text.
      operationId: stopwords
      parameters:
        - name: text
          in: query
          description: The text to be sanitized
          required: false
          type: string
      responses:
        "200":
          description: Success
          schema:
```

```
        $ref: "#/definitions/StopWordsResponse"
  /swagger:
    x-swagger-pipe: swagger_raw
definitions:
  StopWordsResponse:
    required:
      - message
    properties:
      message:
        type: string
```

이 엔드포인트는 이번 장의 앞 부분에서 단위 테스트를 수행했기 때문에 매우 익숙할 수 있다. 지금까지 알고 있는 것처럼 Swagger 편집기는 상당히 편리하다. 편집기에 입력하면 변경을 저장할 수 있을뿐 아니라, YAML 파일에서 어떤 일이 진행되는지 피드백도 얻을 수 있다.

다음 단계는 https://github.com/swagger-api/swagger-codegen에서 Swagger 코드 생성기를 다운로드 받는 것이다. 이것은 자바 프로젝트로, 자바 SDK와 다음과 같이 빌드를 위해 메이븐Maven이 필요하다.

```
mvn package
```

Codegen은 Swagger YAML에서 API 정의를 읽을 수 있도록 해 주는 도구다. 그리고 선택한 언어에서 프로젝트의 기본적인 구조를 만들어 주기도 한다. 예제의 경우 선택한 언어는 Node.js가 된다.

앞의 명령어는 프로젝트 루트에서 모든 서브모듈을 빌드해야 한다. 이제 빌드를 위해서는 swagger-codegen의 루트 폴더에서 다음 명령어를 실행하기만 하면 된다.

```
java -jar modules/swagger-codegen-cli/target/swagger-codegen-cli.jar
generate -i my-project.yaml -l nodejs -o my-project
```

Swagger 코드 생성기는 다양한 언어를 지원한다. 여기, 마이크로서비스를 위해 Swagger 를 사용하기 위한 기법이 있다. 서비스를 구축하기 위해, 인터페이스를 정의한 다음 가장 적절한 기술을 사용할 수 있다.

`my-project` 폴더로 이동하면, 코딩의 시작을 준비하기 위해 프로젝트의 전체 구조를 확인할 수 있다.

▌ 요약

이번 장에서는 마이크로서비스를 테스트하고 문서화하는 방법을 학습했다. 이는 새로운 기능을 전달해야 하는 압박으로 인해 소프트웨어 개발에서 간과되는 활동이다. 그러나, 개인적으로는 문서화를 하지 않는 것은 위험한 결정이라고 생각한다. 우리는 너무 많은 테스트와 아주 적은 테스트 사이에서 균형을 찾아야 한다. 항상 단위 테스트, 통합 테스트, 종단간 테스트 사이의 적절한 비율을 찾기 위해 노력해야 한다.

또한, 수동 테스트와 소프트웨어를 수동으로 테스트하는 경우, 효율적으로 테스트하기 위한 도구에 대해도 학습했다(수동 테스트에는 언제나 갖추어야 할 구성요소들이 있다).

또 다른 흥미 있는 내용은 문서화와 API의 관리다. 우리의 경우, 가장 인기 있는 API 관리자로 오픈 API 표준의 생성을 유도하는 Swagger에 대해 알게 되었다.

API 분야에 대해 더 깊이 알기를 원한다면(실질적이고, 효과적인 API를 개발하기 위해 학습해야 사항이 많다), http://apigee.com를 검색해야 한다. Apigee는 API 구축 관련 전문 회사로, 개발자나 회사가 더 나은 API를 개발할 수 있도록 유용한 도구를 제공한다.

07

마이크로서비스 모니터링

서버 모니터링Monitoring은 항상 논란이 되는 주제다. 일반적으로 모니터링은 시스템 관리자의 책임이기 때문에 소프트웨어 엔지니어들은 관심을 두지 않는다. 그러나 우리는 모니터링의 엄청난 혜택 중 하나(실패에 빠르게 반응하는 능력)를 잃어가고 있다. 시스템을 세밀하게 모니터링하면 대부분의 문제를 곧바로 파악할 수 있다. 따라서 문제를 수정하는 조치를 통해 문제가 고객에게 영향을 주기 전에 처리할 수 있다. 모니터링과 관련해서는 성능의 개념이 있다. 시스템이 부하를 받는 동안에 어떻게 동작하는지 알게 됨으로써 시스템의 확장 필요성을 예측할 수 있다. 이번 장에서는 시스템의 안정성을 유지하기 위해 서버, 구체적으로는 마이크로서비스의 모니터링 방법에 대해 논의한다.

이번 장에서는 다음과 같은 주제를 다룬다.

- 서비스 모니터링
- PM2와 Keymetrics를 이용한 모니터링
- 모니터링 메트릭
- 시미언 아미Simian Army – 스포티파이Spotify에서의 활성 모니터링
- 처리량과 성능 저하

▌ 서비스 모니터링

마이크로서비스를 모니터링 하는 경우에는 각 유형의 메트릭에 관심을 갖는다. 대표적인
유형은 메트릭으로는 다음과 같은 하드웨어 자원이 있다.

- **메모리 메트릭**Memory metrics: 얼마나 많은 메모리가 시스템에 남아 있는지, 또는 애
  플리케이션에 의해 소비되는지를 나타낸다.
- **CPU 사용률**CPU utilization: 이름에서 알 수 있듯이, 주어진 시간에 얼마나 많이 CPU
  를 사용하는가를 나타낸다.
- **디스크 사용률**Disk utilization: 물리적인 하드 드라이브의 I/O에 대한 압력을 나타
  낸다.

두 번째 유형은 다음과 같은 애플리케이션 메트릭이다.

- 단위 시간당 오류 수
- 단위 시간당 호출 수
- 응답 시간

위 두 그룹이 관련성이 있고 하드웨어 문제가 애플리케이션 성능에 영향을 준다고 해도 (또는 반대라고 해도) 이들 메트릭을 모두 숙지하는 것이 필수적이다.

서버가 리눅스 머신이라면 하드웨어 메트릭의 조회는 쉽다. 리눅스에서 하드웨어 자원에 대한 놀라운 일은 모두 /proc 폴더에서 발생한다. 이 폴더는 시스템 커널로 유지되며, 시스템 내의 다양한 측면과 연관된 시스템 동작 방법 관련 파일들을 포함하고 있다.

소프트웨어 메트릭은 수집하기가 더 어려우며, Node.js 애플리케이션을 모니터링하기 위해서는 PM2의 생성자로부터 **Keymetrics**를 사용해야 한다.

PM2와 Keymetrics를 이용한 모니터링

이전에 살펴 본적 있는 PM2는 Node.js 애플리케이션 실행을 위한 매우 강력한 도구지만, 생산 서버에서 단독 애플리케이션을 모니터링하는 데도 매우 유용하다. 그러나 비즈니스 유형에 따라, 생산 환경에 항상 쉽게 접근할 수 있는 것은 아니다.

PM2의 생성자는 Keymetrics를 생성해 이 문제를 해결했다. Keymetrics는 (https://keymetrics.io/에서 확인할 수 있듯) 다음 그림처럼 네트워크를 건너 PM2 웹 사이트로 모니터링 데이터의 전송을 가능하게 하는 SaaS^Software as a service 컴포넌트다.

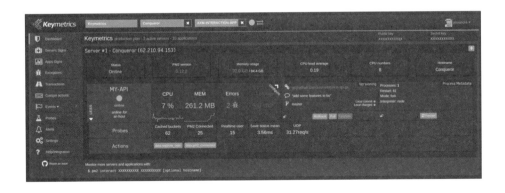

Keymetrics는 무료는 아니지만, 작동 방법을 보여주기 위한 프리 티어free tier1를 제공한다.

우리가 해야 하는 첫 번째 작업은 사용자 등록이다. 계정을 얻게 되면, 다음 화면과 유사한 화면을 볼 수 있다.

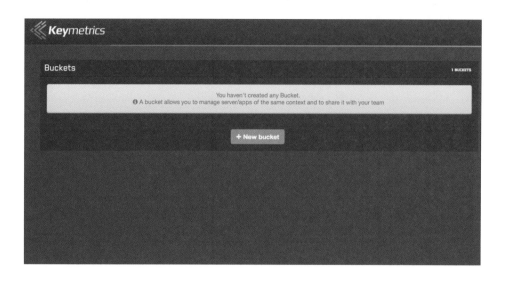

이 화면은 버킷bucket의 생성여부를 묻는다. Keymetrics는 컨텍스트를 정의하기 위해 버킷 개념을 사용한다. 예를 들어 우리 조직이 각 분야(결제, 고객 서비스 등)마다 다른 서버를 갖고 있다면, 하나의 버킷에서 모든 서버를 모니터링할 수 있다. 하나의 버킷이 얼마나 많은 서버를 가질 수 있는지에 대해서는 제한이 없다. 심지어 모든 조직을 동일한 하나의 버킷에 넣어 모든 사항에 접근하기 쉽도록 하는 것도 가능하다.

다음 그림에 보여지는 것처럼 Monitoring Test라 불리는 버킷을 생성해 보자.

---

1 서비스를 제한적인 사용량 한도 내에서 무료로 이용해 볼 수 있는 제도를 의미한다. - 옮긴이

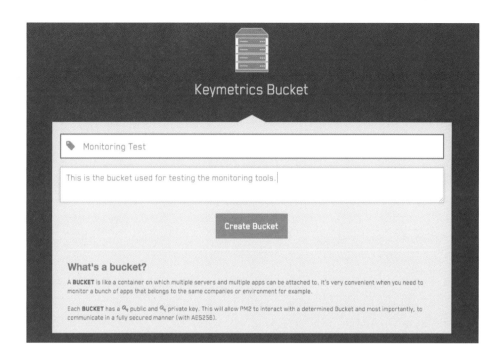

버킷의 생성은 쉽다. **Create Bucket**을 누르기만 하면, Keymetrics는 다음 그림처럼 애플리케이션을 모니터링을 하는 데 필요한 정보를 갖고 있는 화면이 나타난다.

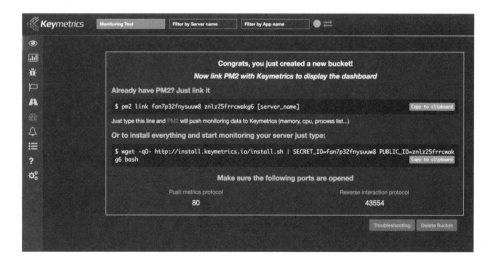

알 수 있듯이 화면은 Keymetrics에서 사용되는 개인 키^{private key}에 대한 정보를 표시한다. 이 키를 다른 사람에게 공유하려는 것은 일반적으로 아주 바람직하지 못한 생각이다.

화면에 표시되는 것처럼, PM2를 구성하는 다음 단계는 Keymetrics로 데이터를 넣는^{push} 것이다. 화면에는 Keymetircs 작업에 필요한 네트워킹과 관련된 유용한 정보가 있다.

- PM2는 80 포트를 통해 Keymetrics로 데이터를 푸시^{push}한다.
- Keymetrics는 **43554** 포트에서 우리에게 데이터를 다시 푸시한다.

일반적으로, 대규모 조직에는 네트워킹과 관련된 제한이 있다. 그러나 집에서 테스트하는 경우라면 모든 것이 바로 동작할 것이다.

PM2가 Keymetrics로 메트릭을 보내는 것을 가능하게 하기 위해 pm2-server-monit으로 불리는 PM2 모듈을 설치해야 한다. 이는 아주 간단한 작업이다.

```
pm2 install pm2-server-monit
```

이 명령은 다음과 유사한 결과를 출력한다.

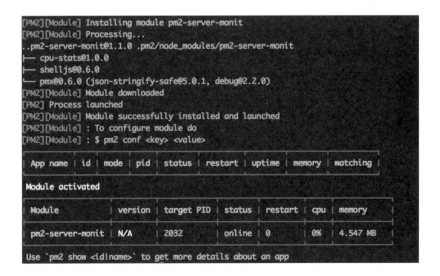

권고되는 명령을 실행해 보자.

```
pm2 link fan7p32fnysuuw8 znlz25frrcwakg6 my-server
```

이 경우, [server name]은 my-server로 대체된다. 서버 이름에 제한은 없다. 하지만 실제 시스템으로 Keymetrics를 내보내는^{rolling out} 경우, 대시보드에서 서버를 쉽게 구별하기 위해 별칭^{descriptive name}을 선택하는 것을 권장한다.

앞의 명령어는 다음 그림과 유사한 결과를 만든다.

```
[Keymetrics.io] Using (Public key: znlz25frrcwakg6) (Private key:
fan7p32fnysuuw8)
[Keymetrics.io] [Agent created] Agent ACTIVE - Web Access:
https://app.keymetrics.io/
```

이것은 모든 사항이 잘 진행되어 Keymetrics에서 애플리케이션을 모니터링할 준비가 됐다는 표시다. 다음과 같이 https://app.keymetrics.io/에서 확인이 가능하다.

이제 우리 서버가 인터페이스에 표시된다. 앞에서 언급했다시피, 이 버킷은 서로 다른 서버를 모니터링할 수 있다. 간단한 가상머신이 생성되고 화면 아래 부분에서 확인이 가능하다. Keymetrics는 또 다른 서버를 추가하는 경우, 실행하는 명령을 제공한다. 이 경우에는 Keymetrics에 대한 무료 액세스를 이용해 하나의 서버만 모니터링할 수 있다.

Keymetrics가 무엇을 제공할 수 있는지 살펴보자. CPU 사용량CPU usage, 사용 가능한 메모리memory available, 사용 가능한 디스크disk available와 같은 흥미로운 메트릭이 눈에 띈다.

이들 메트릭은 모두 시스템이 어떻게 동작하는지 표시하는 하드웨어 메트릭이다. 자원이 부족한 경우, 이들은 더 많은 하드웨어 자원이 필요함을 표시하기 위한 완벽한 지표가 된다.

일반적으로, 애플리케이션에서 하드웨어 자원은 실패의 주된 원인으로 표시indicator된다. 이제 Keymetrics를 이용해 문제를 진단하는 방법을 살펴볼 것이다.

문제 진단

일반적으로 메모리 누수memory leak는 결함의 특성으로 인해 해결이 어려운 문제다. 다음 코드를 살펴보자.

간단한 seneca.act( ) 액션을 사용해 프로그램을 실행해 보자.

```
var seneca = require('seneca')();

var names = [];

seneca.add({cmd: 'memory-leak'}, function(args, done){
  names.push(args.name);
  greetings = "Hello " + args.name;
  done(null ,{result: greetings});
});

seneca.act({cmd: 'memory-leak', name: 'David'}, function(err,
  response) {
  console.log(response);
});
```

이 프로그램은 명백한 메모리 누수를 갖는다. 명백하다[obvious]는 의미는 확실히 알 수 있도록 작성됐다는 의미다. names 배열은 무한으로 커질 수 있다. 그러나 앞의 예제에서, 애플리케이션은 메모리의 상태를 유지하지 않고 시작과 종료를 하는 스크립트이기 때문에 이것은 큰 문제가 되지 않는다.

 var 키워드를 사용하지 않는다면 자바스크립트는 변수를 전역으로 할당함을 기억하라.

문제는 누군가 우리의 코드를 애플리케이션의 다른 부분에서 재활용하는 경우에 발생한다.

시스템이 새로운 고객들에 대응하기 위해, 마이크로서비스가 필요한 (또는 이름, 선호도, 구성 등과 같은 개인정보에 대한 기본 페이로드[payload]를 전달하는) 경우까지 성장한다고 가정해 보자. 다음 코드는 이에 대한 구현 방법의 좋은 예가 될 수 있다.

```
var seneca = require('seneca')();

var names = [];

seneca.add({cmd: 'memory-leak'}, function(args, done){
  names.push(args.name);
  greetings = "Hello " + args.name;
  done(null ,{result: greetings});
});

seneca.listen(null, {port: 8080});
```

이 예제에서 세네카는 세네카 클라이언트나 curl 같은 다른 유형의 시스템에서 HTTP를 통해 요청을 수신한다. 애플리케이션을 실행하면 다음 결과를 볼 수 있다.

```
node index.js
2016-02-14T13:30:26.748Z szwj2mazorea/1455456626740/40489/- INFO hello
Seneca/1.1.0/szwj2mazorea/1455456626740/40489/-
2016-02-14T13:30:27.003Z szwj2mazorea/1455456626740/40489/- INFO listen
{port:8080}
```

이후 또 다른 터미널에서 마이크로서비스의 클라이언트로 작동하기 위해 curl을 사용한다. 모든 것은 원활하게 동작하며 메모리 누수는 보이지 않게 진행될 것이다.

```
curl -d '{"cmd": "memory-leak", "name":"David"}' http://127.0.0.1:8080/
act
{"result":"Hello David"}%
```

하지만 여기서는 문제를 발견하기 위해 Keymetrics를 사용한다. 해야 하는 첫 번째 작업은 PM2를 이용해 우리의 프로그램을 실행하는 것이다. 이 작업을 위해 다음 명령어를 실행한다.

```
pm2 start index.js
```

이 명령어는 다음과 같은 결과를 출력한다.

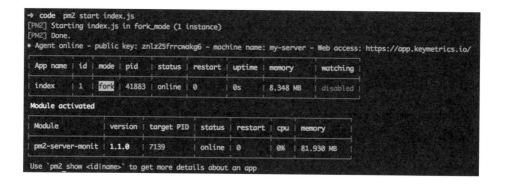

다음과 같이 결과에 대해 설명해 보자.

- 첫 번째 라인은 Keymetric와 통합에 관련된 정보를 알려준다. Keymetrics에 접근하기 위한 공용 키, 서버 이름, URL 같은 데이터를 알려준다.
- 첫 번째 테이블에서는 메모리, 동작시간, CPU 같은 일부 통계치는 물론 실행되는 애플리케이션의 이름도 확인할 수 있다.
- 두 번째 테이블에서는 pm2-server-monit PM2 모듈에 관련된 정보를 확인할 수 있다.

이제 무슨 일이 발생했는지 Keymetrics에서 확인해 보자.

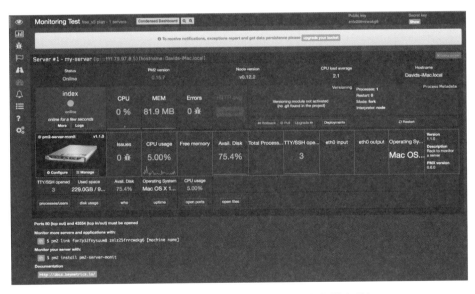

제어판에서 애플리케이션이 Keymetrics에 등록되어 있음을 확인할 수 있다.

알 수 있듯이, 이제 애플리케이션은 Keymetrics에 표시된다.

곧바로 애플리케이션에 대한 매우 유용한 사항들을 확인할 수 있다. 이런 사항 중 하나는 사용되는 메모리의 양이다. 메모리 사용량이 계속해서 커지는 경우, 이 메트릭은 메모리 누수를 표시한다.

이제 애플리케이션에서 문제의 원인이 되는 메모리 누수를 강제로 발생시킨다. 이 경우, 해야 하는 한 가지 작업은 서버(이전에 작성한 작은 애플리케이션)의 실행이다. 서버를 실행하면 상당히 많은 수의 요청이 발생한다.

```
for i in {0..100000}
do
  curl -d '{"cmd": "memory-leak", "name":"David"}'
    http://127.0.0.1:8080/act
done
```

아주 작고 간단한 bash 스크립트를 통해 애플리케이션에서 판도라의 상자를 열기만 하면 된다.

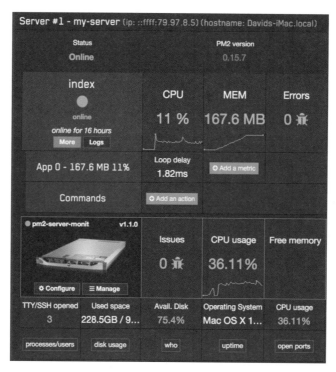

애플리케이션은 높은 부하를 보여준다(36%의 CPU 사용량과 더불어 메모리 사용량이 167MB까지 늘어났다).

앞의 그림은 시스템에서 요청 루프의 실행과 관련된 영향을 보여준다. 다음과 같이 이에 대해 설명해 보자.

- 애플리케이션은 1.82 ms의 평균 루프 지연을 갖고, CPU는 11%를 사용한다. 시스템에서 애플리케이션과 bash 스크립트가 상당히 많은 양의 자원을 사용하기 때문에, 전체적인 CPU 활용은 36.11%까지 오른다.
- 메모리 소비는 81.9MB에서 167MB까지 급증하고 있다. 알 수 있듯이 메모리 할당에 대한 그래프는 직선이 아니다. 이는 가비지 컬렉션garbage collections 때문이다. 가비지 컬렉션은 참조되지 않은 객체를 메모리에서 해제하는 Node.js 프레임워크 내의 활동이며, 시스템이 하드웨어 자원을 재사용하도록 한다.
- 오류와 관련해서는, 애플리케이션은 **아무런** 오류 없이 안정돼 있다. (이 절의 후반부에서 다시 살펴본다.)

이제 bash 스크립트 실행이 완료되면(스크립트의 종료까지 상당히 많은 자원과 시간이 필요하기 때문에 스크립트를 수동으로 멈췄다), 다음 화면에서 시스템에서 어떤 일이 발생했는지 다시 살펴볼 수 있다.

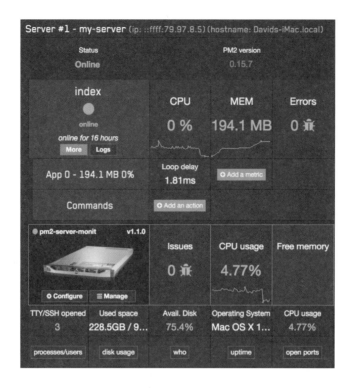

CPU가 정상 상태로 돌아간 것을 확인할 수 있지만, 메모리의 경우는 어떠한가? 애플리케이션에 의해 소비되는 프로그램은 메모리 누수가 있기 때문에 메모리는 해제되지 않았다. 또한 변수가 소비되는 메모리를 참조하는 한 메모리는 해제되지 않는다(names 배열은 점점 더 많은 name들을 누적함을 기억하라).

이 경우 어디에서 메모리 누수가 발생하는지 간단한 예제로 명확하게 알 수 있었지만, 복잡한 애플리케이션의 경우에는 어디에서 메모리 누수가 발생하는지 항상 명백한 것은 아니다. 특히 이런 오류는, 문제를 인식하기도 전에 애플리케이션의 새로운 버전이 배포되는 경우가 많아서 결코 문제로 보여지지 않을 수도 있다.

애플리케이션 예외 처리 모니터링

애플리케이션 오류는 애플리케이션이 예상하지 못한 상황을 처리할 수 없는 경우 발생하는 이벤트다. 일반적으로 이런 오류의 예로는 숫자를 0으로 나누거나 애플리케이션의 정의되지 않은 속성에 접근을 시도하는 문제 등이 있다.

톰캣^Tomcat 같은 멀티쓰레드 프레임워크(언어)에서 동작하는 경우, 예외로 인해 쓰레드 중 하나가 종료되면 일반적으로 (한 쓰레드에 관련된) 한 명의 고객에게만 영향을 미친다. 그러나 Node.js에서는 계속 발생되는 예외는 애플리케이션이 종료되는 것처럼 심각한 문제가 야기될 수 있다.

PM2와 세네카는 매우 유용한 작업을 한다. 무엇인가 앱을 중단시키는 경우, PM2는 앱을 다시 시작시켜 동작을 계속 유지시킨다. 세네카는 액션 중 하나에서 예외가 발생하는 경우 애플리케이션이 종료되지 않도록 한다.

Keymetrics는 프로그래밍적으로 오류에 대한 경고를 얻을 때 이용할 수 있는, pmx라 불리는 모듈로 개발됐다.

```
var seneca = require('seneca')();

var pmx = require('pmx');

var names = [];

seneca.add({cmd: 'exception'}, function(args, done){
  pmx.notify(new Error("Unexpected Exception!"));

  done(null ,{result: 100/args.number});
});

seneca.listen({port: 8085});
```

이 코드는 파악하기 쉽다. 파라미터로 전송되는 숫자의 경우, Keymetrics로 예외를 보내는 액션은 0이다. 예제를 실행하는 경우 다음과 같은 결과를 얻을 수 있다.

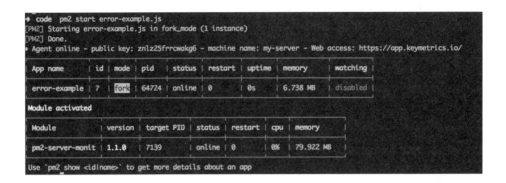

이제 오류를 발생시키기 위해 서버를 확인해야 한다. 이전에 했던 것처럼, curl을 사용해 이 작업을 수행한다.

```
curl -d '{"cmd": "exception", "number": "0"}' http://localhost:8085/act
{"result":null}%
```

이제 Keymetrics에서 다음 그림처럼 오류가 기록된 것을 확인할 수 있다.

Keymetrics의 또 다른 흥미로운 점은 경고 설정configuration of alerts이다. PM2는 시스템에 상당히 많은 메트릭에 대한 데이터를 전송하기 때문에, Keymetrics에서 애플리케이션의 상태를 고려해 임계치를 설정할 수 있다.

이를 통해 (Slack과 유사한) 기업용 채팅 프로그램과 통합한 통보를 얻을 수 있고, 애플리케이션이 정상적으로 동작하는 않는 경우에 실시간으로 경고를 받을 수 있기 때문에 매우 편리하다.

사용자 정의 메트릭

Keymetrics는 **프로브**probes의 사용을 허용한다. 프로브는 프로그램적으로 애플리케이션에 의해 Keymetrics으로 전송되는 사용자 정의 메트릭custom metric이다.

Keymetrics에서 네이티브 라이브러리로 직접 푸시push할 수 있는 값의 유형은 다양하다. 이 중 가장 유용한 것들에 대해 살펴볼 것이다.

단순 메트릭

단순 메트릭simple metric은 이름에서 알 수 있듯이 개발자가 Keymetrics로 전송하는 데이터의 값을 설정할 수 있는 아주 기본적인 메트릭이다.

```
var seneca = require('seneca')();
var pmx = require("pmx").init({
  http: true,
  errors: true,
  custom_probes: true,
  network: true,
  ports: true
});
var names = [];
var probe = pmx.probe();
```

```
var meter = probe.metric({
  name : 'Last call'
});
seneca.add({cmd: 'last-call'}, function(args, done){
  console.log(meter);
  meter.set(new Date().toISOString());
  done(null, {result: "done!"});
});

seneca.listen({port: 8085});
```

이 경우, 액션이 마지막으로 호출되면 메트릭은 Keymetrics로 전송된다.

이 메트릭의 구성은 존재하지 않는다.

```
var probe = pmx.probe();

var meter = probe.metric({
  name : 'Last call'
});
```

이 메트릭에는 복잡도complexity는 없다.

카운터

이 메트릭은 이벤트가 얼마나 많이 발생했는지를 계산하는 데 있어 매우 유용하다.

```
var seneca = require('seneca')();
var pmx = require("pmx").init({
  http: true,
  errors: true,
  custom_probes: true,
  network: true,
  ports: true
});
var names = [];
var probe = pmx.probe();

var counter = probe.counter({
  name : 'Number of calls'
});

seneca.add({cmd: 'counter'}, function(args, done){
  counter.inc();
  done(null, {result: "done!"});
});

seneca.listen({port: 8085});
```

앞의 코드에서는 액션 카운터에 대해 모든 단일 호출 카운터가 얼마나 증가했는지 확인할 수 있다.

이 메트릭은 counter의 dec( ) 메소드를 호출하여 값을 감소시키는 것도 가능하게 한다.

```
counter.dec();
```

평균 계산 값

이 메트릭은 이벤트가 발생하는 경우 기록할 수 있다. 또한 자동으로 단위 시간마다 이벤트의 개수를 계산한다. 이 메트릭은 평균을 계산하는 데 상당히 유용하며 시스템에서 부하를 측정하기 위한 좋은 수단이다. 다음과 같은 간단한 예제를 살펴보자.

```javascript
var seneca = require('seneca')();
var pmx = require("pmx").init({
  http: true,
  errors: true,
  custom_probes: true,
  network: true,
  ports: true
});
var names = [];
var probe = pmx.probe();

var meter = probe.meter({
  name : 'Calls per minute',
  samples : 60,
  timeframe : 3600
});
seneca.add({cmd: 'calls-minute'}, function(args, done){
  meter.mark();
  done(null, {result: "done!"});
});

seneca.listen({port: 8085});
```

앞의 코드는 프로브를 생성하고 Keymetrics으로 Calls per minute이라 불리는 새로운 메트릭을 전송한다.

이제 애플리케이션을 실행하고 다음 명령어를 몇 번 실행하면 다음과 같이 Keymetrics 인터페이스에 해당 메트릭이 표시된다.

```
curl -d '{"cmd": "calls-minute"}' http://localhost:8085/act
```

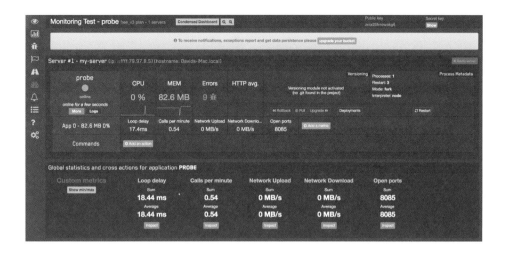

알 수 있듯이 UI에는 `Calls per minute`이라 불리는 새로운 메트릭이 있다. 이 메트릭을 설정하기 위한 키를 다음과 같이 초기화한다.

```
var meter = probe.meter({
  name : 'Calls per minute',
  samples : 60,
  timeframe : 3600
});
```

알 수 있듯이 구성 딕셔너리^{configuration dictionary} 안에는 메트릭의 이름과 더불어 두 개의 파라미터(`samples`과 `timeframe`)가 있다.

`samples` 파라미터는 우리가 메트릭을 평가하고자 하는 간격에 해당한다. 이 경우에는 분당 호출 수이며 비율은 60이다.

`timeframe` 파라미터는 Keymetrics가 데이터를 유지하기 원하는 기간으로, 더 간단하게 말하면 메트릭이 분석돼야 하는 기간이다.

▌ 시미언 아미 – 스포티파이에서의 액티브 모니터링

마이크로서비스 지향 애플리케이션을 구축하고 있다면, **스포티파이**Spotify는 참조하는 회사들 중 하나다. 새로운 아이디어를 찾아내는 데 있어 이들은 극단적으로 창조적이며 천재적이다.

스포티파이에서 개인적으로 가장 좋아하는 아이디어 중 하나는 **시미언 아미**Simian Army로 불리는 것으로, 필자는 이를 액티브 모니터링Active monitoring으로 부르는 것을 좋아한다.

이 책에서는 사람이 다양한 작업을 수행하는 경우 실패하는 방식에 대해 여러 번 이야기했다. 소프트웨어를 만들기 위해 아무리 많은 노력을 한다고 해도, 소프트웨어에는 시스템의 안정성을 손상시키는 버그가 있다.

이것은 심각한 문제지만, 당신의 인프라스트럭처가 스크립트로 자동화된 현대적인 클라우드 제공자에게는 엄청난 문제가 된다.

천 개의 서버 풀이 있는 경우 어떻게 될지 생각해 보자. 이들 중 3대는 나머지 서버들과 '동기화 시간대 외부'에 있는가? 시스템의 특성에 따라 이는 좋을 수도, 아니면 큰 문제가 될 수도 있다. 은행이 엉망인 트랜잭션을 갖는 입출금 내역서를 보내는 것을 상상할 수 있겠는가?

스포티파이는 많은 수의 소프트웨어 에이전트(시스템의 서로 다른 머신들 내로 이동하는 프로그램)를 생성하고, 이들의 인프라스트럭처에 대한 견고성을 보장하기 위해 목적이 다양한 에이전트마다 여러 종류의 원숭이 이름을 붙임으로써 이 문제를 해결했다(또는 약화시켰다). 조금 더 설명해 보자.

아마도 알고 있겠지만, 아마존 웹 서비스Amazon Web Services를 통해 작업한 경우, 다음 그림처럼 머신과 컴퓨터 요소들은 리전regions(EU, 호주, 미국 등)으로 분할되며, 모든 리전 내부에는 가용 지역들availability zones이 있다.

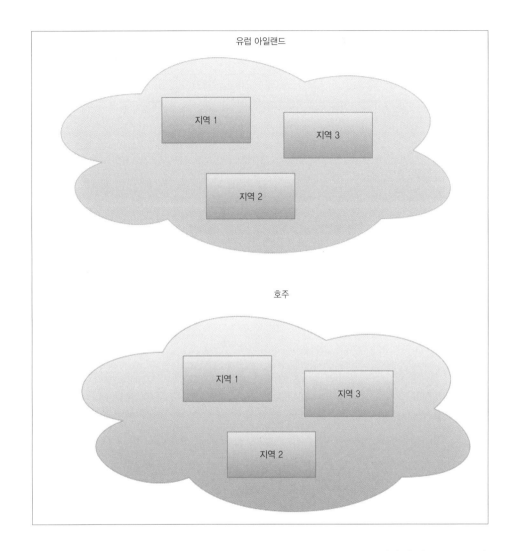

이것은 엔지니어가 단일 장애 지점^{single point of failure}이라 부르는 것을 거치지 않고 소프트웨어와 인프라스트럭처를 생성할 수 있게 한다.

 단일 장애 지점은 단일 요소의 실패가 시스템 오동작의 원인이 될 수 있는 시스템의 상태다.

엔지니어라면 이런 구성과 관련해 다음과 같이 스포티파이(Spotify)에 대한 많은 문제를 고려해야 한다.

- 실제로 어떠한 실패 지점을 갖는지 여부에 대한 테스트 없이 우리가 설계를 맹목적으로 신뢰한다면, 어떤 일이 발생하는가?
- 전체 가용 지역이나 리전이 다운되는 경우, 어떤 일이 발생하는가?
- 어떤 이유로 비정상적인 지연이 발생하는 경우, 애플리케이션은 어떻게 동작하는가?

이런 모든 질문에 답하기 위해, 넷플릭스^{Netflix}는 다양한 에이전트를 만들었다. 에이전트는 시스템(이 경우, 우리의 마이크로서비스 시스템)에서 실행되는 소프트웨어이며, 하드웨어 점검, 네트워크 지연 측정 같은 다양한 동작을 수행한다. 에이전트에 대한 아이디어는 새로운 것이 아니다. 그러나 지금까지 이런 애플리케이션은 거의 미래에서 상상 속의 주제였다. 넷플릭스에 의해 생성된 다음과 같은 에이전트들을 살펴보자.

- **카오스 몽키**^{Chaos Monkey}: 주어진 가용 지역 내의 네트워크에서 정상적인 머신의 연결을 끊는다. 이것은 가용 지역 내에 단일 실패 지점이 없다는 사실을 보장한다. 따라서 애플리케이션이 네 개의 노드에 걸쳐 조정돼 있는 경우, 카오스 몽키가 효과를 나타내면 이 네 개 머신 중 하나의 연결이 끊어질 것이다.
- **카오스 고릴라**^{Chaos Gorilla}: 카오스 고릴라는 카오스 몽키와 유사하다. 카오스 고릴라는 넷플릭스 서비스가 다른 가용 지역에서 재조정되는지 확인하기 위해 전체 가용 지역의 연결을 끊는다. 다시 말해 카오스 고릴라는 카오스 몽키의 큰 형이 된다. 서버 수준에서 동작하는 대신, 파티션 수준에서 동작한다.
- **레이턴시 몽키**^{Latency Monkey}: 이 에이전트는 커넥션들에서 인공적인 지연 도입에 대한 책임을 갖는다. 일반적으로 지연^{Latency}은 시스템을 개발할 때 생각하기 어려운 항목이지만, 마이크로서비스 아키텍처를 구축하는 경우에는 매우 민감한 주제다. 한 노드에서의 지연은 전체 시스템의 품질을 손상시킬 수 있다. 일반적으로

서비스가 자원이 부족한 상태에서 실행되면, 이에 대한 첫 번째 표시자는 응답에서의 지연이다. 따라서 레이턴시 몽키는 시스템이 압력하에서 어떻게 동작하는지 확인하는 좋은 방법이다.

- **닥터 몽키**Doctor Monkey: 상태 점검health check은 애플리케이션에서 모든 것이 정상적이면 HTTP 200번 코드를 반환하는 엔드포인트다. 애플리케이션 내에 문제가 있는 경우에는 500번 오류 코드를 반환한다. 닥터 몽키는 애플리케이션에서 무작위로 노드의 상태 점검을 실행하고, 문제가 있는 경우 교체하기 위해 결함 노드를 보고하는 에이전트이다.

- **10-18 몽키**10-18 Monkey: 넷플릭스 조직은 전 세계적인 조직이다. 따라서 이들은 여러 언어를 인식해야 할 필요가 있다(분명 모국어가 스페인어인 경우에는 독일어 웹 사이트로 가고 싶지는 않을 것이다). 10-18 몽키는 인스턴스가 잘못 구성된 경우 보고한다.

- 이외에 몇 가지 다른 에이전트가 있지만, 여기서는 액티브 모니터링만 설명한다. 물론 이런 모니터링 타입은 작은 조직에는 해당하지 않는다. 그러나 모니터링 절차를 설정하는 데 영감을 얻을 수 있기 때문에 이러한 모니터링들에 대해 알아두는 것이 좋다.

 다음 저장소(repository)에 있는 코드는 아파치 라이선스에 따라 이용이 가능하다. https://github.com/Netflix/SimianArmy.

일반적으로 이런 액티브 모니터링은 빠른 실패fail early라는 철학을 따른다. 필자는 이 철학에 매우 익숙하다. 시스템에서 얼마나 큰 결함인지, 또는 얼마나 중요한지에 상관없이 여러분은 나중에 결함을 찾는 것보다 빨리 찾기를 원할 것이다. 그리고 이상적으로 고객에 영향을 주기 전에 결함을 찾기를 원할 것이다.

처리량과 성능 저하

애플리케이션에 대한 처리량^{Throughput}은 공장에서 월 단위의 생산량과 같다. 처리량은 애플리케이션이 수행되고 '얼마나 많은' 시스템의 질문에 답하는가에 대한 표시자를 제공하는 측정 단위다.

처리량과 매우 유사하게, 측정할 수 있는 또 다른 단위는 **지연시간**^{latency}이 있다

지연시간은 질문에 대한 응답이 얼마나 오래 걸리는지에 관한 성능의 단위다.

다음 예제를 살펴보자.

우리 애플리케이션은 마이크로서비스 기반 아키텍처로 담보대출^{mortgage}을 철회하기 위해 신청자의 신용 등급을 계산하는 역할을 한다. 우리는 (사소한 문제가 있는) 엄청난 수의 고객을 보유하고 있기 때문에, 애플리케이션을 일괄처리 방식으로 처리하기로 결정했다. 이와 관련한 작은 알고리즘을 작성해 보자.

```
var seneca = require('seneca')();
var senecaPendingApplications = require('seneca').client({type:
  'tcp',
  port: 8002,
  host: "192.168.1.2"});
  var senecaCreditRatingCalculator =
    require('seneca').client({type: 'tcp',
  port: 8002,
  host: "192.168.1.3"});

seneca.add({cmd: 'mortgages', action: 'calculate'}, function(args,
callback) {
  senecaPendingApplications.act({
    cmd: 'applications',
    section: 'mortgages'
    custmers: args.customers}, function(err, responseApplications) {
      senecaCreditRatingCalculator.act({cmd: 'rating',
        customers: args.customers}, function(err, response) {
```

```
            processApplications(response.ratings,
            responseApplications.applications,
            args.customers
        );
    });
  });
});
```

이것은 다음과 같이 두 개의 서로 다른 마이크로서비스에 대해 클라이언트로 동작하는 작고 간단한 세네카 애플리케이션이다(이 코드는 이론적인 내용만 담고 있다. 많은 양의 코드가 빠져 있기 때문에 실행하려고 시도하지 마라).

- 첫 번째는 담보 대출에 대해 보류중인 애플리케이션의 리스트를 얻는다.
- 두 번째는 요청한 고객에 대한 신용 등급 리스트를 가져온다.

이는 주택 담보 대출 애플리케이션의 처리를 위한 실제 상황일 수도 있다. 솔직하게 말하자면, 필자는 과거에 이와 유사한 시스템을 작업한 적이 있다. 당시 시스템은 더 복잡했지만 워크플로우는 매우 유사하다.

처리량과 지연 시간에 대해 이야기해 보자. 주택 담보 대출을 처리하기 위한 상당히 큰 규모의 배치 작업이 있고, 시스템은 오작동하고 있다. 네트워크는 정상적인 상태지만, 빠르지 않고 일부 데이터의 소실^{dropout}이 발생하고 있다.

이런 애플리케이션의 일부는 손실될 것이고 재시도가 수행될 것이다. 이상적으로, 시스템은 시간당 500 애플리케이션을 처리해야 하며, 모든 단일 애플리케이션의 처리에는 평균 7.2초의 지연 시간이 소모되고 있다. 그러나 앞에서 언급한 것처럼 시스템은 현재 최상의 상태가 아니다. 시간당 270 애플리케이션만 처리하고 있으며, 단일 주택 담보 애플리케이션을 처리하는 데는 평균 13.3초가 걸린다.

확인할 수 있듯이, 지연 시간과 처리량을 통해 비즈니스 트랜잭션들이 이전 경험 대비 동작하는 방법을 측정할 수 있다. 시스템은 정상적인 용량의 54% 수준에서 동작하고 있다.

이것은 심각한 문제가 될 수 있다. 이와 같은 드롭 오프drop off는 실제로 인프라스트럭처에서 심각한 문제가 될 수 있는 사항에 대해 시스템의 모든 요소에 경보를 내보낼 수 있다. 그러나 우리가 시스템을 구축하는 동안 충분히 스마트하게 일한다면, 성능은 저하되더라도 시스템은 동작을 중지하지 않을 것이다. 이 방법은 회로 차단기와 RabbitMQ와 같은 큐잉 기술의 사용을 통해 쉽게 이룰 수 있다.

큐잉Queueing은 IT 시스템에 인간의 행동을 적용하는 방법을 보여주는 가장 대표적인 예 중 하나다. 실제로 우리는 애플리케이션을 서비스를 생산하거나 소비하는 접합점으로, 간단한 메시지를 갖는 소프트웨어 컴포넌트로 쉽게 분리할 수 있으며, 이것은 복잡한 소프트웨어를 작성하는 경우에는 큰 장점으로 작용한다.

HTTP를 통한 큐잉의 또 다른 장점은 네트워크가 떨어져 나가는drop out 경우 HTTP 메시지의 손실이다.

우리는 완전한 성공의 경우나 오류의 경우를 고려해 애플리케이션을 구축할 필요가 있다. RabbitMQ 같은 큐잉 기술을 이용하면 비동기적으로 메시지를 전달할 수 있다. 따라서 간헐적으로 발생하는 실패에 대해 걱정할 필요가 없다. 적절한 큐로 메시지를 전달할 수 있게 되면, 클라이언트가 소비할 수 있을 때(또는, 메시지 타임아웃이 발생할)까지 (메시지 전송이) 계속될 것이다.

이를 통해 인프라스트럭처에서 간헐적인 오류를 파악할 수 있으며, 큐와 연관된 통신을 기반으로 하는 더 견고한 애플리케이션을 구축할 수 있다.

다시 말해, 세네카는 우리의 활동을 매우 쉽게 만든다. 세네카 프레임워크에 내장된 플러그인 시스템을 이용하면 전송 플러그인을 상당히 간단하게 작성할 수 있다.

RabbitMQ 전송 플러그인은 다음 GitHub 저장소에서 발견할 수 있다.

https://github.com/senecajs/seneca-rabbitmq-transport

몇 가지 전송 플러그인이 있으며, 우리의 요구를 만족시키는 자체적인 플러그인을 생성(또는 기존 플러그인을 수정)할 수도 있다.

(단순히 예를 들어) RabbitMQ 플러그인을 빠르게 살펴보면, 다음 두 개의 세네카 액션을 재정의^{overriding}하는 전송 플러그인을 작성하기만 하면 된다.

- `seneca.add({role: 'transport', hook: 'listen', type: 'rabbitmq'}, ...)`
- `seneca.add({role: 'transport', hook: 'client', type: 'rabbitmq'}, ...)`

큐잉 기술을 사용하면 우리 시스템은 간헐적 실패에 대해 더 탄력적으로 대응할 수 있으며, 누락된 메시지로 인한 치명적인 오류 대신 성능을 감소시키는 것이 가능하다.

▎ 요약

이번 장에서는 Keymetrics를 통한 PM2 모니터링에 대해 상세하게 살펴봤으며, 강력하게 모니터링하는 방법을 학습했다. 이를 이용하면 애플리케이션 실패에 대해 빠르게 정보를 얻을 수 있다.

필자의 견해로는, 소프트웨어 개발 수명 주기에서 QA 단계는 가장 중요한 단계 중 하나다. 코드가 얼마나 좋아 보이는지에 상관없이, 동작하지 않는다면 그 코드는 쓸모가 없다. QA 단계 외에도 엔지니어가 더 많은 관심을 가져야 하는 단계를 선택해야 한다면, 필자는 배포^{Deployment} 단계를 선택할 것이다. 더 구체적으로 말하면, 모든 배포 후에는 모니터링을 수행해야 한다. 오류 보고를 바로 받는다면 손상된 데이터나 고객 불평 같이 더 큰 문제를 방지하기 위해 충분히 빠르게 대응할 수 있는 기회가 있다.

회사에서 적용하기 어려울지라도, 넷플릭스에서 시스템에 대해 수행하는 액티브 모니터링의 예도 살펴봤다. 이를 통해 소프트웨어를 모니터링 하기 위한 훌륭한 아이디어와 실천 방법을 배웠다.

Keymetrics는 PM2와 아주 잘 통합되는, Node.js를 만족시키는 예 중 하나일 뿐이다. AppDynamics 같은 다른 훌륭한 모니터링 시스템도 있으며, 사내 소프트웨어로 가기 원하는 경우 나기오스^{Nagios}를 이용할 수도 있다. 핵심은 애플리케이션에서 모니터링하기 원하는 항목이 무엇인지 명확히 하는 것이다. 그리고 (모니터링 시스템에 대한) 최상의 공급자를 찾는 것이다.

Node.js 앱 모니터링을 위한 또 다른 훌륭한 두 가지 선택사항은 StrongLoop와 New Relic이다. 이들 모두 Keymetrics와 동일한 종류지만, 대규모 시스템에서 더 잘 동작한다. 특히 StrongLoop의 경우, Node.js로 작성된 애플리케이션과 마이크로서비스를 지향하고 있다.

08

마이크로서비스 배포

이번 장에서는 마이크로서비스를 배포할 것이다. 배포와 관련된 모든 작업을 위해, 올바르게 도구를 선택할 수 있는 지식을 제공하기 위해 다양한 기술을 이용할 것이다. 먼저 원격 서버에서 애플리케이션을 실행시키기 위해 PM2와 PM2의 배포 기능을 이용한다. 그리고 가장 진보된 배포 플랫폼 중 하나인 도커^{Docker}와 전체 에코시스템에 관련된 컨테이너를 살펴본다. 이번 장에서는 가능한 배포 전체를 자동화하는 방법을 살펴볼 것이다.

■ 소프트웨어 배포 개념

일반적으로 배포Deployments는 **소프트웨어 개발 수명주기**SDLC와는 잘 어울리지 않는 친구다. 개발과 시스템 관리 사이에는 데브옵스가 향후 몇 년 동안 해결해야 하는 누락된 접점이 있다. SLDC의 여러 단계에서 버그를 수정하는 비용은 다음 그림과 같다.

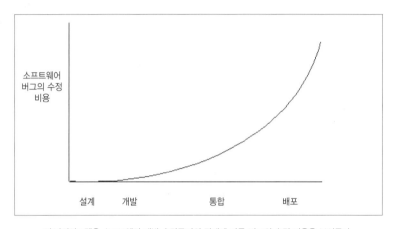

이 다이어그램은 소프트웨어 개발 수명주기의 단계에 따른 버그의 수정 비용을 보여준다.

빠른 실패Fail early는 린 방법론lean methodology에서 필자가 가장 좋아하는 개념 중 하나다. 변경 관리에서는 소프트웨어 수명 주기의 다양한 단계에서 버그의 수정 비용을 **변화 비용 곡선**cost of change curve으로 부른다.

프로덕션 환경에서의 버그 수정은 요구사항 단계에서 버그를 수정하는 경우에 비교해 약 150배의 자원이 소요되는 것으로 추정된다.

수치에 상관없이, 이러한 비율은 우리가 사용하는 방법론과 기술에 많이 의존한다. 이 때 얻을 수 있는 교훈은, 버그를 일찍 처리하면 많은 시간을 절약할 수 있다는 점이다.

지속적인 통합continuous integration에서 지속적인 전달continuous delivery까지, 프로세스는 '가능한 많이' 자동화돼야 한다. 여기서 가능한 많다는 것은 100%를 의미한다. 사람은 완벽하지 않기 때문에 수동으로 반복 작업을 수행하면서 더 많은 오류를 발생시키는 경향이 있다.

지속적인 통합

지속적인 통합[CI]은 매일 (또는 하루에 한번 이상) 다양한 브랜치로부터의 작업을 통합하고 통합 테스트와 단위 테스트를 실행해 변경사항이 기존 기능을 망가뜨리지 않았는지 검증하는 실천 방법이다.

CI는 사전 테스트 환경이나 생산환경에서 사용하는 것과 동일한 인프라스트럭처 구성을 이용해서 자동화돼야 한다. 따라서 결함이 있는 경우라면 초기에 발견할 수 있다.

지속적인 전달

지속적인 전달[Continuous delivery, CD]은 언제든지 단절 없이 배포가 가능하도록 기능을 작고 테스트 가능하게, 그리고 배포 가능하도록 개발하는 것을 목표로 하는 소프트웨어 엔지니어링 기법이다.

지속적인 전달이야말로 우리가 마이크로서비스를 이용하는 목적이다. 다시 말해, 전달 프로세스가 수동으로 처리되는 경우라면, 문제점만 찾아 전달 프로세스를 가능한 한 자동화해야 한다.

마이크로서비스 관점에서 이야기할 때는 배포에 대한 자동화가 핵심이다. 일부 머신 대신 수십 개의 서비스를 갖게 되는 오버헤드를 방지하거나, 회사에 가치를 추가하는 대신 클라우드 서비스를 스스로 유지하도록 해야 한다.

도커[Docker]는 우리에게 최고의 동맹군이다. 이번 장 후반부에서 배우겠지만, 도커를 이용하면, 새로운 소프트웨어를 배포할 때, 다양한 환경으로 파일을 상당히 많이 이동시키는 번거로운 작업을 감소시킬 수 있다.

▌ PM2를 통한 배포

PM2는 매우 강력한 도구다. 어떤 계발 단계이든 상관없이 PM2는 항상 무언가를 제공한다.

실제로 소프트웨어 개발 단계에서 배포는 PM2가 빛을 발하는 곳이다. JSON 구성 파일을 이용해서 PM2는 애플리케이션 클러스터를 관리한다. 이를 통해 원격 서버의 애플리케이션을 쉽게 배포 및 재배포redeploy하고 관리할 수 있다.

PM2 – 에코시스템

PM2는 애플리케이션 에코시스템의 그룹을 호출한다. 모든 에코시스템은 JSON 파일로 기술되며, 이를 생성하기 위한 가장 쉬운 방법은 다음 명령어를 실행하는 것이다.

```
pm2 ecosystem
```

이것은 다음 코드와 유사한 결과를 출력한다.

```
[PM2] Spawning PM2 daemon
[PM2] PM2 Successfully daemonized
File /path/to/your/app/ecosystem.json generated
```

---

ecosystem.json 파일 내용은 PM2 버전에 따라 달라지지만 파일에는 PM2 클러스터의 스켈렉톤 코드가 항상 포함된다.

```
{
  apps : [

    {
      name : "My Application",
```

```
        script : "app.js"
    },

    {
        name : "Test Web Server",
        script : "proxy-server.js"
    }
    ],
*/
  deploy : {
    production : {
      user : "admin",
      host : "10.0.0.1",
      ref : "remotes/origin/master",
      repo : "git@github.com:the-repository.git",
      path : "/apps/repository",
      "post-deploy" : "pm2 startOrRestart ecosystem.json --env
      production"
    },
    dev : {
      user : "devadmin",
      host : "10.0.0.1",
      ref : "remotes/origin/master",
      repo : "git@github.com:the-repository.git",
      path : "/home/david/development/test-app/",
      "post-deploy" : "pm2 startOrRestart ecosystem.json --env
        dev",
    }
  }
}
```

이 파일은 두 환경에 따라 구성된 두 가지 애플리케이션을 포함하고 있다. 필요에 따라 이 스켈렉톤을 수정하며, '4장. 첫 번째 Node.js 마이크로 서비스 작성 첫 번째 마이크로서비스 작성'에서 작성된 전체 에코시스템을 모델링할 것이다.

하지만 지금은 구성을 조금 설명하고자 한다.

- 두 개의 앱(API와 WEB)을 정의하는 애플리케이션의 배열(apps)을 갖는다.
- 다음과 같이 각 앱마다 몇 가지 구성 파라미터가 있다.
  - name: 애플리케이션의 이름.
  - script: 애플리케이션의 시작 스크립트.
  - env: PM2에 의해 시스템에 주입돼야 하는 환경 변수들.
  - env_<environment>: env와 동일하나 환경마다 적절하게 조정[tailored]된다.
- 다음과 같이 deploy 키 아래 기본 에코시스템에서 정의된 환경 두 가지가 있다.
  - production
  - dev

알 수 있겠지만 개발 시 환경 변수 하나와 애플리케이션을 배포하는 폴더를 구성한다는 사실을 제외하면, 이 두 환경 사이의 눈에 띄는 변화는 없다.

PM2를 통한 마이크로서비스 배포

'4장. Node.js를 이용한 첫 번째 마이크로서비스 작성'에서, 우리는 마이크로서비스 내의 다양한 개념과 일반적인 사항을 배우기 위해 간단한 전자 상거래 마이크로서비스를 작성했다.

이제 PM2를 이용해 마이크로서비스를 배포하는 방법을 학습해 보자.

서버 구성

PM2로 소프트웨어를 배포하려면, 먼저 해야 하는 작업은 공개키/개인키 스키마를 통해 SSH를 이용하여 통신할 수 있도록 원격 머신과 로컬 머신을 구성하는 것이다.

이에 대한 처리 방법은 다음처럼 간단하다.

- 하나의 RSA 키 생성
- 원격 서버에 생성된 키의 설치

다음 명령어를 실행해 보자.

```
ssh-keygen -t rsa
```

이 명령은 다음과 유사한 결과를 출력해야 한다.

```
Generating public/private rsa key pair.
Enter file in which to save the key (/Users/youruser/.ssh/id_rsa): /
Users/youruser/.ssh/pm2_rsa
Enter passphrase (empty for no passphrase):
Enter same passphrase again:
Your identification has been saved in pm2_rsa.
Your public key has been saved in pm2_rsa.pub.
The key fingerprint is:
eb:bc:24:fe:23:b2:6e:2d:58:e4:5f:ab:7b:b7:ee:38 dgonzalez@yourmachine.
local
The key's randomart image is:
+--[ RSA 2048]----+
|                 |
|                 |
|                 |
|   .             |
|  o   S          |
|   o  ..          |
|   o o..o.         |
| . +.+=E..        |
|  oo++**B+.       |
+-----------------+
```

이제 앞의 결과에서 표시된 폴더로 이동하면, 다음과 같은 두 개의 파일을 발견할 수 있다.

- pm2_rsa: 첫 번째 파일은 pm2_rsa로, 개인 키$^{private\ key}$다. 이름에서 알 수 있듯, 이 키를 신뢰하는 서버에서 여러분 ID를 훔칠 수 있어도 아무도 이 키에 접근할 수 없어야 한다.
- pm2_rsa.pub: pm2_rsa.pub는 공개 키$^{public\ key}$다. 이 키는 누구에게나 인계될 수 있도록 비대칭 암호화 기법을 이용한다. 이런 키는 여러분 ID(또는 당신이 누구인지)를 검증할 수 있다.

이제 해야 하는 일은 공개 키를 원격 서버로 복사하는 일이다. 따라서 로컬 머신 PM2는 서버와 통신을 시도하는 경우, 우리가 누구인지 알고 패스워드 없이 쉘로 들어가도록 한다.

```
cat pm2_rsa.pub | ssh youruser@yourremoteserver 'cat >> .ssh/authorized_keys'
```

마지막 단계는 알려진 ID로 로컬 머신에 개인 키를 등록하는 것이다.

```
ssh-add pm2_rsa
```

이런 방법으로 개인 키를 등록한다.

이제부터 youruser 사용자로 원격 서버에 SSH로 들어갈 때마다 쉘로 가기 위해 패스워드를 입력할 필요가 없다.

이런 구성이 완료되고 나면, 이 서버에 임의의 애플리케이션을 배포하기 위해서 해야 할 몇 가지 작업이 있다.

```
pm2 deploy ecosystem.json production setup
pm2 deploy ecosystem.json production
```

첫 번째 명령어는 앱을 수용하는 데 필요한 모든 구성을 설정한다. 두 번째 명령은 이전에 구성한대로 실제로 애플리케이션 자체를 배포한다.

▌ 도커 – 소프트웨어 전달을 위한 컨테이너

지난 몇 년 동안, 가상화Virtualization는 가장 큰 트렌드 중 하나가 됐다. 가상화는 엔지니어가 하드웨어를 다양한 소프트웨어 인스턴스에 공유하는 것을 가능하게 만들었다. 실제로 도커Docker는 가상화 소프트웨어는 아니지만 개념적으로는 동일하다.

순수한 가상화 솔루션을 통해, 새로운 OS는 기존 운영 시스템host OS 상단에 있는 하이퍼바이저hypervisor 상단에서 실행된다. 일반적으로, 상당한 자원을 소비하는 커널에서 파일 시스템까지의 전체 스택을 복제하는 전체 OS의 실행은, 몇 기가의 하드 드라이브를 소비할 수 있다는 것을 의미한다. 가상화 솔루션의 구조는 다음 그림과 같다.

도커를 통해 파일 시스템과 바이너리만 복제한다. 따라서 불필요하게 OS의 전체 스택을 실행하지 않아도 된다. 일반적으로 도커 이미지는 몇 백 기가가 아닌 몇 백 메가 정도이며 상당히 경량이다. 따라서 동일한 머신에 여러 개의 컨테이너를 실행시킬 수 있다.

도커를 이용하면 이전 구조는 다음과 같이 표시된다.

도커를 통해, 소프트웨어의 가장 큰 문제 중 하나(형상 관리^{configuration management})를 제거할 수 있다.

애플리케이션이 컨테이너로 배포 및 구성되는 방법을 걱정하는 대신 복잡한 환경 별로 형상 관리를 바꿀 수 있다. 기본적으로 이는 도커를 사용하는 모든 머신^{Docker-ready machine}에 설치할 수 있는 소프트웨어 패키지와 같다.

현재, 리눅스가 도커를 사용할 수 있는 유일한 OS이다. 따라서 도커는 커널의 고급 기능을 사용해야 한다. 윈도우나 맥 사용자라면 도커 컨테이너의 실행을 지원하기 위해 리눅스 가상머신을 실행시킬 필요가 있다.

컨테이너 설정

컨테이너 구성 시 도커는 (개발자들에게) 매우 강력하고 익숙한 방법을 제공한다. 기존 이미지를 기반으로 컨테이너를 생성할 수 있으며(인터넷에서는 수천 개의 이미지가 있다), 필요한 경우 새로운 소프트웨어 패키지를 추가하거나 파일 시스템을 수정해 이미지를 수정할 수 있다.

이미지가 성공적으로 생성되면, 이 새로운 버전의 이미지를 사용해서 새로운 컨테이너를 만든다. 이 때 Git과 유사한 버전 관리 시스템을 이용한다.

그러나, 먼저 도커의 동작 방법을 이해할 필요가 있다.

도커 설치

앞에서 언급한 것처럼, 맥^{Mac}과 윈도우^{Windows}를 지원하기 위해 도커는 가상머신이 필요하다. 따라서 이러한 시스템 설치는 매우 다를 수 있다.

시스템에 도커를 설치하는 가장 좋은 방법은 공식 웹사이트로 이동해 다음 단계를 따르는 것이다.

https://docs.docker.com/engine/installation/

지금도 도커는 매우 활성화된 프로젝트기 때문에 몇 주마다 변경된다.

이미지 선택

기본적으로 도커는 이미지를 제공하지 않는다. 터미널에서 docker images를 실행하면 유효성을 검증할 수 있다. 터미널에서 도커 이미지를 실행하면 다음 화면과 매우 유사한 결과가 표시된다.

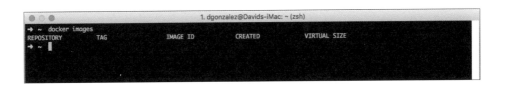

화면은 아무것도 없는 목록이다. 로컬 머신에는 어떤 이미지도 저장되어 있지 않다. 가장 먼저 해야 하는 일은 이미지를 검색하는 것이다. 이 경우 이미지를 생성하기 위한 기반으로 CentOS를 사용한다. CentOS는 업계에서 가장 많이 사용하는 배포판 중 하나인 레드햇 엔터프라이즈 리눅스Red Hat Enterprise Linux와 매우 유사하다. 이들은 훌륭한 지원 서비스를 제공한다. 또한 문제가 있다면, 해당 문제를 해결하기 위해 인터넷으로 얻을 수 있는 정보도 많다.

다음과 같이 CentOS 이미지를 검색해 보자.

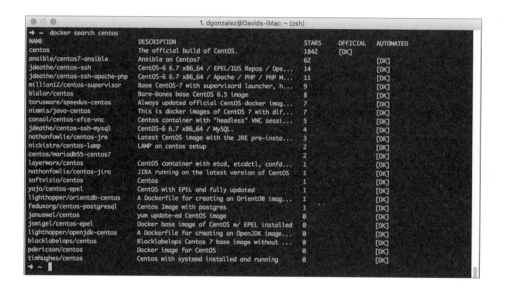

알 수 있듯이 CentOS를 기반으로 하는 이미지의 긴 목록이 있다. 여기서 첫 번째 이미지만 공식 이미지다.

이 이미지 리스트는 도커와 관련된 분야의 경우, **레지스트리**Registry라 불리는 곳에서 온다. 도커 레지스트리는 일반 사람들이 이용할 수 있는 이미지를 위한 간단한 저장소다. 이미지가 일반적인 레지스트리로 가는 것을 방지하기 위해 자체 레지스트리를 실행할 수 도 있다.

더 많은 정보는 다음 링크에서 확인이 가능하다.

https://docs.docker.com/registry/

앞의 화면에 있는 테이블 컬럼 중 하나에 관심을 가져야 한다. 이 컬럼은 **STARS** 컬럼으로, 해당 이미지에 대해 사용자들이 평가한 등급을 나타낸다. 이 때 -s 플래그를 이용하면 이미지에 대해 사용자가 준 별점(stars)을 기반으로 해서 검색 범위를 좁힐 수 있다.

다음 명령어를 실행하면 1000개 이상의 별점을 갖는 평가 이미지 리스트를 볼 수 있다.

```
docker search -s 1000 centos
```

 이미지 선택에 주의하라. 사용자가 악성 소프트웨어를 포함하는 이미지를 생성하는 것을 막을 수 있는 방법은 없다.

로컬 머신에 CentOS 이미지를 가져오기 위해서는 다음 명령어를 실행해야 한다.

```
docker pull centos
```

다음 이미지와 매우 유사한 결과가 생성된다.

```
→ ~ docker pull centos
Using default tag: latest
latest: Pulling from library/centos

fa5be2806d4c: Pull complete
2bf4902415e3: Pull complete
86bcb57631bd: Pull complete
c8a648134623: Pull complete
Digest: sha256:8072bc7c66c3d5b633c3fddfc2bf12d5b4c2623f7004d9eed6aae70e0e99fbd7
Status: Downloaded newer image for centos:latest
```

명령이 완료되고 도커 이미지를 다시 실행하는 경우, 다음 리스트에서 centos가 나타나는 것을 볼 수 있다.

```
➜  ~ docker images
REPOSITORY          TAG                 IMAGE ID            CREATED             VIRTUAL SIZE
centos              latest              c8a648134623        3 weeks ago         196.6 MB
```

앞에 명시된 것처럼, 도커는 전체 이미지를 사용하지 않고 OS의 마지막 몇 개 계층을 가상화하는 축소된 버전의 전체 이미지를 사용한다. CentOS의 전체 버전은 몇 GB까지도 갈 수 있지만 이미지의 크기는 200MB도 되지 않기 때문에 이러한 사항을 명확하게 확인할 수 있다.

컨테이너 실행

이제는 로컬 머신에 이미지 복사본을 가지고 있다. 이제 이미지를 실행해 보자.

```
docker run -i -t centos /bin/bash
```

이 명령은 다음과 같은 결과를 표시한다.

```
➜  ~ docker images
REPOSITORY          TAG                 IMAGE ID            CREATED             VIRTUAL SIZE
centos              latest              c8a648134623        3 weeks ago         196.6 MB
➜  ~ docker run -i -t centos /bin/bash
[root@debd09c7aa3b /]#
```

확인 가능하듯, 터미널의 프롬프트가 root@debd09c7aa3b로 변경됐다. 이것은 우리가 컨테이너 내부에 있다는 것을 의미한다.

이제부터 실행하는 모든 단일 명령어는 CentOS 리눅스에 포함된 버전의 내부에서 실행된다.

도커에는 또 다른 흥미로운 명령어가 있다.

```
docker ps
```

새로운 터미널에서 이 명령을 실행하면(실행되는 컨테이너를 종료하지 않고), 다음과 같은 결과를 얻게 된다.

이 결과는 읽어보면 이해가 가능하다. 이 방법을 이용하면 도커 컨테이너에서 어떤 일이 일어나고 있는지를 쉽게 확인할 수 있다.

필요한 소프트웨어 설치

컨테이너에 Node.js를 설치해 보자.

```
curl --silent --location https://rpm.nodesource.com/setup_4.x | bash -
```

이 명령어는 Node.js를 위한 설치 스크립트를 가져다 실행한다.

이 명령은 다음 그림과 매우 유사한 결과를 생성한다.

node.js를 설치는 다음 명령을 따르면 된다.

```
yum install -y nodejs
```

일부 모듈의 설치 과정은 컴파일 단계가 필요하기 때문에, 관련 개발 도구의 설치를 강력히 권장한다. 이제 다음 명령을 실행해 보자.

```
yum install -y gcc-c++ make
```

명령이 완료되면, 컨테이너 내부의 노드 애플리케이션 실행을 위한 준비가 된 것이다.

변경 사항 저장

도커에서, 이미지는 주어진 컨테이너를 위한 구성이다. 이미지를 템플릿처럼 사용해 필요한 만큼 많은 컨테이너를 실행할 수도 있다. 그러나 이에 앞서 앞 절에서 수행한 변경사항을 저장해야 한다.

소프트웨어 개발자인 경우에는 CVS, 서브버전, Git과 같은 버전 관리 시스템에 익숙할 것이다. 도커는 이들 도구의 철학을 내장하고 있다. 즉, 컨테이너는 버전을 붙이는 것이 가능한 소프트웨어 컨테이너처럼 다뤄지며, 이에 따라 변경사항은 커밋이 가능하다는 것이다.

이를 위해 다음 명령어를 실행한다.

```
docker ps -a
```

다음 그림처럼 이 명령어는 과거에 실행된 컨테이너 리스트를 보여준다.

```
➜ ~ docker ps -a
CONTAINER ID   IMAGE          COMMAND       CREATED            STATUS                       PORTS   NAMES
cf0725a25148   centos         "/bin/bash"   11 seconds ago     Up 10 seconds                        reverent_ritchie
62e7336a4627   centos         "/bin/bash"   15 minutes ago     Exited (0) About a minute ago        prickly_bartik
7bbb50bb7236   centos         "/bin/bash"   16 minutes ago     Exited (0) 16 minutes ago            jolly_raman
482d0ef324f2   centos         "/bin/bash"   22 minutes ago     Exited (127) 17 minutes ago          adoring_hypatia
debd09c7aa3b   centos         "/bin/bash"   47 hours ago       Exited (137) 24 minutes ago          nostalgic_stallman
ed948a19739b   centos         "/bin/bash"   47 hours ago       Exited (0) 47 hours ago              jolly_mcclintock
c1f8550c09bb   1d073211c498   "/bin/bash"   10 weeks ago       Exited (0) 10 weeks ago              fervent_torvalds
```

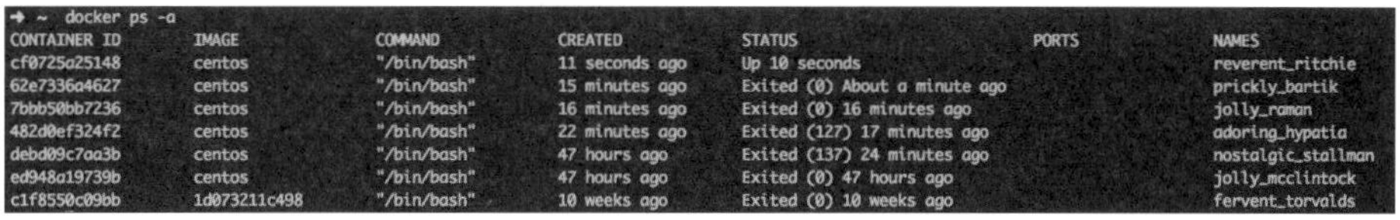

예제의 경우, 일부 컨테이너가 있지만 이 가운데 흥미로운 것은 두 번째 컨테이너다. 이 컨테이너에 Node.js가 설치돼 있다.

이제 변경 사항이 적용된 새로운 이미지를 생성하기 위해, 컨테이너의 상태 커밋이 필요하다.

다음 명령어를 실행해 이러한 작업을 수행한다.

```
docker commit -a dgonzalez 62e7336a4627 centos-microservices:1.0
```

이제 명령어를 알아보자.

- -a 플래그는 저자를 나타낸다. 예제의 경우, 저자는 dgonzalez이다.
- 다음 파라미터는 container id이다. 앞에서 언급했듯이 두 번째 컨테이너는 ID 62e7336a4627과 관련있다.

- 세 번째 파라미터는 새로운 이미지와 이미지 태그에 주어진 이름의 조합이다. 상당히 작은 이미지를 다루는 경우라면, 실제로 이미지들 사이에 작은 변경사항이 있는 경우 식별이 매우 복잡할 수 있다. 이를 위해 태깅 시스템^{tagging system}을 사용하면 매우 효과적이다.

이 작업은 몇 초 정도 소요된다. 완료되고 나면 명령의 출력은 다음 그림과 매우 유사하다.

```
➜  ~ docker commit -a dgonzalez 62e7336a4627 centos-microservices:1.0
75d9f196b7b4181f41a09163d8177eefcc57649af1ccac9dbcc3af1e2a56bea6
```

이것은 설치된 소프트웨어 리스트 내에 새로운 이미지를 갖고 있다는 표시다. docker images를 다시 실행하면, 다음 그림에서 보여지는 것처럼 결과를 확인할 수 있다.

```
➜  ~ docker images
REPOSITORY              TAG        IMAGE ID        CREATED           VIRTUAL SIZE
centos-microservices    1.0        75d9f196b7b4    About a minute ago 306.4 MB
centos                  latest     c8a648134623    3 weeks ago       196.6 MB
```

새로운 이미지를 기반으로 컨테이너를 실행하려면 다음 명령을 실행한다.

```
docker run -i -t centos-microservices:1.0 /bin/bash
```

이 명령은 우리가 컨테이너의 쉘에 접근할 수 있도록 한다. 그리고 Node.js의 버전을 출력하는 node −v를 실행함으로써 Node.js가 설치되었는지를 확인할 수도 있다. 예제의 경우 4.2.4 버전을 출력한다.

Node.js 애플리케이션 배포

이제 컨테이너 내부로 Node.js 애플리케이션을 배포해야 한다. 이를 위해 로컬 머신에서 도커 컨테이너로 코드를 노출해야 한다.

이를 올바르게 수행하는 방법은 도커 머신에 로컬 폴더를 마운트하는 것이다. 하지만 먼저 다음과 같이 컨테이너 내부에서 실행돼야 하는 작은 애플리케이션을 생성한다.

```
var express = require('express');
var myApplication = express();

app.get('/hello', function (req, res) {
  res.send('Hello Earth!');
});

var port = 80;

app.listen(port, function () {
  console.log('Listeningistening on port '+ port);
});
```

이는 Express를 이용한 간단한 애플리케이션으로, 기본적으로 Hello Earth!를 브라우저에 표시한다. 이 애플리케이션을 터미널에서 실행하고 http://localhost:80/hello에 접근하면 결과를 확인할 수 있다.

이제 컨테이너 내부에서 애플리케이션을 실행할 것이다. 이를 위해 도커 컨테이너에서 하나의 볼륨으로 로컬 폴더를 마운트하고 애플리케이션을 실행한다.

도커는 시스템 관리자 역할과 개발자 역할 사이의 어딘가에 위치한, 최근에 데브옵스^{DevOps}로 불리는 역할에 내포된 시스템 관리자와 개발자의 경험으로부터 생겨났다. 도커 이전에는 회사들이 앱을 자체적인 방법으로 배포하고 구성을 관리했다. 따라서 올바른 배포와 구성 방법에 대한 일치된 공감대가 없었다.

이제 많은 회사가 도커를 이용해 배포에 균일성을 제공하는 방법을 보유하고 있다. 비즈니스의 종류에 상관없이 도커를 이용하면, OS마다 컨테이너 구축, 애플리케이션 배포, 컨테이너 수행 등을 해야 하는 수고를 덜 수 있다.

/apps/test/ 폴더에 애플리케이션이 있다고 가정해 보자. 이제 컨테이너에 애플리케이션을 노출시키기 위해 다음 명령어를 실행한다.

```
docker run -i -t -v /app/test:/test_app -p 8000:3000 centosmicroservices:
1.0 /bin/bash
```

알 수 있듯이 도커는 파라미터를 사용해 매우 세부적인 처리를 할 수 있다. 다음을 살펴보자.

- -i와 -t 플래그는 매우 익숙하다. 이들은 입력을 캡쳐하고, 출력을 터미널로 보낸다.

- -v 플래그는 새로운 플래그다. 이 플래그는 로컬 머신에서 볼륨을 지정하고 컨테이너에 마운트할 위치를 지정한다. 이 경우, 로컬 머신에서 /apps/test를 /test_app으로 마운트한다. 콜론 기호가 로컬 경로와 원격 경로를 분리하는 것에 주의해야 한다.

- -p 플래그는 컨테이너에서 원격 포트에 노출하는 로컬 머신의 포트를 지정한다. 이 경우 도커 머신의 8000번 포트를 통해 컨테이너에서 3000번 포트를 노출시킨다. 따라서 도커 머신에 접근한다. 결국 호스트 머신의 8000번 포트는 컨테이너의 3000번 포트에 접근한다.

- centosmicroservices:1.0은 이름이며, 앞 절에서 생성한 이미지의 태그다.

- 우리가 컨테이너에서 실행하기 원하는 /bin/bash는 명령어다. /bin/bash는 시스템의 프롬프트에 대한 접근 권한을 제공한다.

모두 제대로 동작하면 다음 그림처럼 컨테이너 내부의 시스템 프롬프트에 대한 접근 권한을 얻을 수 있다.

```
[root@c079d5f180da /]# cd /test_app/
[root@c079d5f180da test_app]# ls
node_modules  small-script.js
[root@c079d5f180da test_app]#
```

이미지에서 볼 수 있듯이, 우리가 앞에서 작성한 `small-script.js` 애플리케이션을 포함하는 `/test_app` 폴더가 있다.

이제 애플리케이션에 접근해야 할 때지만, 먼저 도커가 어떻게 작동하는지 알아보자.

도커는 구글이 만든 현대적인 언어인 Go로 작성되었다. Go는 자바 같은 현대적인 언어의 모든 고수준의 기능들과 함께 C++ 같은 컴파일 된 언어의 모든 장점을 모두 갖고 있다.

Go는 배우기 쉬워서 누구라도 능숙하게 사용할 수 있다. Go의 철학은, 컴파일 언어의 컴파일 시간 단축(완전한 언어는 수 분내에 컴파일이 가능하다)처럼 인터프리터 언어의 모든 장점을 가져오는 것이다.

윈도우나 Mac 사용자가 도커 컨테이너를 실행하도록 하기 위해, 도커는 리눅스 커널의 매우 독특한 기능인 가상 머신을 이용하도록 강제화하는 기능을 제공한다. 이런 머신은 boot2docker라 불리는 것을 사용한다. 이 기능의 새로운 버전은 Docker Machine으로 불리며, 원격 가상 머신들에 컨테이너의 배포 같은 더 향상된 기능을 포함하고 있고 있다. 예제에서는 로컬 기능만 사용한다.

`/test_app/` 폴더에 위치한 컨테이너 내에서 앱을 실행하고 리눅스 내에 있다고 생각하는 경우, http://localhost:8000/에 접근하면, 충분히 애플리케이션에 들어갈 수 있다.

맥이나 윈도우를 사용하는 경우 도커는 Docker Machine이나 boot2docker에서 실행된다. 도커 터미널이 시작되는 경우 가상 머신에 의해 제공되는 IP가 다음 그림처럼 보여진다.

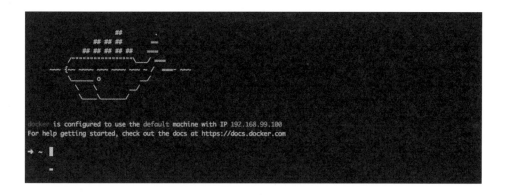

```
docker is configured to use the default machine with IP 192.168.99.100
For help getting started, check out the docs at https://docs.docker.com

→ ~
```

IP는 192.168.99.100이다. 따라서 애플리케이션에 접근하기 위해서는 http://192.168.99.100:9000/ URL을 방문해야 한다.

도커 컨테이너 생성 자동화

기억하고 있겠지만 앞의 장들에서 가장 중요한 개념 중 하나는 자동화automation다. 마이크로서비스로 작업하는 경우 자동화가 핵심이다. 일상적인 작업 거의 전체를 예약하는 경우에 도달하려면, 아마도 하나의 서버가 아닌, 수 십대의 서버를 운영해야 할 필요가 있다.

도커 디자이너들은 사용자가 Dockerfile이라 불리는 스크립트로 작성된 파일에서 컨테이너를 직접 만들도록 허용하는 경우를 염두하고 있다.

학생 때 C나 C++ 코딩으로 작업한 경험이 있다면 아마도 Makefile에 익숙할 것이다. Makefile은 개발자가 자동으로 소프트웨어 컴포넌트를 빌드하는 단계를 지정하는 스크립트 파일이다.

다음과 같은 예시를 살펴보자.

```
all: my-awesome-app

my-awesome-app: main.o external-module.o app-core.o
```

```
      g++ main.o external-module.o app-core.o -o my-awesome-app

   main.o: main.cc
     g++ -c main.cc

   external-module.o: external-module.cc
     g++ -c external-module.cc

   app-core.o: app-core.cc
     g++ -c hello.cc

   clean:
     rm *.o my-awesome-app
```

앞의 Makefile은 작업 리스트와 실행돼야 하는 종속성을 포함한다. 예를 들어 Makefile
이 포함된 폴더에서 make clean을 실행하는 경우, 실행 파일과 o로 끝나는 모든 파일을
제거할 수 있다.

Dockerfile은 Makefile과 달리 (개념은 동일하다고 해도) 작업과 의존성에 대한 리스트가 아
니다. Dockerfile은 아무것도 없는 상태에서 준비된 상태로 컨테이너를 구축하기 위한 명
령어의 리스트다.

예제를 살펴보자.

```
FROM centos
MAINTAINER David Gonzalez
RUN curl --silent --location https://rpm.nodesource.com/setup_4.x | bash
-
RUN yum -y install nodejs
```

이처럼 간단한 코드 몇 줄이면 Node.js가 설치된 컨테이너를 구축할 수 있다.

앞의 코드 내용을 다음과 같이 확인해 보자.

- 먼저 기본 이미지를 선택했다. 이 경우 이전에 사용한 것처럼 centos가 기본 이미지다. 이를 위해 FROM 명령어와 이미지의 이름을 이용한다.

- MAINTAINER는 컨테이너를 만든 사람의 이름을 지정한다. 예제의 경우 David Gonzalez이다.

- RUN은 이름이 나타내는 바와 같이 명령어를 실행한다. 이 경우 RUN을 사용한다. 한번은 yum에 저장소를 추가하기 위해서고, 그 이후에는 Node.js를 설치하기 위해서다.

Dockerfile은 다양한 명령어를 포함할 수 있다. 이 명령어들에 대한 문서화는 상당히 명확하지만, (이전에 살펴본 내용과는 다르게) 가장 일반적인 경우만 살펴보자.

- CMD: run과 유사하지만, 실제로 명령어를 구축한 후에 실행된다. CMD는 컨테이너가 인스턴스화 되고 나면 애플리케이션을 시작하기 위해 사용되는 명령어다.

- WORKDIR: CMD와 함께 사용돼야 하며, 다음 CMD 명령어를 위한 작업 디렉터리를 지정하기 위해 사용되는 명령어다.

- ADD: 로컬 파일 시스템에서 컨테이너 인스턴스 파일 시스템으로 파일들을 복사하는 데 사용되는 명령어다. 앞의 예제에서는 호스트 머신에서 컨테이너로 애플리케이션을 복사하기 위해 ADD를 사용할 수 있다. CMD 명령어와 함께 npm install 실행하고, CMD 명령어와 함께 앱을 다시 한번 실행한다. 이 명령어는 URL에서 컨테이너 내부의 대상 폴더로 콘텐트를 복사하는데도 사용이 가능하다.

- ENV: 환경 변수를 설정하는 데 사용된다. 예를 들어 다음과 같이 컨테이너에 환경 변수를 전달하여 업로드된 파일을 저장하는 폴더를 지정할 수 있다.
ENV UPLOAD_PATH=/tmp/

- EXPOSE: 클러스터 내의 다른 컨테이너들에 포트를 노출하기 위해 사용된다.

알 수 있듯이 Dockerfile의 〈도메인 특화 언어〉DSL는 상당히 기능이 풍부하며, 필요한 모든 시스템 대부분을 구축할 수 있다. 인터넷을 찾아보면 MySQL, MongoDB, 아파치 서버

등 구축할 수 있는 경우에 대한 예제가 많이 나와 있다.

Dockerfile을 이용해 컨테이너를 생성하면 매우 유용하다. 나중에 컨테이너에 대한 변경을 적용하고 복제하기 위한 스크립트를 적용할 수 있기 때문이다. 뿐만 아니라 수많은 수동 간섭 없이도 자동으로 소프트웨어를 배포하는 것도 가능하다.

▌ 배우기는 쉽고 마스터하기는 어려운 Node.js 이벤트 루프

우리는 Node.js가 단일 쓰레드 방식으로 애플리케이션을 실행하는 플랫폼이라는 사실을 알고 있다. 그렇다면 멀티코어 프로세서의 혜택을 얻기 위해, 그리고 애플리케이션을 실행하기 위해 멀티 쓰레드를 이용할 수는 없는가?

Node.js는 libbuv라 불리는 라이브러리가 내장돼 있다. 이 라이브러리는 시스템 호출을 추상화하고, 이 라이브러리를 사용하는 프로그램에게 비동기 인터페이스를 제공한다.

필자는 자바에 대한 폭넓은 배경(지식)을 갖추고 있다. 자바에서는 (특정 비-차단 라이브러리로 코딩하지 않는다면) 모든 것이 동기적이며, 데이터베이스에 요청을 발행하는 경우 쓰레드는 차단되고, 데이터베이스가 데이터를 통한 응답을 하면 쓰레드가 다시 시작된다. ·

일반적으로 이 방식은 잘 작동하지만, 흥미로운 문제가 발생한다. 차단된 쓰레드는 다른 요청에 제공할 수 있는 자원을 소비한다. Node.js의 이벤트 루프는 다음 그림과 같다.

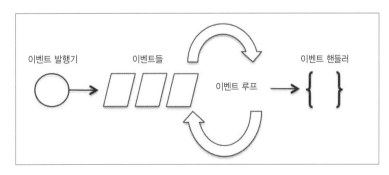

Node.js의 이벤트 루프 다이어그램

기본적으로, 자바스크립트는 이벤트 주도event-driven 방식 언어다. 자바스크립트는 주어진 이벤트에 반응하는 이벤트 핸들러의 리스트를 구성하는 프로그램을 실행한다. 그 후, 액션이 발생하기를 기다린다.

아주 익숙한 예제 하나를 살펴보자.

```
<div id="target">
  Click here
</div>
<div id="other">
  Trigger the handler
</div>
```

자바스크립트 코드는 다음과 같다.

```
$( "#target" ).click(function() {
  alert( "Handler for .click() called." );
});
```

이는 매우 간단한 예제다. HTML은 버튼을 보여주며 자바스크립트 코드의 일부는 JQuery를 이용해 버튼이 클릭되는 경우 경고창alert box을 보여준다.

여기서의 핵심 사항은 '버튼이 클릭되는 경우'다.

버튼의 클릭은 이벤트다. 이벤트는 자바스크립트에서 지정한 핸들러를 이용해 자바스크립트의 이벤트 루프에서 처리된다.

업무 막바지에, 이벤트를 실행하는 쓰레드를 하나만 갖고 있다면 자바스크립트에서 병렬 처리parallelism에 대해 절대로 이야기 하지 못하며, 동시성concurrency으로 말하는 편이 정확하다. 더 정확히 말하자면, Node.js 프로그램은 고도의 동시성을 갖는다highly concurrent고 할 수 있다.

애플리케이션은 항상 하나의 쓰레드에서만 실행되며, 코딩 동안 이러한 사실을 마음속에 염두해야 할 필요가 있다

자바나 .NET, 쓰레드 차단 기법으로 설계되고 구현된 다른 언어나 프레임워크로 작업하는 경우, 애플리케이션을 수행할 때 요청을 수신하는 많은 수의 쓰레드를 발생시키는 톰캣Tomcat 서버를 관찰할 수 있다.

자바에서 이런 쓰레드는 워커worker라 불린다. 워커는 주어진 사용자로부터의 요청 처리를 처음부터 끝까지 담당한다. 자바에는 이를 효과적으로 활용하는 데이터 구조 타입이 한 가지 있다. 바로 ThreadLocal로 불리는 것이다. ThreadLocal은 로컬 쓰레드에 데이터를 저장하며 나중에 복구가 가능하다. 요청을 시작한 쓰레드는 요청을 완료하는 책임도 있기 때문에, 이러한 타입의 저장소가 가능하다. 그리고 (파일을 읽거나 데이터베이스에 접근하는 것처럼)임의의 차단 동작을 실행하는 경우 완료될 때까지 기다린다.

일반적으로 이는 크게 문제되지 않지만 소프트웨어가 I/O에 크게 의존하는 경우에는 심각한 문제가 될 수 있다.

Node.js의 비-차단 모델에서 유용한 또 다른 중요한 사항은 컨텍스트 스위칭context switch의 적다는 점이다.

CPU가 한 쓰레드에서 다른 쓰레드로 전환하는 경우, 레지스터 내의 모든 데이터는 어떤 일 발생하는가? 메모리의 다른 영역에 데이터가 쌓이게 되며, CPU는 다음 그림처럼 기존 데이터를 교체해야 하는 자체 데이터를 갖는 새로운 프로세스로 컨텍스트를 스위칭한다.

이 다이어그램은 이론적인 관점에서 쓰레드 사이의 컨텍스트 스위칭을 보여준다.

컨텍스트 스위칭 동작은 시간이 소요되며, 이 시간은 애플리케이션에 의해 사용되지 않는다. 이 시간은 단순히 손실되는 시간이다. Node.js에서 애플리케이션이 하나의 쓰레드로만 실행되면, 애플리케이션이 실행되는 동안 컨텍스트 스위칭은 없다(여전히 백그라운드로 존재하기는 하지만, 프로그램에는 감춰져 있다). 다음 그림에서 CPU가 쓰레드를 전환하는 경우 실제로 어떤 일이 발생하는지 확인할 수 있다.

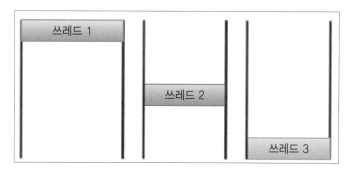

이 다이어그램은 실질적인 관점에서 쓰레드 간의 컨텍스트 스위칭을 보여준다(데드 타임(dead time)을 보여준다).

▌ Node.js 애플리케이션 클러스터링

지금까지 Node.js 애플리케이션이 동작하는 방법에 대해 알아봤다. 그러나 일부 독자들은 앱이 단일 쓰레드로 실행된다면 현대적인 멀티코어 프로세스들에서는 어떤 일이 발생하는지 의문을 품을 수 있다.

이 질문에 대답하기 전에 다음 시나리오를 살펴보자.

필자가 고등학생이었을 때, CPU 내에서 큰 기술적 도약(세그먼테이션segmentation)[1]이 있었다.

---

1 세그먼테이션은 x86 아키텍처에서 제공하는 메모리 관리 스키마 중에 하나로써, 메인 메모리 영역을 세그먼트라는 단위로 분할하여 관리한다. 세그먼테이션을 수행한다는 의미는 하나의 세그먼트 영역의 베이스 어드레스와 오프셋으로 어떤 특정 메모리 위치를 참조하는 동작을 의미한다. – 옮긴이

이것은 새로운 기술에 대한 간단한 소개 정도로, 병렬처리를 도입하기 위한 첫 번째 시도였다. 이미 알고 있을 수도 있지만, CPU는 어셈블러 명령어를 해석하고 이런 각 명령은 다음 그림처럼 여러 단계로 구성돼 있다.

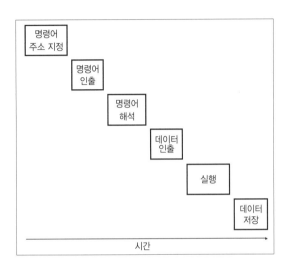

인텔 4×48 이전에, CPU들은 한 시점에 하나의 명령어만 실행했다. 따라서 앞의 다이어그램에서 명령어 모델을 따르면 CPU는 매번 6사이클마다 하나의 명령어를 실행할 수 있다.

그 후 세그먼테이션 방식으로 동작했다. CPU 엔지니어들은 중간 레지스터들의 세트를 이용해 명령어의 개발 단계를 병렬화하려 했으며 이는 최상의 시나리오였다. CPU들은 다음 그림처럼 (거의) 사이클마다 명령어를 하나씩 실행할 수 있다.

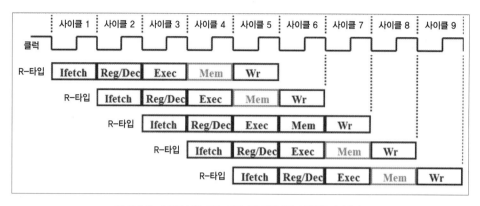

이 이미지는 CPU의 분할 파이프라인에서 명령어들의 실행을 나타낸다.

기술이 향상되면서 더 빠른 CPU가 만들어졌으며, 네이티브 하드웨어 멀티쓰레딩에 대한 기회도 생겨났다. 이것은 수 많은 병렬 작업을 실행할 수 있는 현대적인 n-코어 프로세서를 유도했다. 그러나 Node.js 애플리케이션을 실행하는 경우는 하나의 코어만 사용한다.

앱을 클러스터링 하지 않는다면 CPU의 멀티 코어의 장점을 활용하는 다른 플랫폼과 비교해 심각한 성능 저하를 경험하게 될 것이다.

하지만 다행히도 PM2는 CPU의 사용량을 최대화하기 위해 Node.js 앱을 클러스터링할 수 있다.

또한 PM2의 중요한 사항 중 하나는 다운타임 없이도 애플리케이션의 확장을 가능하게 만든다는 점이다.

클러스터 모드에서 간단한 앱을 실행시켜 보자.

```
var http = require("http");
http.createServer(function (request, response) {
  response.writeHead(200, {
    'Content-Type': 'text/plain'
  });
  response.write('Here we are!')
```

```
    response.end();
}).listen(3000);
```

이번에는 들어오는 HTTP 요청을 처리하기 위해 Node.js 전용 네이티브 HTTP 라이브러리를 사용했다.

이제 터미널에서 애플리케이션을 실행하고 동작하는 것을 볼 수 있다.

```
node app.js
```

아무것도 출력되지 않지만, curl 명령을 사용하면 다음 화면처럼 http://localhost:3000/ URL에 대해 서버가 어떻게 응답하는지 확인할 수 있다.

알 수 있듯이 Node.js는 모든 HTTP 협상을 관리하고 있으며 코드에서 지정한 것처럼 Here we are! 구문으로 응답하는 것도 관리한다.

이 서비스는 상당히 단순해 보여도 더 복잡한 웹 서비스가 동작하는 원리다. 따라서 병목 현상의 방지를 위해 웹 서비스를 클러스터링해야 한다.

Node.js에는 cluster라 불리는 라이브러리가 하나 있다. 이 라이브러리는 다음과 같이 프로그램적으로 애플리케이션의 클러스터링을 가능하게 한다.

```
var cluster = require('cluster');
var http = require('http');
var cpus = require('os').cpus().length;

// 마스터 프로세스인 경우 여기에서 검증한다. 이것이 루트 프로세스다.
// 그리고 웹에서 실행되는 모든 자식 프로세스를 포크해야 한다.
if (cluster.isMaster) {
  for (var i = 0; i < cpus; i++) {
    cluster.fork();
}

  cluster.on('exit', function (worker, code, signal) {
    console.log("Worker " + worker.proces.pid + " has finished.");
  });
} else {
// 이 부분은 자식 프로세스다. 여기서 웹 서버를 실행해야 한다.
  http.createServer(function (request, response) {
    response.writeHead(200);
    response.end('Here we are!d\n');
  }).listen(80);
}
```

개인적으로는, 효과적인 클러스터링을 수행하기 위해 PM2 같은 특정 소프트웨어를 사용하는 것이 더 쉽다는 사실을 발견했다. 클러스터링된 웹의 인스턴스를 처리하려고 시도하는 경우 실제로 코드가 복잡해 질 수 있기 때문이다.

이러한 사실을 감안하면 다음과 같이 PM2를 통해 애플리케이션을 실행할 수 있다.

```
pm2 start app.js -i 1
```

```
→ pm2-scale  pm2 start app.js -i 1
[PM2] Starting app.js in cluster_mode (1 instance)
[PM2] Done.

| App name | id | mode    | pid   | status | restart | uptime | memory    | watching |
| app      | 0  | cluster | 24808 | online | 0       | 0s     | 17.637 MB | disabled |

Use `pm2 show <id|name>` to get more details about an app
```

명령어의 출력에서 볼 수 있듯이 PM2 내의 -i 플래그는 애플리케이션이 사용하기 원하는 코어의 개수를 지정하는 데 사용된다.

pstree를 실행하는 경우, 시스템의 프로세스 트리process tree를 볼 수 있으며, 다음 그림처럼 PM2가 앱에 대해 프로세스 하나만 실행하는지 여부를 확인할 수 있다.

이 경우 프로세스 하나에서만 앱을 실행한다. 따라서 앱은 CPU의 코어 하나에만 할당될 것이다.

예제의 경우, 앱을 실행하는 CPU의 멀티코어 기능을 활용하지 않는다. 그러나, 우리 알고리즘에서 같은 종류의 오류가 계속해서 발생한다면, 여전히 앱을 자동으로 재시작시켜 해당 오류를 처리할 수 있다.

이제 CPU에서 이용 가능한 모든 코어를 이용해 앱을 실행하면 CPU의 활용도가 최대화된다. 그러나 그 전에 클러스터를 중지해야 한다.

```
pm2 stop all
```

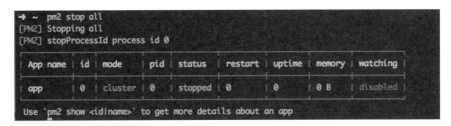

모든 서비스 중단 후의 PM2

```
pm2 delete all
```

이제 CPU의 모든 코어를 이용해 애플리케이션을 다시 실행시킬 수 있는 상황이 됐다.

```
pm2 start app.js -i 0
```

```
→ pm2-scale  pm2 start app.js -i 0
[PM2] Starting app.js in cluster_mode (0 instance)
[PM2] Done.

| App name | id | mode    | pid   | status | restart | uptime | memory     | watching |
| app      | 0  | cluster | 25033 | online | 0       | 0s     | 26.156 MB  | disabled |
| app      | 1  | cluster | 25034 | online | 0       | 0s     | 25.941 MB  | disabled |
| app      | 2  | cluster | 25035 | online | 0       | 0s     | 26.055 MB  | disabled |
| app      | 3  | cluster | 25036 | online | 0       | 0s     | 19.305 MB  | disabled |

Use `pm2 show <id|name>` to get more details about an app
```

PM2는 클러스터 모드에서 실행되는 4개의 서비스를 보여준다.

PM2는 컴퓨터 내의 CPU의 개수를 추측하고 관리한다. 필자의 경우에는, 다음 화면에 보여지는 것처럼 4개의 코어를 갖는 iMac이다.

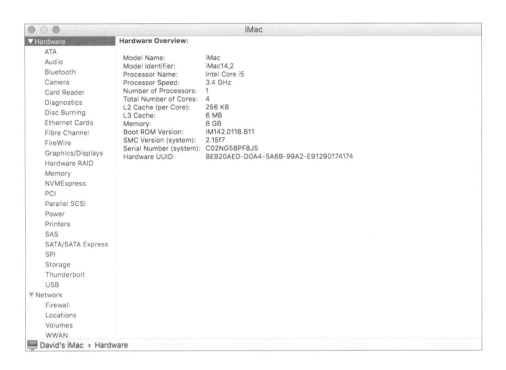

pstree에서 보는 것처럼 PM2는 OS 수준에서 4개의 쓰레드를 시작했다. 다음을 살펴보자.

```
|--* 23952 root /usr/sbin/ocspd
|--* 24105 dgonzalez /usr/local/Cellar/macvim/7.4-73_1/MacVim.app/Contents/MacOS/MacVim --MMNoWindow yes
|--* 24147 dgonzalez /usr/local/Cellar/macvim/7.4-73_1/MacVim.app/Contents/MacOS/Vim -f -g app.js
|--* 24192 dgonzalez /System/Library/Frameworks/QuickLook.framework/Resources/quicklookd.app/Contents/MacOS/quicklookd
|--* 24193 dgonzalez /System/Library/Frameworks/Quartz.framework/Frameworks/QuickLookUI.framework/Resources/QuickLookUIHelper.app/Contents/MacOS/QuickLookUIHelper
|--* 24194 dgonzalez /System/Library/Frameworks/QuickLook.framework/Versions/A/Resources/quicklookd.app/Contents/XPCServices/QuickLookSatellite.xpc/Contents/MacOS/QuickLookSatellite
|--* 24196 dgonzalez /System/Library/Frameworks/CoreServices.framework/Frameworks/Metadata.framework/Versions/A/Support/mdworker -s mdworker -c MDSImporterWorker -m com.apple.mdworker.single
|--* 24200 dgonzalez /Applications/VirtualBox.app/Contents/MacOS/VirtualBox
|--* 24202 dgonzalez /Applications/VirtualBox.app/Contents/MacOS/VBoxXPCOMIPCD
|--* 24204 dgonzalez /Applications/VirtualBox.app/Contents/MacOS/VBoxSVC --auto-shutdown
|-+= 24516 dgonzalez PM2 v0.15.7: God Daemon
| |--- 25033 dgonzalez node /Users/dgonzalez/Dropbox/Microservices with Node/Writing Bundle/Chapter 8/code/pm2-scale PATH=/usr/bin:/bin:/usr/sbin:/sbin:/usr/local/bin:/Users/dgonzalez/Documents/software/activator-1.
| |--- 25034 dgonzalez node /Users/dgonzalez/Dropbox/Microservices with Node/Writing Bundle/Chapter 8/code/pm2-scale PATH=/usr/bin:/bin:/usr/sbin:/sbin:/usr/local/bin:/Users/dgonzalez/Documents/software/activator-1.
| |--- 25035 dgonzalez node /Users/dgonzalez/Dropbox/Microservices with Node/Writing Bundle/Chapter 8/code/pm2-scale PATH=/usr/bin:/bin:/usr/sbin:/sbin:/usr/local/bin:/Users/dgonzalez/Documents/software/activator-1.
| \--- 25036 dgonzalez node /Users/dgonzalez/Dropbox/Microservices with Node/Writing Bundle/Chapter 8/code/pm2-scale PATH=/usr/bin:/bin:/usr/sbin:/sbin:/usr/local/bin:/Users/dgonzalez/Documents/software/activator-1.
|--* 24817 dgonzalez /System/Library/Frameworks/CoreServices.framework/Frameworks/Metadata.framework/Versions/A/Support/mdworker -s mdworker -c MDSImporterWorker -m com.apple.mdworker.single
```

애플리케이션을 클러스터링 하는 경우, 애플리케이션이 사용해야 하는 코어의 개수와 관련해 기록되지 않은 규칙이 있다. 바로, 애플리케이션이 사용하는 코어의 수는 실제 코어의 개수보다 하나 더 작다는 것이다.

이런 개수의 배경이 되는 근거는, OS가 일부 CPU 파워를 필요로 하며, 따라서 애플리케이션에서 모든 CPU를 사용한다면 OS가 다른 작업들을 시작하는 경우 모든 코어가 작업 중이기 때문에 컨텍스트 스위칭이 발생하게 된다는 사실을 기반으로 한다. 컨텍스트 스위칭은 애플리케이션을 느려지게 만든다.

▌ 애플리케이션 로드 밸런싱

애플리케이션의 클러스터링으로는 충분하지 않고, 애플리케이션을 수평적으로 확장해야 할 때도 있다.

애플리케이션을 수평적으로 확장하는 방법은 다양하다. 요즘 아마존 같은 클라우드 제공업체마다 다양한 기능을 갖는 자체적인 솔루션을 구현하고 있다.

개인적으로 선호하는 로드 밸런싱의 구현 방법 중 하나는 NGINX를 이용하는 것이다.

NGINX는 동시성과 낮은 메모리 사용량에 상당히 초점을 맞춘 웹 서버다. NGINX는 Node.js 애플리케이션 내에서 정적 자원을 제공을 어느 정도 제한하기 때문에 Node.js 애플리케이션에 완벽하게 적합하다. 주된 이유는 NGINX 같은 다른 소프트웨어와 함께 수행할 수 있는 작업으로 인한 애플리케이션의 스트레스 상황을 방지하기 위해서다(이는 전문화specialization의 또 다른 예다).

여기서는 로드 밸런싱에 초점을 맞추어 보자. 다음 그림은 로드 밸런서로 NGINX가 동작하는 방법을 보여준다.

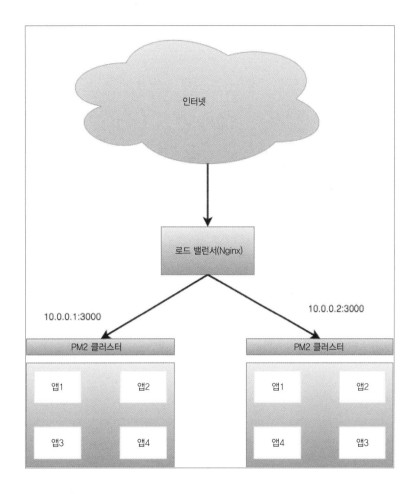

앞의 다이어그램에서 볼 수 있듯이, NGINX의 인스턴스에 의해 로드 밸런싱되는 PM2 클러스터 두 개가 있다.

첫 번째로 할 일은 NGINX가 구성을 관리하는 방법을 파악하는 것이다.

리눅스에서 NGINX는 yum, apt-get 등 패키지 관리자를 통해 설치가 가능하다. NGINX은 소스에서부터 빌드가 가능하지만, 아주 특화된 요구사항이 있지 않다면 패키지 관리자를 이용하는 것이 좋다.

기본적으로 주된 구성 파일은 /etc/nginx/nginx.conf이다.

```
user nginx;
worker_processes 1;

error_log   /var/log/nginx/error.log warn;
pid         /var/run/nginx.pid;

events {
  worker_connections 1024;
}

http {
  include               /etc/nginx/mime.types;
  default_type          application/octet-stream;

  log_format            main '$remote_addr - $remote_user [$time_local]
      "$request" '
      '$status $body_bytes_sent "$http_referer" '
      '"$http_user_agent" "$http_x_forwarded_for" '
      '$request_time';

  access_log            /var/log/nginx/access.log main;
  server_tokens         off;
  sendfile              on;
  #tcp_nopush           on;
  keepalive_timeout     65s;
  send_timeout          15s;
  client_header_timeout 15s;
  client_body_timeout   15s;
  client_max_body_size  5m;
  ignore_invalid_headers on;
  fastcgi_buffers       16 4k;
  #gzip                 on;
  include /etc/nginx/sites-enabled/*.conf;
}
```

이 파일은 상당히 간단하다. 워커(요청을 처리하는 프로세스임을 기억하라)의 개수, 에러 로그의 위치, 특정 시점에 워커가 활성화하는 커넥션의 개수, 마지막으로 HTTP 설정을 지정한다.

마지막 라인이 가장 흥미롭다. 잠재적인 구성 파일로 /etc/nginx/sites-enabled/*.conf을 사용하기 위해 NGINX에 알려준다.

이와 같은 구성을 통해, 지정된 폴더의 .conf로 끝나는 모든 파일은 NGINX 구성의 일부가 된다.

알 수 있듯이 이미 기본 파일이 존재한다. 이 기본 파일을 다음과 같이 수정하라.

```
http {
  upstream app {
    server 10.0.0.1:3000;
    server 10.0.0.2:3000;
  }
  server {
    listen 80;
    location / {
      proxy_pass http://app;
    }
  }
}
```

이것이 로드 밸런서를 만들기 위해 필요한 모든 구성이다. 다음과 같이 구성에 대해 살펴보자.

- upstream app 지시어는 app으로 불리는 서비스 그룹을 생성한다. 이 지시어 내부에서, 이전 그림에서 봤던 것처럼 두 개의 서버를 지정한다.
- server 지시어는 80 포트로부터의 모든 요청을 수신하고, app으로 불리는 upstream 그룹으로 전달하는 NGINX를 지정한다.

그렇다면 NGINX는 요청을 어떤 컴퓨터로 보낼지 결정하는 방법은 무엇인가?

이 경우, 부하를 분산하기 위해 사용하는 전략을 지정할 수 있다.

기본적으로 NGIX는 로드 밸런싱을 위한 방법이 구성되어 있지 않다면 **라운드 로빈**^{Round Robin} 방법을 사용한다.

라운드 로빈을 사용하는 명심해야 하는 한 가지 사항은, 항상 같은 머신을 사용하지 않기 때문에 애플리케이션은 상태를 저장하지 말아야^{stateless} 한다는 점이다. 서버에 상태를 저장하는 경우, 다음과 같은 호출이 같은 서버로 가지 않을 수도 있다.

라운드 로빈은 작업 큐에서 여러 워커들로 부하를 분산시키는 가장 기본적인 방법이다. 라운드 로빈은 작업을 교대시킨다. 따라서 모든 노드는 동일한 양의 요청을 받는다.

다음과 같이 부하를 분산시키는 또 다른 메커니즘이 있다.

```
upstream app {
  least_conn;
  server 10.0.0.1:3000;
  server 10.0.0.2:3000;
}
```

최소 접속^{Least connected}은, 이름에서 알 수 있듯이 요청을 가장 연결이 적은 노드로 보내 모든 노드 사이의 부하를 동일하게 분산시킨다.

```
upstream app {
  ip_hash;
  server 10.0.0.1:3000;
  server 10.0.0.2:3000;
}
```

IP 해싱IP hashing은 부하를 분산시키는 흥미로운 방법이다. 임의의 웹 애플리케이션으로 작업하는 경우, 세션sessions 개념은 거의 모든 애플리케이션에 존재한다. 누가 사용자인지를 기억하기 위해, 브라우저는 서버에 메모리에 사용자가 누구인지, 그리고 주어진 사용자가 접근이 필요한, 또는 접근할 수 있도록 하는 데이터를 저장한 쿠키를 전송한다. 다른 타입의 로드 밸런싱이 갖는 문제는, 항상 같은 서버에 요청을 보낸다는 보장을 할 수 없다는 점이다.

예를 들어, 로드 밸런싱을 위한 정책으로 최소 접속Least connected 방법을 사용하는 경우, 첫 번째 부하에서 첫 번째 서버에 요청을 보낼 수 있다. 그러나 뒤따르는 리다이렉션들을 다른 서버로 요청하면, 결과적으로 두 번째 서버는 사용자가 누구인지 알 수 없기 때문에 사용자에게 올바른 정보가 표시되지 않는다.

IP 해싱에서 로드 밸런서는 주어진 IP에 대한 해시를 계산한다. 결과적으로 이 해시는 1에서 N까지의 숫자 중 하나다. 그러면 동일한 IP를 유지하는 동안 사용자는 항상 같은 머신으로 리다이렉션된다.

다음과 같이 로드 밸런싱에 가중치를 적용할 수 있다.

```
upstream app {
  server 10.0.0.1:3000 weight=5;
  server 10.0.0.2:3000;
}
```

이것은 6개의 요청을 다음과 같은 방법으로 부하를 분산시킨다. 5개의 요청은 첫 번째 머신으로 리다이렉션되고, 나머지 하나는 두 번째 머신으로 리다이렉션된다.

선호하는 로드 밸런싱 방법을 선택하면, 변경 사항을 적용하기 위해 NGINX를 재시작할 수 있다. 그러나 먼저 다음 그림처럼 변경된 방법이 유효한지를 확인해야 한다.

```
vagrant@dgonzalez-vagrant ~ $ sudo /etc/init.d/nginx configtest
nginx: the configuration file /etc/nginx/nginx.conf syntax is ok
nginx: configuration file /etc/nginx/nginx.conf test is successful
vagrant@dgonzalez-vagrant ~ $
```

알 수 있듯이 구성 테스트^{configuration test}는 구성에 따른 재앙을 방지하는 데 실제로 도움이 된다.

NGINX가 configtest를 통과하면 다음처럼 NGINX가 구문에 따른 문제 없이 restart/ start/reload를 할 수 있다.

`sudo /etc/init.d/nginx reload`

부하의 재배치^{Reload}는 이전 쓰레드가 완료될 때까지 정상적으로 기다린다. 그 후 구성을 재배치하고 새로운 구성에 따라 새로운 요청들을 라우팅한다.

NGINX에 관심이 있다면 NGINX의 공식 문서(http://nginx.org/en/docs/)가 상당히 유용할 것이다.

http://nginx.org/en/docs/

NGINX 상태 점검

상태 점검^{Health checking}은 로드 밸런서의 중요한 활동 중 하나다. 노드 중 하나에 심각한 하드웨어 결함으로 인한 장애가 있어, 더 많은 요청을 처리할 수 없다면 어떤 일이 발생하는가?

이와 같은 경우, NGINX는 두 가지 타입의 상태 점검(패시브^{passive}와 액티브^{active})을 제공한다.

패시브 상태 점검

여기에서 NGINX는 (이전 절에서 했던 것처럼) 리버스 프록시로 구성된다. 이는 업스트림 서버에서 특정 타입에 반응한다.

오류가 반환되는 경우, NGINX는 노드에 결함이 있다고 표시하고, 로드 밸런싱을 도입하기 전 일정 시간 동안 로드 밸런싱 대상에서 해당 노드를 제거한다. 이 전략을 이용해 NGINX는 계속해서 노드를 제거하기 때문에 실패 횟수가 대폭 감소된다.

이 때 max_fails이나 fail_timeout 처럼, 필요한 실패의 횟수나 요청의 타임아웃을 설정함으로써 노드가 유효하지 않음을 표시하는 파라미터도 몇 가지 구성할 수 있다.

액티브 상태 점검

패시브 상태 점검과 달리, 액티브 상태 점검은 발생하고 있는 문제에 올바르게 대응하고 있는지 여부를 검사하기 위해 능동적으로 업스트림 서버에 연결을 실행한다.

NGINX에서 액티브 상태 점검 구성을 가장 단순하게 표현하면 다음과 같다.

```
http {
  upstream app {
    zone app test;
    server 10.0.0.1:3000;
    server 10.0.0.2:3000;
  }
  server {
    listen 80;
    location / {
      proxy_pass http://app;
      health_check;
    }
  }
}
```

설정 파일에는 다음과 같은 두 라인이 있다.

- `health_check`: 액티브 상태 점검을 활성화한다. 기본 구성은 5초마다 호스트와 `upstream` 구문에 지정된 포트에 대해 접속을 실행한다.
- `zone app test`: 상태 점검을 활성화할 때 NGINX 구성에 필요하다.

더 구체적인 상태를 점검하려면 다양한 범위의 옵션을 활용할 수 있다. 그리고 이들 모두는 다양한 사용자의 요구를 만족시키기 위해 NGINX 구성에서 조합해 사용하는 것이 가능하다.

▌요약

이번 장에서는 마이크로서비스를 배포하는 데 사용할 수 있는 다양한 기술들에 대해 학습했다. 지금까지 매우 다양한 범위의 기술을 균일화할 수 있는 방법으로, 소프트웨어 컴포넌트의 구축, 배포, 구성 방법에 대해 알아봤다. 이 책의 목표는 마이크로서비스로 작업을 시작하는 데 필요한 개념을 제공하고 독자가 필요한 정보를 찾을 수 있도록 하는 것이다.

개인적으로 이 책에서 마이크로서비스의 모든 수명주기에 대한 요약된 내용을 제공하기 위해 노력했다. 더불어, 이 책이 (독자들이 배우기 원하는) 부족한 부분들을 채워줄 수 있기 바란다.

| 찾아보기 |

에이콘출판의 기틀을 마련하신 故 정완재 선생님 (1935-2004)

Node.js를 활용한 마이크로서비스 개발

마이크로서비스 지향 소프트웨어 구축하기

발 행 | 2017년 8월 31일

지은이 | 데이비드 곤잘레스
옮긴이 | 김 영 기

펴낸이 | 권 성 준
편집장 | 황 영 주
편 집 | 이 지 은
디자인 | 박 주 란

에이콘출판주식회사
서울특별시 양천구 국회대로 287 (목동)
전화 02-2653-7600, 팩스 02-2653-0433
www.acornpub.co.kr / editor@acornpub.co.kr

한국어판 ⓒ 에이콘출판주식회사, 2017, Printed in Korea.
ISBN 979-11-6175-044-6
ISBN 978-89-6077-210-6 (세트)
http://www.acornpub.co.kr/book/microservices-with-nodejs

이 도서의 국립중앙도서관 출판시도서목록(CIP)은 서지정보유통지원시스템 홈페이지(http://seoji.nl.go.kr)와
국가자료공동목록시스템(http://www.nl.go.kr/kolisnet)에서 이용하실 수 있습니다.(CIP제어번호: CIP2017021071)

책값은 뒤표지에 있습니다.